Unpartheiischer

Abriß Christlicher Grundwahrheiten

von dem sel.

Gerh. Tersteegen

hinterlaßen,

nun aber

um des vortrefflichen und wichtigen Inhalts willen

von

Freunden des Verfassers

dem Druck übergeben.

Wilhelm G. Schäufler.

Spelldorf bei Mülheim a. d. Ruhr,
bei Bernh. Roßhof und Comp. 1801.

Vorrede.

Merkwürdig ist der Ausspruch unseres Heilandes Matth. 6, 23: **Wenn das Licht, das in dir ist, Finsterniß ist, wie groß wird dann die Finsterniß selber seyn!** d. i. „Wenn dasjenige in dir, was dir zur Erkenntniß deines Heils leuchten soll, selbst Finsterniß und Irrthum ist; wie will etwas anderes daraus entstehen können, als lauter Finsterniß und Irrthum im Denken und Thun." Die Ursache dieser Finsterniß wird (v. 22.) dem **Schalks-Auge** zugeschrieben, so wie hingegen das einfältige Auge als die Ursache des Lichts angegeben wird.

Wenn wir die Christl. Kirchengeschichte durchgehen, so finden wir überall diesen Ausspruch bestättiget. Wir finden, daß, — so lange die Gläubigen das einfältige Glaubensauge lauterlich auf GOtt, ihren Heiland gewandt hielten, und einfältig bei der

Lehre der Apostel blieben, — auch Licht und Kraft bei ihnen herrschte: ein Licht, das ihnen durch den H. Geist im Angesichte JEsu Christi strahlte, und eine so überschwängliche und lebendige Erkenntniß Christi erzeugte, daß sie dagegen alles für Schaden und Koth achten konnten. So bald man aber anfing, von der Einfalt in Christo abzuweichen, oder den einfältigen geraden Glaubensblick auf JEsum zu verlieren; sobald man die heilsame Lehre verließ, und feuchtig ward in Wortkriegen und Schulgezänken; kurz: sobald man anfing, die Wahrheiten des Glaubens mit dem Schalksauge der eigenliebischen Vernunft zu betrachten: so verlor sich auch Licht und Kraft des Geistes; es entstanden Zweifel über Zweifel; verderbliche Secten und Irrthümer schlichen sich in die Kirche, und die Finsterniß, mit ihrem schrecklichen Gefolge von Lastern und Ungerechtigkeiten, verbreitete sich überall.

So war es von jeher: Wenn die Christen GOtt, die lebendige Quelle des Lichts und der Weisheit verließen, und sich zu dem Licht ihrer eigenen Vernunft und den trüben Quellen ihrer eigenen Weisheit wandten: so ward es finster in ihrem Verstande und Herzen; sie wurden in ihrem Dichten eitel, stolz und GOtt-vergessen. — Und dieß ist vorzüglich der Charakter unserer Zeit: eine Zeit, wo Finsterniß je mehr und mehr die Erde, und Dunkel die Völker bedeckt; obschon man sich nie mehr des Lichts oder der sogenannten Aufklärung gerühmet, nie mehr sich vermessen hat, Leiter der Blinden, und ein Licht derer zu seyn, die im Finstern wandeln (Röm. 2.) als eben jetzt, da man die heilsame Lehre nicht mehr leiden kann (2 Tim. 4, 3.4.), und die Grundlehren des Christenthums gegen eine sogenannte Philosophie und kraftlose Morallehre vertauschet. Es ist also an dem, daß dieß Licht der Erkenntniß, womit man aufklären will, nach dem Sinne des göttlichen Worts, selbst Finsterniß geworden ist. Wie groß muß also die Finsterniß werden, wenn das so fortgeht!

Doch, GOtt Lob! wir finden in seinem Worte, und aus der Geschichte, daß er, wann die Finsterniß am größesten war, immer sein Licht desto stärker wieder hervor brechen ließ, und seinem verirrten Volke, (wenn es nicht sein Wort und Zeugniß von sich stieß, sich selbst des ewigen Lebens unwerth (Act. 17, 46.), und zur Wegstoßung des Leuchters (Apok. 2, 5.), und zum Gericht der Verstockung reif machte) jedesmal bewährte Zeugen der Wahrheit sandte, um es wieder zurecht zu bringen.

Unter diese bewährte Zeugen in neuern Zeiten, darf man wohl vorzüglich den (im Jahr 1769 sel. vollendeten) **Gerhard Tersteegen** zählen: ein Mann, den GOtt selbst zum Lehrer und Führer ausrüstete, und ihn im Westlichen Deutschlande als ein brennend und scheinend Licht aufstellte, und durch dessen Dienst ihm Tausende zugebracht wurden: wie solches zum Theil aus seiner, dem 2ten Bande seiner geistl. Briefe vorgedruckten Lebensbeschreibung zu sehen ist.

Nach

Nach seinem sel. Hintritt fand sich unter seinen Manuscripten dieser Abriß Christlicher Grundwahrheiten, den er schon im Jahr 1724, im 27. Jahr seines Alters, entworfen, und sich dessen bei dem Unterrichte der Kinder seiner Geschwister bedienet hatte. — Viele (unter andern auch der sel. Reform. Prediger Hermingbaus zu Gemarke, der diesen Aufsatz ungemein hochschätzte) haben Abschriften davon genommen; doch blieb das Verlangen, es endlich noch im Druck zu sehen, bej allen die es kannten, allgemein. Dieß Verlangen ward nun aufs neue lebhaft, da man die, in unsern Tagen eingebrochene göttliche Gerichte, die Reinigung der Kirche und den künftigen herrlichen Zustand des Reichs Christi auf Erden, nach den Zeugnissen der H. Schrift darin so deutlich und bestimmt angegeben fand. Und auf die nunmehrige Vorstellung — daß es doch Schade wäre, wenn dieses vortrefliche, letzte Werk des sel. T. St. nicht auch noch gedruckt werden sollte, weil es ohne Zweifel, wie seine andern Schriften, großen Nutzen stiften würde —

fand

fand sich der Besitzer des Originals gleich zur Herausgabe willig, und übertrug die Redaction und ganze Besorgung zum Drucke zweien seiner Freunde: welche solches denn auch mit Freuden übernommen haben, und nun hiemit die vollendete Arbeit dem heilsbegierigen Leser übergeben, indem sie ihren herzlichen Wunsch mit dem Wunsche des edlen Herausgebers vereinigen: daß GOtt auch dieses Werk seines vollendeten Knechts mit seinem reichen Segen begleiten wolle!

Die kleinen, nöthig befundenen Veränderungen in Wörtern und in der Construction, wird kein Leser als Veränderungen der Hauptsache ansehen. — Die vornehmsten Beweisstellen hat man aus der Menge der angewiesenen Schriftörter ausgehoben, und mit abdrucken laßen, damit der Leser durchs Nachschlagen nicht aufgehalten werde. — Was die häufigen Anmerkungen angehet, so werden solche hoffentlich nicht mißfallen, sondern vielmehr manchem noch angenehm und belehrend seyn.

Geschrieben den 1. Mai, 1801.

Die Redacteurs.

Unpar=

Unparteiischer Abriß
Christlicher Grundwahrheiten.

Erster Theil.

Erstes Kapitel.

Von den Mitteln zur Erkenntniß Gottes insgemein, und von der Heiligen Schrift insbesonder.

1. Frage. Wozu bist du und alle Menschen in der Welt?

Antwort. Gott, unsern Schöpfer, zu erkennen, ihn zu fürchten, anzubethen, zu lieben, und ihm zu gehorchen.

Pred. Sal. 12, 13. **Laßet uns die Hauptsumma aller Lehre hören: Fürchte Gott, und halte seine Gebote; denn das ist das ganze Werk eines Menschen,** (gehört allen Menschen zu.)

2. Fr. Durch welche Mittel kann man zu einiger Erkenntniß Gottes gelangen?

A. 1) Durch eine ernstliche, aufrichtige Achtgebung auf uns selbst, und auf unseres Geistes Hauptkräfte oder Eigenschaften; wobei wir finden können: in unserem Verstande einigen Eindruck, Gedanken, und eine Idee oder Denkbild eines höchsten Wesens, Röm. 1, 19; 2) in unserm Willen eine unendliche, unersättliche, nach einem unendlichen Gute dürstende Begierde, welche in nichts anderm, als in einem solchen Gute völlig ruhen und vergnügt seyn kann; 3) in unserm Gewissen, das Gesetz, oder die Entschuldigung und Beschuldigung, von Bösem und Gutem, welches (Gesetz) bei allen Menschen gefunden wird (a).

(a) Röm. 2, 14. 15. Die Heiden, so das Gesetz nicht haben, und doch von Natur thun des Gesetzes Werk, dieselben, weil sie das Gesetz nicht haben, sind sie ihnen selbst ein Gesetz; damit, daß sie beweisen, des Gesetzes Werk sey beschrieben in ihren Herzen, sintemal ihr Gewissen sie bezeuget: dazu auch die Gedanken, die sich unter einander verklagen oder entschuldigen.

3. Fr. Wodurch **zweitens** noch mehr?

A. Durch eine ernste, aufmerksame Beschauung und Betrachtung der Werke GOttes außer uns; so wohl der **Schöpfung** der Welt, Röm. 1, 20., als auch ihrer **Erhaltung** und ordentlichen **Regierung** (b), woraus **GOttes unsichtbares Wesen, beides seine ewige Kraft und Gottheit** gemerkt und **ersehen** werden.

(b) Apostelg. 14, 17. Und zwar hat er sich selbst

nicht

nicht unbezeugt gelaßen, hat uns viel Gutes gethan, und vom Himmel Regen und fruchtbare Zeiten gegeben, unsre Herzen erfüllet mit Speise und Freude. S. a. Ps. 19, 2—5.

4. Fr. Wodurch kann man drittens noch mehr zu einiger Erkenntniß GOttes gelangen?

A. Durch eine äußerliche Unterweisung von heiligen, und mit wahrer Erkenntniß GOttes begnadigten Personen, die uns auch alsdann *) zu seiner Erkenntniß und Liebe anführen können **).

1 Mos. 18, 19. 5 Mos. 6, 7. 11. 19. Matth. 28, 19. Röm. 10, 17. 2 Timoth. 3, 14.

5. Fr. Wodurch viertens noch mehr?

A. Durch das demüthige, begierige und andäch-

---

*) Wann sie nämlich selbst erst von GOtt erleuchtet und begnadet worden sind. Anm. der Redacteurs.

**) Ob aber auch unbekehrte, nicht durch GOttes Licht erleuchtete Personen zur wahren Erkenntniß GOttes anführen können, ist eine andere Frage, die derjenige, welcher sie bejahet, schwerlich — weder aus der H. Schrift noch aus der Erfahrung, beweisen mag. — Die hier angewiesene Schriftstellen zeigen einmal vorab, daß GOtt seinen Gläubigen das Lehren der Wahrheit anvertrauet habe. — Aber von den Gottlosen oder Unbekehrten heißt es Röm. 10, 15.: Wie sollen sie predigen, von dem sie nicht gesandt werden. Ferner Ps. 50, 16. 17. Was verkundigst du meine Rechte, und nimmst meinen Bund in deinen Mund, so du doch Zucht hassest, und wirfst meine Worte hinter dich? — Und Jes. 9, 16. Die Leiter dieses Volks sind blind; und die sich leiten laßen, sind verloren, u. a. a. O. m. — Von Dornen sind keine Trauben, und von Disteln keine Feigen zu erwarten. Anm. d. R.

andächtige Lesen und Betrachten der Heiligen Schrift, worin sich GOtt sonderlich geoffenbaret hat.

Joh. 5, 39. Apostelg. 17, 11. 1 Timoth. 4, 13. 2 Timoth. 3, 15.

6. Fr. Sind aber diese und andere Mittel an und für sich selbst hinlänglich, um uns die wahre Erkenntniß GOttes beizubringen?

A. Keinesweges; es sey denn, daß der HErr JEsus Christus bei dem Gebrauch dieser oder anderer Mittel mit seiner Gnade und seinem Geiste unsere Herzen erleuchte, und uns also GOtt kennen lehre.

Matth. 11, 27. **Denn niemand kennet den Sohn, als nur der Vater, und niemand kennet den Vater, als nur der Sohn, und wem es der Sohn will offenbaren.** Jerem. 31, 33. Joh. 6, 45. Kap. 1, 18. 1 Joh. 2, 20. 27.

Joh. 14, 26. Der Tröster, der H. Geist, welchen mein Vater senden wird in meinem Namen, derselbe wirds euch alles lehren, und euch erinnern alles deß, das ich euch gesagt habe.

7. Fr. Wann thut er solches?

A. *) Wann wir ihn von Herzen um diese Erleuchtung unseres verfinsterten Verstandes

*) In dieser Antwort redet der Verfasser von der fortgesetzten, gründlichern Erleuchtung; denn, wie er in dem Weg der Wahrheit S. 26. bemerkt: „Die „erste Erleuchtung, oder das Licht der Gnade — — „ist

des (a) anrufen; wann wir uns selbst und der Welt suchen (b) abzusterben; wann wir uns trachten zu gewöhnen, (c) in kindlicher Furcht und (d) Demuth vor seiner allerheiligsten Gegenwart zu wandeln, und seinen Willen, so weit wir ihn kennen, (e) zu vollbringen suchen; oder kurz, wie unser Heiland selber sagt: **Wann wir ihn lieben, und sein Wort halten, so will er sich selbst uns inwendig offenbaren.** Joh. 14, 21, 23.

(a) Ps. 119, 18. Oeffne mir die Augen, daß ich sehe die Wunder an deinem Gesetz. S. a. Eph. 1, 16—19.

(b) Col. 3, 9. 10. Ziehet den alten Menschen mit seinen Werken aus, und ziehet den neuen an, der da erneuert wird zu der **Erkenntniß**, nach dem Ebenbilde deß, der ihn geschaffen hat. Vergl. Ephes. 4, 22—24. Philipp. 3, 7. 8.

(c) Psalm 25, 12. Wer ist, der den HErrn fürchtet? Er wird ihn unterweisen den besten Weg. S. a. Ps. 111, 10. 2 Cor. 3, 16.

(d) Psalm 25, 9. Er leitet die **Elenden** recht, und lehret die **Elenden** seinen Weg. 1 Petr. 5, 5. Den Demüthigen gibt er Gnade.

(e) Joh. 7, 17. So jemand will den Willen thun dessen, der mich gesandt hat, der wird

„ist eine zuvorkommende Gnade; es ist da keine „Würdigkeit noch Zubereitung von unserer Seite „vorhergegangen. Es ist Gnade, eine Frucht des „Verdienstes Christi. Das Licht scheinet in der „Finsterniß. Joh. 1, 15. u. s. w.

inne werden, ob diese Lehre aus GOtt sey, oder ob ich von mir selber rede.

8. Fr. Wo ist die H. Schrift hergekommen?

A. **Es ist dieselbe von GOtt eingegeben 2 Timoth. 3, 16. und demnach nicht aus menschlichem Willen hervor gebracht, sondern die heiligen Männer GOttes haben sie geredet, getrieben vom Heiligen Geist. 2 Petr. 1, 20. 21.**

9. Fr. Wo findet man diese H. Schrift?

A. **In der Bibel, oder in den Büchern des alten und neuen Testaments.**

10. Fr. Wie viel Bücher fasset die H. Schrift in sich?

A. **Das alte Testament hält in sich 39 Bücher, wovon das 1 Buch Mose das erste, und der Prophet Malachias, oder Maleachi, das letzte ist. Das neue Testament aber 27, wovon das Evangelium Matthäi das erste, und die Offenbarung Johannis das letzte ist. Diese nennet man kanonische, d. i. mit einer göttlichen Autorität versehene Bücher. Außer diesen findet man noch bei der Bibel die Bücher, welche man Apokryphen nennet, weil sie von den meisten nicht von göttlichem Ansehen geachtet werden; obwohl sie übrigens manche vortreffliche Wahrheiten, Sittenlehren und Aufmunterungen zum Vertrauen auf GOtt und zu einem frommen Leben enthalten.**

11. Fr.

11. Fr. Wodurch kann man von der Göttlichkeit der H. Schrift überzeuget werden?

A. 1) Dadurch, daß Juden, Heiden und Türken in ihren Büchern zugeben und bekennen, daß Moses und JEsus, wie auch seine Apostel, wirklich in der Welt gewesen sind; daß er, der Heiland JEsus, so viele Wunder gethan; daß er gelehret, und auch endlich gelitten hat, und gestorben ist nach der Schrift, 1 Cor. 15, 3. 4. und weil man über dem auch keine ältere Schriften, als die von Mose, aufweisen kann.

2) Daß eine unzählbare Menge Märtyrer, und auch viele der heiligen Schreiber selbst, die göttliche Wahrheiten, welche in der H. Schrift verfasset sind, mit ihrem Blute versiegelt haben.

3) Daß GOtt durch seine sonderbare Vorsehung diese heiligen Bücher so viele Jahrhunderte hindurch, unter allen Verwirrungen und Verwüstungen unverletzt zu bewahren gewußt hat.

4) Daß nicht allein unter den heiligen Schreibern, — ungeachtet sie in so sehr verschiedenen Zeiten und Jahrhunderten gelebet haben, — sondern auch zwischen dem alten und neuen Testament eine so schöne Harmonie oder Uebereinstimmung ist.

5) Daß so viele Weissagungen in denselben schon erfüllet sind.

6) Daß in der H. Schrift selbst und in ihren

lehren, eine so ungemeine Lauterkeit, Heiligkeit, Einfalt, Wahrheit, Majestät und Kraft hervor leuchtet. (Man lese nur z. B. folgenden Spruch aus Jesaias 1, 2: Höret ihr Himmel! — und Erde, nimm zu Ohren! denn der HErr redet. *) — Matth. 7, 28, 29. — Joh. 7, 46.

12. Fr. Welches ist aber das allergewisseste und unzweifelbarste Zeugniß, welches ein Gläubiger insonderheit von der Göttlichkeit der H. Schrift bekommt?

A. Das Zeugniß, welches GOtt selbst durch seinen Heiligen Geist, der der Urheber der Schrift ist, davon in seinem Herzen gibt, welcher Geist allein den Glauben an GOttes Wort und Wahrheit in ihnen wirken kann, und muß.

Joh. 16, 13. Wann aber jener, der Geist der Wahrheit, kommen wird, der wird euch in alle Wahrheit leiten. — 1 Joh. 2, 20 und 27. Ihr habt die Salbung von dem, der heilig ist, und wisset alles. Und die Salbung, die ihr von ihm

---

*) Ein frommer Prediger sagte einst, auf Befragen: ob er nichts mehr in Druck geben wollte? — Er hätte dazu keine Freiheit mehr; wenn er aber je etwas heraus gäbe, so würde es über die Sprache der H. Schrift seyn; denn die hätte so was ganz Eigenes, voll hoher Einfalt und Würde, das schlechterdings unnachahmlich wäre, und das man in keinem, auch dem berühmtesten Griechischen oder Lateinischen Schriftsteller so finde: welches aber freilich nur der zu empfinden fähig wäre, der in dem Geist der heiligen Schreiber stünde, und sich von den vorgefaßten neumodischen Begriffen einer so genannten Schönheit im Styl nicht irre führen ließe.
Anm. d. R.

ihm empfangen habet, bleibet bei euch. — — Wie euch die Salbung allerlei lehret, so ists wahr, und ist keine Lügen. rc. Ebend. Kap. 5, 6. Der Geist ists, der da zeuget, daß Geist Wahrheit ist. S. a. Eph. 2, 8. Joh. 6, 29. 44. 45.

13. Fr. Zu welchem Ende mag GOtt die H. Schrift wohl gegeben haben?

A. Er hat sich dadurch gleichsam zu unserer Schwachheit und zu unserm Elende wollen herunter laßen, auf daß er dadurch 1) dem — von Ihm, von seiner Erkenntniß und Liebe abgewichenen, und in die Finsterniß, ins Aeußere und Sinnliche verfallenen Menschen wiederum seinen Willen, seine Wege und Werke zeigen, (a) — und auch einiger Maßen sich selbst ihm bekannt machen möchte. — 2) Hat er dadurch ein unwidersprechliches, lauteres Zeugniß seiner göttlichen Wahrheiten, gegen alle Vermischungen, Irrthümer und Menschensatzungen, beständig unverletzt bewahren und erhalten wollen. — 3) Sollte die H. Schrift auch den Gläubigen ein äußeres Zeugniß ihrer Erfahrungen seyn, wann sie nämlich eben dieselben Wahrheiten, welche sie inwendig in ihnen selbst empfinden und erfahren, auch äußerlich in diesem heiligen Buche, durch GOttes Geist, zu ihrem nicht geringen Trost, Freude und Befestigung aufgezeichnet finden. S. Ps. 19, 8. 9. 1 Joh. 2, 27. Kap. 5, 6—10. *)

*) Wem etwa diese Antwort als unvollständig vorkommen

(a) 2 Timoth. 3, 16. Denn alle Schrift von GOtt eingegeben, ist nütz zur Lehre, zur Strafe, zur Besserung, zur Züchtigung in der Gerechtigkeit. S. a. Apostelg. 17, 11.

14. Fr. Wer soll aber die Heilige Schrift lesen?

A. Wie aus dem Gesagten gnug erhellet — alle und jede, Reiche und Arme, Gelehrte und Ungelehrte, weß Namens und Standes sie auch immer seyn mögen; sonderlich sollen auch die **Kinder** schon in ihrer frühen Jugendzeit dieselbe fleißig und heiliglich gebrauchen und lesen *).

2. Timoth.

kommen möchte, der vergleiche damit des Verfassers Weg der Wahrheit S. 9 bis 21; wo er die sämmtlichen Absichten GOttes, bei Mittheilung der Heil. Schrift, gründlich, ausführlich und eindringend anführt. „Die heilige Schrift," sagt er daselbst, „ist 1) ein immerwährendes, unverfälschtes Denkmal des wahren Dreieinigen GOttes, wider allen „Unglauben und Aberglauben. 2) Das ausgedrückte „Gesetz GOttes, die einzige, unfehlbare Richtschnur und Spiegel unseres Lebens. 3) Die Verkündigung des einigen Mittels, und heilsamen „Raths Gottes zu unsrer Erlösung und Seligkeit. „4) Ein von GOtt geheiligtes und gesegnetes Mittel zur Erweckung und Stärkung in der Gottseligkeit; eine Handleitung zu GOtt selbst. 5) Eine ordentliche Abhandlung, Abbildung und Vorbildung „der Wege GOttes, die er gehalten hat, noch hält, „und bis zum Ende halten wird, über seine Kirche „insgemein, und über alle und jede Gläubige insbesonder. 6) Ein stäts währendes Zeugniß unserer „inwendigen Erfahrung."

*) Möchte doch diese Erinnerung des seligen Mannes in unsern lesesüchtigen Zeiten mehr beherziget werden! Aber, das wollen unsere heutigen aufgeklärten philosophisch-pädagogischen Schriftsteller besser wissen.

2 Timoth. 3, 15. Und weil du von Kind auf die H. Schrift weißest, kann dich dieselbige unterweisen

wissen. „Man muß, sagen sie, den Kindern die „Bibel, wie sie da ist, nicht in die Hände geben, „und noch weniger ihnen von den sogenannten „Glaubens-Geheimnissen und Lehren etwas vorsa„gen. Es sind für sie unverständliche Sachen, wo„mit man warten muß, bis sich ihre Begriffe (nach„dem sie durch Unterricht und Erkenntniß sinnlicher „Gegenstände, allmählig aufgeklärt worden) besser „entwickelt haben, welches vor dem 12 bis 14ten „Jahr ihres Alters nicht leicht der Fall ist u. s. w." So sprechen unsere philosophischen Erzieher, die noch als das Wort GOttes neben her in Ehren zu halten scheinen (denn die, welche alle Autorität der Bibel verwerfen, können wir gar nicht in Anmerkung nehmen.) Aber, die traurige Erfahrung spricht ganz anders. Aus derselben wissen wir, daß, wenn man durch die Modeschriften, durch anmuthige Erzählungen u. s. w. die Wißbegierde der Kinder einmal geweckt hat, solche nur immer mehr an solchen Dingen Nahrung haben will; daß dann die Kinder leicht auf die Komödien- und Romanen-Leserei verfallen, wozu allerwegen Handlanger genug sind; daß dann aller Geschmack am Bibellesen vollends wegfällt, und daß diese Lectüre der Bibel — bei der ohnehin eingerissenen Vernachläßigung derselben in den mehresten Haushaltungen — endlich gar nicht mehr geschiehet. Und wie könnte man es anders erwarten, da junge Leute schon mit Vorurtheilen gegen die H. Schrift angefüllt sind, ehe sie solche selbst gelesen haben. Die nächste Folge solcher Erziehung ist, daß sie — ohne Erkenntniß, ohne Licht und Kraft zu widerstehen, und dem Hang ihres fleischlichen Sinnes gemäß — den Sophisten und Christus-Feinden in die Hände fallen, und mit ihnen Verächter und Spötter über GOtt und Bibel werden. — O ihr Aeltern! denen das Seelenheil ihrer Kinder am Herzen liegt: führt sie in dem zartesten Alter in die H. Schrift — Erzählt ihnen frühe biblische Geschichten; macht ihnen bei Zeiten in dem Falle Adams und Even die Schrecklichkeit der Sünde — und in der Vertilgung der ersten Welt, der weisen, zur Seligkeit, durch den Glauben an Christum JEsum.

15. Fr.

Städte Sodom und Gomorra, in den Strafen über Aegypten u. a. m. ihre schrecklichen Folgen sichtbar; zeigt ihnen an dem Exempel der heiligen Männer GOttes. wie sehr ein frommes Leben GOtt gefalle; wie vertrout er mit seinen lieben Kindern, die ihn von Herzen fürchten, umgebe, und wie er sie endlich im Himmel so selig mache. — Sonderlich macht euer Werk daraus, sie früh mit JEsu, dem Kinderfreunde, bekannt zu machen. Und, so bald sie nur lesen können, so suchet ihnen die Beschreibung seines Lebens auf Erden, von seiner Geburt bis zu seiner Himmelfahrt, in den Evangelisten, zur interessantesten Lectüre zu machen. Erkläret ihnen, wie er den grossen Plan GOttes, zu unserer Erlösung aus Sünde, Tod und Verderben, ausgeführet habe — daß dieß alles aus gränzenloser Liebe zu uns geschehen sey — daß er noch immer auf dem Throne seiner Herrlichkeit diese Liebe zu uns habe, und uns durch seines Geistes Kraft gern helfen wolle, seine Gebote zu halten, damit wir auch einmal ewig bei Ihm seyn mögen ꝛc. — Macht ihnen dabei die Sprüche wichtig, welche die Christlichen Glaubens- und Sittenlehren enthalten, damit sie solche ihrem Herzen und Gedächtniß einprägen. Was gilts! ihre Herzen werden schon von Gegenliebe zu GOtt und Christo angefaßt werden. Sie glauben euch alles auf euer Wort, und der HErr wird helfen, daß die Wahrheit in ihnen Wurzel schlage. Wann dann die Jahre kommen, wo die Lüste bei ihnen erwachen, und wo der Geist unserer Zeit, oder seine Knechte, die Feinde JEsu, ihnen ihr Gift einblasen wollen, so ist ihr Herz durchs Wort GOttes — das sie von Kind auf gelernt — dawider bewaffnet; die eingehauchten Zweifel prellen an dem Felsen des Glaubens ab: und wenn auch einige (durch GOttes Zulaßung) ihren Herzen Beunruhigung machen, so wird das eine nähere Prüfung des Worts GOttes veranlaßen; und weil solche in Demuth und mit Gebeth geschieht, so werden sie noch mit mehr Licht und Ueberzeugung der Wahrheit befestiget, aus dieser Prüfung heraus kommen. Anm. d. R.

15. Fr. Wie muß man aber die Schrift heiliglich, und also auch heilsamlich und mit Nutzen lesen und gebrauchen?

A. 1) In großer **Demuth** und **Niedrigkeit**; und dem zufolge mit Verläugnung seiner eigenen und aller menschlichen Vernunft und Weisheit (a); auch ohne Neugierde, das ist, man soll nicht lesen, um nur bloß Historien oder Bilder zu fassen; ferner ohne Grübeln in demjenigen, was über unsern Begriff und Erfahrung ist; auch ohne Vorurtheil und vorgefaßte Meynungen und Begriffe. — 2) Mit heiliger **Aufmerksamkeit** und **Andacht**; aus einer herzlichen Begierde, GOtt zu erkennen, um ihn zu lieben; und seine Wege, Wahrheiten und Willen, um dieselben zu thun, und in seinen Wegen zu wandeln (b); damit man auf diese Weise durch das Zeugniß von Christo, zu Christo selbst kommen möge. Joh. 5, 39, 40. — 3) Mit beständigem **Gebeth** und innigem Seufzen zu GOtt, daß er unsere Augen öffnen, (Psalm. 43, 3. Kap. 119, 18. u. a. m.) und salben wolle (Offenb. 3, 18.), damit wir dadurch **die Wunder in seinem Gesetze sehen mögen** s. 2 Corinth. 3, 13—16., daß er auch, durch die Mitwirkung seines Geistes bei und unter dem lesen unser Herz kräftig rühren, und zur liebe und zum Gehorsam seiner Wahrheit neigen wolle.

(a) Matth. 11, 25. Ich preise dich Vater und HErr Himmels und der Erden, daß du solches

den

den Weisen und Klugen verborgen hast, und hast es den **Unmündigen** geoffenbaret.

(b) Matth. 13, 23. Der aber in das gute Land gesäet ist, der ists, wenn jemand das Wort höret und verstehet es, und dann auch **Frucht bringet.**

16. Fr. Sage mir noch weiter, wie man die Schrift lesen und verstehen müße?

A. Also, daß ich alles, was ich lese, daß es von oder zu andern gesprochen sey, — es mögen nun Geschichten, Weissagungen, Ermahnungen, Verheißungen oder Drohungen seyn — so ansehe und halte, als ob es GOtt noch in dieser Stunde von und zu mir, oder von und zu der heutigen Zeit spräche; und demnach nichts für eine nur bloß und allein ehemals, und einmal geschehene Sache ansehe und halte (a); denn alle Geschichten, Sachen und Personen sind Vorbilder des Künftigen (b), (1 Corinth. 9, 9. 10. Ebr. 4, 2. Galat. 4, 24. im Griechischen); und was von Christo, dem Haupt, geschrieben ist, das gehet auch seinen Leib oder Gemeine an; und was seine Gemeine angehet, und von ihr geschrieben ist, das gehet auch ein jedes Glied derselben insbesonder an (c).

(a) Röm. 15, 4. Was aber zuvor geschrieben ist, das ist uns zur Lehre geschrieben; auf daß wir durch Geduld und Trost der Schrift Hoffnung haben.

(b) 1 Korinth. 10, 6—11. Das ist aber uns zum Vorbilde geschehen, daß wir uns nicht gelüsten

laßen

laßen des Bösen, gleichwie jenen gelüstet **hat** (u. s. w. bis V. 10, dann schließt der 11. V.) Solches alles widerfuhr ihnen **zum Vorbilde**; es ist aber geschrieben **uns zur Warnung**, auf welche das Ende der Welt gekommen ist.—

(c) Zachar. 6, 12. 13. Er wird bauen **des HErrn Tempel**; ja den **Tempel des HErrn** wird er bauen. Vergl. mit Joh. 2, 19—21., wo der Tempel des HErrn auf Christi **eignen Leib**, und Eph. 2, 20. 22., wo derselbe auf **seine Gemeine**, und 1 Korinth. 6, 19., wo er auf einen jeden **Gläubigen** insbesonder ausgedeutet wird. Jmgl. 1 Petr. 2, 5. **Und auch ihr, als die lebendigen Steine, bauet** euch zum geistlichen Hause, und zum heiligen Priesterthum, zu opfern geistliche Opfer, die GOtt angenehm sind durch JEsum Christum. S. a. 1 Petri 1, 10. 11. 1 Joh. 4, 17. u. a. m.

17. Fr. Bekommt man aber den Verstand der Heiligen Schrift auf einmal?

A. Nein, gemeiniglich stufenweise, von Klarheit zu Klarheit, von Wahrheit zu Wahrheit, von Erfahrung zu Erfahrung (a); (Psalm 84, 8. Philipp. 3, 15. 16.) denn, (sagt irgendwo ein frommer Mann) so viel wir uns selbst und der Welt absterben, so viel sehen wir in der Schrift, und nicht mehr.

(a) 2 Kor. 3, 18. Nun aber spiegelt sich in uns des HErrn Klarheit, wie in einem Spiegel, mit aufgedecktem Angesicht; und wir werden verkläret in dasselbe Bild von einer Klarheit zu der andern, als vom HErrn, der der Geist ist.

18. Fr.

18. Fr. Kann aber das Lesen und Gebrauchen der H. Schrift und anderer gottseligen Bücher, an und für sich selbst uns nicht eine wahre und heilsame Erkenntniß GOttes und seiner Wahrheiten beibringen?

A. Wie oben Fr. 6. schon gesagt ist, — nein! — Zwar kann man dadurch wohl einige superficielle, buchstäbliche und Hirn-Erkenntniß, aber — ohne die Erleuchtung und Mitwirkung des Heiligen Geistes, keine wahre und heilsame Erkenntniß erlangen; denn **der Buchstabe tödtet, der Geist aber machet lebendig.** 2 Korinth. 3, 6.

19. Fr. Welch ein Unterschied ist denn zwischen der bloß äußern und natürlichen Hirn-Erkenntniß von GOtt und göttlichen Wahrheiten, und der innern und übernatürlichen, die aus der Erleuchtung des H. Geistes entspringet?

A. 1) Jene ist ganz zweifelhaft, dunkel und ungewiß; diese hingegen bringet Gewißheit mit sich: denn **der Geist selber gibt der Seele Zeugniß, daß Geist Wahrheit sey.** 1 Joh. 5, 6. Darum bedarf derjenige, welcher also **von GOtt gelehret ist,** (Joh. 6, 45.) für sich selbst nicht viel Argumente oder Beweisthümer. — 2) Jene machet, daß wir nur in uns selbst stille stehen und beruhen, bläbet auch daher auf; diese aber macht und wirket, daß der Mensch aus sich selber aus- und in GOtt übergehet, mit tiefster und gänzlicher Beugung, Demüthigung und Unterwerfung an Ihn und seine Wahrheit. —

3)

3) Jene gibt nur leere, todte Bilder und Begriffe; diese aber bringt göttliche Salbung, Kraft, Leben und Wesen mit sich (a). 4) Jene ist nur Erkenntniß, d. i. sie bleibt nur bloß im Kopf und Gehirne hangen, ohne das Herz zu rühren; diese aber entzündet allezeit das Herz in Liebe Eph. 4, 13—15, und neiget es zum Gehorsam, ja sie erneuert den ganzen Menschen (b), und machet ihn fruchtbar zu allem gottseligen Wandel und Leben. S. a. 2 Petri 1, 3. 8.

(a) 2 Petri 1, 3. 4. Nachdem allerlei seiner göttlichen Kraft, (was zum Leben und göttlichen Wandel dienet,) uns geschenket ist durch die Erkenntniß deß, der uns berufen hat durch seine Herrlichkeit und Tugend, u. s. f.

(b) Col. 3, 10. Und ziehet den neuen (Menschen) an, der da verneuert wird zur Erkenntniß, nach dem Ebenbilde dessen, der ihn geschaffen hat.

20. Fr. Sage mir noch mit Einem Worte: — Wovon handelt die H. Schrift hauptsächlich?

A. 1) Von GOtt, von seinem Wesen und seinen Vollkommenheiten; — 2) von seinen Werken oder Geschöpfen, und von seinen Wegen und Handlungen in und mit denselben.

Zweites Kapitel.

Von GOtt und dessen Vollkommenheiten.

1. Fr. Wer ist GOtt?

A. Der ewige, allein vollkommene Geist.

2. Fr. Was ist ein Geist?

A. Es ist ein Wesen, das nicht kann gesehen (a), noch betastet werden (b), welches Leben, Verstand und Willen hat.

(a) 1 Timoth. 1, 17. Aber GOtt, dem ewigen Könige, dem Unvergänglichen, und Unsichtbaren, und allein Weisen, sey Ehre und Preis in Ewigkeit! Amen. S. a. Kap. 6, 16.

(b) Lucä 24, 39. Sehet meine Hände und meine Füße: ich bins selber. Fühlet mich, und sehet; denn ein Geist hat nicht Fleisch und Bein, wie ihr sehet, daß ich habe.

3. Fr. Ist GOtt denn auch ein solcher Geist?

A. Ja, aber ein Geist über alle Geister, in welchem alles dieses auf eine unendlich herrlichere Weise ist, als es von allen andern Geistern kann gesagt werden; der das Leben selber ist; einen unendlichen Verstand und Erkenntniß, und einen unumschränkten Willen hat.

4. Fr.

4. Fr. Welche Lehren müßen wir daraus nehmen, daß GOtt ein Geist ist?

A. Daß er nicht will noch kann angebethet, gedienet, gesuchet noch gefunden werden, weder in und durch bloßes Mund- und Lippenwerk, noch durch unsere Imagination oder Einbildungskraft, noch Vernunftschlüsse, noch auch durch und in einigen andern bloß äußerlichen Uebungen und Werken: sondern daß, weil er ein Geist ist, er auch im Geist und in der Wahrheit will (und muß) gedienet, angebethet und gesucht werden.

Joh. 4, 24. GOtt ist ein Geist, und die ihn anbethen, die müßen ihn im Geist und in der Wahrheit anbethen. S. a. Jesaia 29, 13. —

5. Fr. Was ist das gesagt, daß GOtt allein vollkommen sey?

A. Daß er sey das einige, nothwendige Wesen, ewig, unermeßlich, unbegreiflich, allgenugsam, allmächtig, allwissend, ganz gut, ganz heilig, ganz gerecht, ganz barmherzig, schön, und die Liebe selbst; der Ursprung oder Anfang, und das Ende aller Dinge.

6. Fr. Kannst du mir wohl einige Schriftörter nennen, wo verschiedene dieser Vollkommenheiten GOttes zusammen stehen?

A. Ja, z. B. folgende: 2. B. Mose 34, 6. 7. Und da der HErr vor seinem (Mosis) Angesicht übergieng, rief er (der HErr): HErr, HErr, GOtt! barmherzig und gnädig, und geduldig, und von grosser Gnade und Treue. Der du bewahrest Gnade in tausend Glied, und vergibst Missethat, Uebertretung und Sünde; und vor welchem niemand unschuldig ist. Der du die Missethat der Väter heimsuchest, auf Kinder und Kindes-Kinder, bis ins dritte und vierte Glied.

1 Chron. 29, 11. 12. Dir gebühret die Majestät und Gewalt, Herrlichkeit, Sieg und Dank; denn alles, was im Himmel und auf Erden ist, das ist dein. Dein ist das Reich, und du bist erhöhet über alles zum Obersten. Dein ist Reichthum und Ehre vor dir, du herrschest über alles; in deiner Hand stehet Kraft und Macht; in deiner Hand stehet es, jedermann groß und stark zu machen. u. a. m.

7. Fr. Was verstehet man dadurch, wenn man sagt, daß GOtt das **einige** Wesen sey?

A. Daß er weder kann getheilet, noch vermannichfaltigt werden, weil keine mehrere seyn können: sondern daß alles, was er ist, er solches allein sey (a); und daß, obschon er unendlich viel Vollkommenheiten hat, er nichts desto weniger das höchst einfache Wesen sey, und man dieselbe nur unserer Schwachheit wegen, so unterschiedlich anmerket.

(a) 5 B. Mose 6, 4. Höre, Israel, der HErr unser GOtt ist ein **einiger** HErr. S. a. Jesaia 43, 10. 11. Ebend. 44, 6. 8. Kap. 45, 5—7. 1 Korinth. 8, 4. 6. u. s. f.

8. Fr.

8. Fr. Was willst du damit sagen, wenn du GOtt das nothwendige Wesen nennest?

A. Daß er also durch sich selbst bestehe, daß es unmöglich ist, daß er nicht sollte seyn, noch auch daß er nicht sollte seyn alles dasjenige, was er ist.

2 B. Mose 3, 14. GOtt sprach zu Mose: Ich werde seyn, der ich seyn werde. Und sprach: Also sollst du zu den Kindern Israel sagen: Ich werd's seyn, der hat mich zu euch gesandt.

9. Fr. Was heißet es, daß GOtt ewig sey?

A. Daß er keinen Anfang hat, wie alle andere erschaffene Geister; daß er auch kein Ende haben wird; daß er von Ewigkeit zu Ewigkeit eben derselbe (a), — und bei ihm keine Veränderung noch Wechsel der Zeiten (b), sondern alles ihm gegenwärtig sey. S. Jacobi 1, 17. Maleach. 3, 6. Ebr. 13, 8.

(a) Ps. 90, 2. Ehe denn die Berge worden, und die Erde und die Welt geschaffen wurden, bist Du, GOtt! von Ewigkeit zu Ewigkeit. — Offenb. 1, 4. Ich bin das A und das O, der Anfang und das Ende, spricht der HErr, der da ist, der da war, und der da kommt, der Allmächtige.

(b) Psalm 102, 26—28. Du hast vorhin die Erde gegründet: und die Himmel sind deiner Hände Werk. Sie werden vergehen, aber du bleibest. Sie werden veralten, wie ein Gewand: sie werden verwandelt, wie ein Kleid, wann du sie verwandeln wirst. Du aber bleibest, wie du bist, und deine Jahre nehmen kein Ende. S. a. Jesaia 40, 28.

10. Fr. Welche Lehre kannst du daraus ziehen, daß GOtt ewig ist?

A. 1) Daß ich mein Vertrauen, meine Hoffnung und Freude nicht setze auf unbeständige, vergängliche, sichtbare Dinge: auf Menschen, Reichthum, Wohllust, Ehre, Schönheit, Gesundheit und Leben, welches alles eine so kurze Zeit währet; sondern auf den ewigen, unveränderlichen GOtt (a): und dieses um so viel mehr, da 2) meine Seele gleichfalls ewig ist, und dieselbe nimmer völlig kann vergnügt und zufrieden seyn, als in GOtt, diesem ewigen und unwandelbaren Gute.

(a) Jesaia 51, 6. Hebet euere Augen auf gen Himmel, und schauet unten auf die Erde. Denn der Himmel wird wie ein Rauch vergehen, und die Erde wie ein Kleid veralten; und die darauf wohnen, werden dahin sterben wie Das: aber mein Heil bleibet ewiglich, und meine Gerechtigkeit wird nicht verzagen.

11. Fr. Was bedeutet, daß GOtt unermeßlich genannt wird?

A. Daß er über alle Orte, und in allen Orten gegenwärtig ist, so daß er Alles mit seinem Wesen, mit seiner Macht, Weisheit und seinen Wirkungen erfüllet: ja, daß er allen Geschöpfen so innigst gegenwärtig ist, daß sie ohne diese Gegenwart nicht würden seyn, noch bestehen können (a).

(a)

(a) Psalm 139, 7—10. Wo soll ich hingehen vor deinem Geist? und wo soll ich hinfliehen vor deinem Angesicht? — Führe ich gen Himmel, so bist du da; bettete ich mir in die Hölle: siehe! so bist du auch da. Nähme ich Flügel der Morgenröthe, und bliebe am äussersten Meer; so würde mich doch deine Hand daselbst führen, und deine Rechte mich halten. Imgl. Jerem. 23, 23. 24. Bin ich nicht ein GOtt, der nahe ist, spricht der HErr, und nicht ein GOtt, der ferne sey? — Meynest du, daß sich jemand so heimlich verbergen könne, daß ich ihn nicht sehe? Bin ichs nicht, der Himmel und Erde füllet? spricht der HErr. S. a. Jesaia 66, 1. Apostelg. 17, 28. 29.

12. Fr. Wozu muß dich diese Allgegenwart GOttes bewegen?

A. 1) Ihn an allen Orten und Enden anzubethen, mit ihm umzugehen, mein Herz vor ihm auszuschütten, und meine Gedanken, wo ich gehe, stehe, sitze oder liege, auf ihn zu richten; weil er bei mir ist, und auf mich siehet: wie auch Ihn zu sehen und anzubethen in allem, was ich äußerlich sehe, höre, schmäcke und rieche, Psalm 139, 3. 7. 18. — 2) In kindlicher Furcht und Scheu vor seinen heiligen Augen zu wandeln; also daß ich trachte, nichts zu denken, zu reden noch zu verrichten, als was seiner heiligen Gegenwart gefallen kann; — und daß ich gern zufrieden bin, daß Er Zeuge sey von allem meinem Dichten und Beginnen. — 3) Mich — wenn ich also kindlich und ehrfurchtsvoll vor Ihm wandele — auch alsdann vor keiner

Gewalt, Gefahr noch Trübsal zu fürchten; sondern mich zu verlaßen und zu vertrauen auf — und zu erfreuen über die allwaltende und gnädige Gegenwart GOttes (a). 2 Timoth. 4, 16. 17.

(a) Psalm 16, 8. 9. Ich habe den HErrn allezeit vor Augen; denn er ist mir zur Rechten, darum werd' ich wohl bleiben. — Darum freuet sich mein Herz, und meine Ehre ist fröhlich. S. a. Ps. 73, 28.

13. Fr. Warum wird GOtt **unbegreiflich** genannt?

A. Weil er so groß, so herrlich und vollkommen ist, daß man ihn nicht begreifen, aussprechen, noch beschreiben kann (a); so daß — „wenn schon (wie Augustinus spricht:) „die ganze Welt voll Bücher wäre, und alle „Geschöpfe so viel Schreiber, und alles „Meerwasser in Dinte verändert würde, sol„ches dennoch nicht genug seyn würde, eine „einzige Vollkommenheit GOttes nach Wür„den zu beschreiben."

(a) Psalm 145, 3. Der HErr ist groß und sehr löblich, und seine Größe ist unaussprechlich. S. a. Jesaia 40, 28. Hiob 11, 7. u. f.

14. Fr. Was lehret dich diese Eigenschaft GOttes?

A. 1) Nicht zu grübeln, und nach meinen so eingeschränkten Begriffen und Vernunftschlüssen GOtt und seine Vollkommenheiten, Wege und Geheimnisse zu beurtheilen und abzumessen; sondern die Vernunft gefangen

zu

zu legen unter den kindlichen und einfältigen Gehorsam des Glaubens; indem man überzeugt ist, daß derjenige am beßten GOtt kenne und begreife, welcher ihn in Wahrheit erkennet als ein Wesen, das nicht kann begriffen werden. *)

2) GOtt zu bewundern, anzubethen, und mich im Geist und in der Wahrheit zu verlieren in diesem göttlichen Ungrund: und mich darüber zu erfreuen, daß wir einen so großen, so herrlichen und vollkommenen GOtt haben, daß er nicht kann von einem endlichen Verstande begriffen werden.

15. Fr. Was verstehest du dadurch, wenn du sagst, daß GOtt allgenugsam sey?

A. 1) Daß er allein, in sich, und mit sich selbst vollkommen vergnügt, freudig und selig sey (a), und deßwegen keines Dienstes irgend eines Engels noch Menschen nöthig habe (b), noch irgend eines Dinges außer sich bedörfe. 2) Daß er auch allen seinen Geschöpfen allein und vollkommen genug sey; das ist: daß in Ihm, und sonst nirgend, alles dasjenige zu finden sey, was sie ewig und vollkommen vergnügen, erfreuen und selig machen kann (c).

*) Der sel. Verfasser sagt in dem 21en Vers des erhabenen Liedes von GOttes Eigenschaften und Vollkommenheiten (Blumengärtl. No. XCVIII. S. 473) hiervon so schön als wahr: „Dir ziemt die Unbegreiflichkeit;" — und unten in der Note: „Ein begreiflicher GOtt ist nicht GOtt." A. d. R.

(a) 1 Timoth. 1, 11. Nach dem herrlichen Evangelio des seligen GOttes, welches mir vertrauet ist.

(b) Apostelg. 17, 25. Sein wird auch nicht von Menschen-Händen gepfleget, als der jemands bedürfte, so er selber jedermann Leben und Odem allenthalben gibt.

(c) Psalm 16, 11. Du thust mir kund den Weg zum Leben; vor dir ist Freude die Fülle, und liebliches Wesen zu deiner Rechten ewiglich.

16. Fr. Was müßen wir, bei Betrachtung der Allgenugsamkeit GOttes, zu unserem Nutzen erwägen?

A. 1) **Den tiefen Abgrund seiner freien Liebe**: um dieselbe zu bewundern, zu preisen, und mit möglichster Gegenliebe zu beantworten. Hiezu müßen wir nothwendig bewogen werden, wenn wir bedenken und beherzigen: daß — da er doch ohne dem (wie gesagt) der selige GOtt in sich selbst geblieben wäre, — er nicht allein Engel und Menschen hat schaffen wollen, damit sie seine Seligkeit mit genießen möchten; sondern daß er auch, nachdem die Menschen sich der Seligkeit muthwillens verlustig gemacht, — seinen Sohn selbst vom Himmel gesandt hat, um sie als widerspenstige, freche Sünder, durch sein eigen Blut aus ihrem tiefen Verderben zu erretten, und der verlornen Seligkeit wieder theilhaftig zu machen; ja daß er ihnen noch über dieses, durch in- und auswendige Lockungen und Züchtigungen, so langmüthig nach-

nachgehet, bloß, damit sie diese seine Gnade möchten annehmen, eben als ob Er, der Allgenugsame, ohne den Menschen nicht selig seyn könnte. — 2) Soll uns die Betrachtung der Allgenugsamkeit GOttes lehren: daß — wenn man schon alle Schätze, alle Freude, Lust, Ehre, Vergnügung und Herrlichkeit der ganzen Welt hätte — man doch bei dem allem außer diesem allgenugsamen GOtt — höchst elendig und unglückselig bleiben würde; und daß unser Geist nimmer eine wahre und bleibende Ruhe noch Vergnügen darinnen finden würde, und wir deßwegen auch diese Ruhe nirgend anders, als in diesem GOtt suchen müßen. — 3) Daß hingegen derjenige, der diesen GOtt hat, wenn er auch sonst der allerärmste, verachtetste Mensch von der ganzen Welt, und dazu mit den allergrößten Schmerzen und Leiden belegt wäre, — dennoch allein deßwegen für selig und vergnügt zu achten ist, weil dieser GOtt einer Seele, die ihn in Wahrheit besitzet, vollkommen genug und übergenug ist, so daß sie nichts mehr begehret, noch begehren kann.

Lucä 6, 20. Selig seyd ihr Armen, denn das Reich GOttes ist euer.

17. Fr. Was ist das gesagt, daß GOtt allmächtig sey?

A. Daß, gleich wie Er Himmel und Erde, und alle Kreaturen in denselben, durch seine große Macht geschaffen hat, und im Wesen (a) er-

erhält; er also auch thun kann, was er will, in und mit seinen Geschöpfen (b); und daß, dieselben alle Kraft und alles Vermögen, das sie besitzen, allein aus seiner unendlichen Allmacht bekommen haben. S. 1 Chron. 29, 11—13.

(a) Offenb. 4, 11. HErr, du bist würdig zu nehmen Preis, und Ehre, und Kraft; denn du hast alle Dinge geschaffen, und durch deinen Willen haben sie das Wesen, und sind geschaffen. — Röm. 11, 36. Denn von Ihm, durch Ihn und zu Ihm sind alle Dinge. S. a. Matth. 19, 26. 1 B. Mose 17, 1.

(b) 2 Chron. 20, 6. HErr, unserer Väter GOtt! bist du nicht GOtt im Himmel, und Herrscher in allen Königreichen der Heiden? Und in deiner Hand ist Kraft und Macht: und ist niemand, der wider dich stehen möge. S. a. Psalm 115, 3. 1 B. Sam. 2, 6.

18. Fr. Wozu muß dich die Betrachtung der Allmacht GOttes erwecken?

A. 1) Daß ich diesen mächtigen GOtt — nicht nur in den täglichen, unzähligen Wundern der Schöpfung, in seiner Erhaltung und Regierung des Himmels, der Erde und aller Geschöpfe, sondern auch in den außerordentlich vielen Wunderwerken, welche sonderlich in der H. Schrift aufgezeichnet sind, und noch täglich geschehen, — oft und viel beschaue, bewundere, und seine Allmacht darin rühme und groß mache. S. a. Kap. 4. u. 5. und Psalm 136 ganz, u. s. w.

2)

2) Soll mich diese Betrachtung erwecken, meine Ohnmacht in der Natur und in der Gnade zu erkennen, und zu bekennen, Psalm 33, 16. 17. Denn in der Natur kann ich durch mich selbst mir nicht einen Augenblick mein Leben und Gesundheit geben, noch erhalten, noch ein einiges Glied regen oder bewegen, ohne GOttes augenblicklichen Beistand. Viel weniger aber vermag ich, (in dem Werk der Gnade) mich aus dem tiefen Elend und Verderben, worein ich durch die Sünde gefallen bin, im geringsten aufzurichten, noch — wenn mich GOtt einiger Maßen aufgerichtet hat, — stehen zu bleiben: weßwegen ich seiner Allmacht, durch welche er einem so tief gefallenen Sünder aus seinem Elend aufhelfen, und ihn unter so vielen Gefährlichkeiten bewahren kann, allein alle Ehre zuzuschreiben habe.

Joh. 15, 5. Ich bin der Weinstock, ihr seyd die Reben: Wer in mir bleibet, und ich in ihm, der bringet viel Frucht; denn ohne mich könnet ihr nichts thun. S. a. Kap. 10, 28. 29. — 1 Petri 1, 5.

Und deßwegen soll ich 3) mich auch in allen Nöthen, Gefahren und beprüfenden Wegen nach Leib und Seele, seiner allmächtigen Hand gänzlich anvertrauen; weil ohne seinen Willen und Zulaßung nicht ein Haar (Matth. 10, 30.) von meinem Haupt fallen; er auch aus Tod und Hölle (1 B. Sam. 2, 6. Offenb. 1, 18.) erretten, und im Feuer und

Wasser

Wasser (Jesa. 43, 2. Psalm 91, 1.) erhalten kann; weßwegen ich auch weder Teufel, noch Menschen, noch einige Kreatur (a) fürchten darf; denn sie haben nicht die geringste Macht (Joh. 19, 10. 11. Röm. 8, 31. Ps. 105, 12. 15.), wenn sie ihnen nicht von oben gegeben wird. Wogegen ich nur den, der Leib und Seele in die Hölle werfen kann, zu fürchten, und mich unter seine allgewaltige Hand zu demüthigen habe. 1 Petri 5, 6.

(a) Jesaia 41, 10. Fürchte dich nicht! Ich bin mit dir; weiche nicht, denn ich bin dein GOtt; ich stärke dich, ich helfe dir auch, ich erhalte dich durch die rechte Hand meiner Gerechtigkeit. S. a. Matth. 10, 28—31.

19. Fr. Was verstehet man dadurch, wenn man sagt: daß GOtt allwissend sey?

A. Daß er sich selbst und auch alle Dinge außer sich vollkommen kennet (1 Tim. 1, 17.), und dieselben alle mit einer wunderbaren Ordnung und unendlichen Weisheit (Hiob 38. u. 39. Pred. Sal. 3, 11.) eingerichtet hat, und regieret; daß er von Ewigkeit her alles gewußt, was geschehen sollte, und noch weiß, was und wie alles gewesen ist, nun ist, und bis in Ewigkeit seyn wird (a); auch alle Herzen und Nieren prüfet (b): so, daß nichts so verborgen kann gethan, geredet, noch gedacht werden, daß er es nicht alles zuvor wisse (s. Psalm 139 ganz, Ps. 56, 9. Ps. 147, 5.); wie von ihm auch alle Engel und

Menschen ihren Verstand und Weisheit allein empfangen. S. Spr. Sal. 8, 14. 15. Jacobi 1, 17. *)

(a) Apostelg. 15, 18. GOtt sind alle seine Werke bewußt von der Welt her.

(b) Jerem. 17, 9. 10. Es ist das Herz ein trotziges und verzagtes Ding, wer kann es ergründen? Ich der HErr kann das Herz ergründen, und die Nieren prüfen: und gebe einem jeglichen nach seinem Thun, nach den Früchten seiner Werke. S. a. Offenb. 2, 23. Apostelg. 15, 8.

20. Fr. Wozu verbindet dich diese Vollkommenheit GOttes?

A. 1.) Seine Weisheit zu beschauen, zu bewundern und anzubethen in der Schöpfung, Erhaltung, Ordnung und Regierung des Himmels, der Erde und aller Kreaturen. Vornehmlich aber darin, daß er durch seine unerforschliche Weisheit ein Mittel gewußt hat, den tief gefallenen Sünder wieder aufzurichten, auf eine so herrliche und ihm geziemende und rühmliche Weise.

2.) Mich GOtt und seiner Weisheit anzuvertrauen nach Leib und Seel, und in allen Schickungen und Wegen, die er mit mir einschlägt, zufrieden und vergnügt zu seyn; denn Er weiß, was, wie, wo und wann es am beßten ist.

Psalm

*) Man sieht von selber, daß der Verfasser die Allwissenheit und Weisheit GOttes, wegen ihrer genauen Verbindung, hier zusammen nimmt.

Psalm 37, 5. Befiehl dem HErrn deine Wege, und hoffe auf ihn, Er wird es wohl machen.

3.) Zu aller Zeit und an allen Orten, einen recht weisen und vorsichtigen Wandel zu führen, in genauer Wachsamkeit über meine, auch allerverborgenste Gedanken, Worte, Werke und Begierden, als vor den Augen desjenigen, der auch aller Herzen Gedanken siehet und kennet; der sie auch alle wird offenbar machen, und Rechenschaft davon fodern; so daß ich nichts in mir aufkommen laße oder hege, das ich nicht gerne möchte wünschen, daß es GOtt wisse und sehe.

Maleach. 3, 16. Die Gottesfürchtigen trösten sich unter einander also: Der HErr merkt es und höret es; und ist vor ihm ein Denkzettel geschrieben für die, so den HErrn fürchten, und an seinen Namen gedenken. S. a. 1 B. Sam. 2, 3. Luc. 5, 21. 22. Kap. 6, 8.

4.) Weder mich selbst noch jemand anders um seines Verstandes und um seiner Weisheit willen zu erheben, weil unser Wissen und Verstand von GOtt allein herkommt, der denselben, wann er will, wieder nehmen kann; und weil auch unser Wissen so gering und dunkel ist, daß, wenn wir schon so weise wie Salomo wären, es gegen die Allwissenheit und Weisheit Gottes für nichts zu achten ist.

1 Korinth. 3, 18. 19. Welcher sich unter euch dünkt weise zu seyn, der werde ein Narr in dieser Welt, daß er möge weise seyn. Denn

dieser

dieser Welt Weisheit ist Thorheit bei GOtt. Denn es stehet geschrieben: Die Weisen erhaschet er in ihrer Klugheit. Und abermal: Der HErr weiß der Weisen Gedanken, daß sie eitel sind. S. a. Jes. 41, 22—25. Röm. 1, 21. 22.

21. Fr. Warum nennest du GOtt **ganz gut**?

A. Weil er allein alles Gute und nichts Böses in sich selbst ist (a) und besitzet, und außer ihm nichts Gutes, sondern lauter Elend und Uebel ist; weil auch alles Gute im Himmel und auf Erden, in Engeln, Menschen und allen Geschöpfen, von ihm allein seinen Ursprung hat.

(a) Matth. 19, 17. Niemand ist gut, denn der einige GOtt. — Jac. 1, 17. Alle gute Gabe, und alle vollkommene Gabe kommt von oben herab, von dem Vater des Lichts. S. a. Joh. 15, 5. Jer. 13, 23.

22. Fr. Wozu muß dich die Betrachtung dieser Vollkommenheit GOttes bewegen?

A. 1.) Meine Bosheit und mein Elend herzlich zu erkennen und zu bereuen, und mich zu sehnen nach dieser Quelle alles Guten, die mich allein wieder gut und selig machen kann, und außer welcher ich ewig elend bleiben würde.

2.) Daß ich nicht begehre gelobet zu werden, noch mich erhebe in oder über einigem Guten, das ich haben möchte, in der Natur oder in der Gnade, von guten Bewegungen, guten Gedanken, Werken oder Gaben; son-

dern GOtt allein die Ehre davon gebe, und Ihm dafür danke (a), in Erkenntniß, daß ich nur böse und der Verdammniß werth sey, und ohne ihn nichts vermöge, als nur Böses thun, von ihm aber allein alles Gute herkomme.

(a) 1 Chron. 29, 13. 14. Nun, unser GOtt, wir danken dir, und rühmen den Namen deiner Herrlichkeit. Denn was bin ich, was ist mein Volk, daß wir sollten vermögen Kraft, freiwillig zu geben, wie dieß gehet? Denn von dir ist alles gekommen, und von deiner Hand haben wir dirs gegeben, u. f.

3.) Daß ich keine Kreatur, sie mag so gut scheinen oder seyn als sie immer wolle, um ihrer selbst willen liebe und achte; sondern alles, was ich etwa Gutes darin finden möchte, GOtt zuschreibe, und Ihn darin liebe und dafür verherrliche; als von dem es allein hergekommen, und in dem es alles auf eine unendlich vollkommnere Weise zu finden ist.

23. Fr. Was ist das gesagt, daß GOtt **heilig** sey?

A. Daß er in sich selbst vollkommen rein und lauter ist, unendlich abgesondert von allem dem, was Sünde, Unreinigkeit oder Unheiligkeit genannt werden kann, und deßwegen auch kein Sünder als Sünder in Ewigkeit mit ihm Gemeinschaft haben könne; wie auch, daß Alles, was rein und heilig ist, im Himmel und auf Erden, von Ihm also gemacht und geworden sey.

Hesek. 20, 12. Damit sie lerneten, daß Ich der

Herr

HErr sey, der sie heiliget. S. a. Joh. 17, 17. 19. Jesaia 6, 3.

24. Fr. Welchen Eindruck muß dir die Heiligkeit GOttes geben?

A. 1.) Mit tiefster Ehrfurcht, Hochachtung und Vorsichtigkeit an diesen heiligen GOtt zu gedenken, von ihm zu reden, und vor seinen heiligen Augen zu wandeln, in genauer Achtgebung auf alle Ausgänge meines Herzens und meines Mundes.

2.) Daß ich auch trachte, mich selbst zu reinigen von aller Befleckung des Fleisches und des Geistes; daß ich einen tiefen Abscheu, selbst vor allem Schein der Sünde und Unreinigkeit, dagegen aber eine innige Liebe und Begierde zur Herzens-Reinigkeit habe, und durch Gebeth und Verläugnung auch heilig zu werden trachte, gleichwie GOtt heilig ist (a), weil ohne Heiligung niemand dieses heiligen GOttes Angesicht sehen wird. Hebr. 12, 14. *)

(a) 3 B. Mose 19, 2. Ihr sollt heilig seyn; denn

*) Es ist traurig, daß so viel anfänglich begnadigte Seelen nichts von der Lehre der Heiligung hören mögen, da sie doch so häufig, so deutlich und klar von JEsu und seinen Aposteln vorgetragen wird. Es ist freilich wahr, daß wir außer Christo, der uns zur Heiligung gemacht ist, nicht heilig werden können; allein, die Christo angehören, die kreuzigen auch ihr Fleisch sammt den Lüsten und Begierden, durch die Kraft dessen, der sie mächtig machet. Man merke übrigens wohl die Verbindung und den Zusammenhang mit der fernern Antwort in 3.) A. d. R.

denn Ich bin heilig, der HErr, euer GOtt. S. a. 1 Petri 1, 16.

3.) Daß ich mich niemals selbst für heilig und fromm halte in meinen eigenen Augen; vielweniger einige äußerliche Pflichten und Werke, oder Abschaffung einiger groben sündlichen Ausbrüche, und einen äußerlich sittsamen Wandel, schon für die wahre Heiligkeit halte, weil GOttes heilige und Feuer-flammende Augen, vor welchen **die Himmel selbst nicht rein sind**, (Hiob 15, 14. 16.) **Herzen und Nieren prüfen**, (Offenb. 2, 23.); und daß, wenn ich schon zu einiger wahren Herzens-Reinigkeit und Heiligkeit gelanget seyn möchte, ich solches allein GOtt, dem Urheber und Ursprung derselben, zuzuschreiben habe.

25. Fr. Was bedeutet es, daß GOtt **gerecht** genannt wird?

A. Daß, gleich wie er in sich selbst, und in allen seinen Wegen und Gerichten (a) nichts anders als gerecht und billig ist, er also auch alle Ungerechten, und jede Ungerechtigkeit hasse und strafe; und hingegen alle Gerechten und alle Gerechtigkeit liebe und belohne (b); und daß alle die gerecht sind, solches allein aus Ihm, und durch Ihn sind.

(a) Hiob 34, 10—12. Es sey ferne, daß GOtt sollte ungöttlich handeln, und der Allmächtige ungerecht; sondern er vergilt dem Menschen, darnach er verdienet hat; und trifft einen jeglichen nach seinem Thun. Ohne Zweifel, GOtt ver-

verdammt niemand mit Unrecht, und der Allmächtige beuget das Recht nicht.

(b) Psalm 11, 7. Der HErr ist gerecht und hat Gerechtigkeit lieb: darum daß ihre Angesichter schauen auf das da recht ist. S. a. Ps. 34, 16. 17.

26. Fr. Welche Lehre können wir aus der Gerechtigkeit GOttes nehmen?

A. 1.) GOttes Gerechtigkeit und Billigkeit zu preisen und anzubethen in allen seinen Werken, Wegen und Gerichten, die er über uns und alle seine Geschöpfe gehalten hat, und noch hält; in festem Glauben, daß Alles, was er thut, höchst billig, gerecht und ihm geziemend sey, obschon die blinde Vernunft sich nicht allemal darein finden kann.

1 B. Sam. 3, 18. Er ist der HErr, er thue, was ihm wohlgefällt. S. a. Jesaia 45, 9. 10.

2.) Daß wir auch verpflichtet sind, diese Eigenschaft GOttes nachzuahmen im Handel und Wandel; mit unserm Nächsten treu und aufrichtig zu seyn, einem jeden zu geben, was ihm zukommt; und allen, sowohl Feinden als Freunden, so zu thun, wie wir wünschen, daß uns wieder gethan werde, Matth. 7, 12.; nicht allein vor Augen, sondern auch im Verborgenen; wie auch wenn uns Unrecht geschieht, solches zu dulden (a), und es dem gerechten GOtt gelaßentlich heimzustellen.

(a) Röm 12, 19—21. Rächet euch selber nicht, meine Liebsten, sondern gebet Raum dem Zorn; denn

denn es stehet geschrieben: Die Rache ist mein, Ich will vergelten, spricht der HErr. So nun deinen Feind hungert, so speise ihn, dürstet ihn, so tränke ihn. Wenn du das thust, so wirst du feurige Kohlen auf sein Haupt sammlen. Laß dich nicht das Böse überwinden, sondern überwinde das Böse mit Gutem. S. a. 1 B. Sam. 25, 31. Jesaia 50, 6—9.

3.) Daß, wenn wir schon gerecht und fromm zu leben suchen, wir uns darauf nichts dünken laßen, weil es allein GOttes Geist und Gnade ist, daß wir die geringste Liebe und Tüchtigkeit zu einigem wahrlich guten und gerechten Werk in uns verspüren (a); vielweniger daß wir uns einbilden, deßwegen einiges Recht zur Seligkeit zu haben (b); sondern allezeit in Erkenntniß unserer Sünden und Ungerechtigkeit, GOtt von Herzen flehen um den wahren Glauben, wodurch wir der Gerechtigkeit seines Sohnes theilhaftig werden, und also vor seinem gerechten Gericht in Ihm erfunden, und gerecht gesprochen werden mögen. Phil. 3, 9.

(a) 1 Corinth. 4, 7. Denn wer hat dich vorgezogen? Was hast du aber, das du nicht empfangen hast? So du es aber empfangen hast, was rühmest du dich denn, als der es nicht empfangen hätte.

(b) 1 Korinth. 4, 4. Ich bin mir wohl nichts bewußt, aber darinnen bin ich nicht gerechtfertiget: der HErr ist es aber, der mich richtet.

27. Fr. Warum wird GOtt barmherzig genannt?

A. Weil er so gar gütig ist gegen seine Ge-

Geschöpfe, sie reichlich versorgt, und ihnen allerlei Gutes thut (a); und sonderlich weil er sich des abgewichenen, elenden Sünders in seinem Sohn wiederum erbarmet hat (b); ja weil er auch sehr langmüthig ist gegen den Sünder, und gerne die Sünden vergibt und wegnimmt (c), wenn man ihn mit einem bußfertigen Herzen darum anrüft.

(a) Apostelg. 14, 17. GOtt hat sich selbst nicht unbezeugt gelaßen, hat uns viel Gutes gethan, und vom Himmel Regen und fruchtbare Zeiten gegeben, und unsere Herzen erfüllet mit Speise und Freude. S. a. 2. B. Mose 34, 6. 7. 5. B. Mose 28, 63. Ps. 33, 5. Ps. 107. Apostel.g 17, 25. 27.

(b) Hes. 16, 6. Ich aber ging vor dir über, und sah dich in deinem Blute liegen, und sprach zu dir, da du so in deinem Blute lagest: Du sollst leben. Ja zu dir sprach ich, da du so in deinem Blute lagest: Du sollst leben. S. a. Joh. 3, 16. 17. Röm. 8, 31. 32.

(c) Jona 4, 2. Ich weiß, HErr, daß du gnädig, barmherzig, langmüthig und von großer Güte bist, und läßest dich des Uebels reuen. Ebendas. V. 10, 11. Ps. 103, 8. u. f. Ps. 130, 4. 7. Hesek. 33, 11. Apostelg. 17, 30. 2 Petri 3, 9.

28. Fr. Wozu muß uns die große Barmherzigkeit GOttes bewegen?

A. 1.) Diesen gütigen und liebreichen GOtt zu lieben, zu preisen und ihm zu danken für alle die Blicke seiner Erbarmung und Güte, die wir die Tage unsers Lebens genossen haben, und noch augenblicklich genießen; da er selbst, wenn wir ihn schon noch nicht fürchten, sondern städs mit Sünden beleidigen, uns dennoch träget mit großer Geduld und Verschonung, ja uns lauter Gutes thut nach Leib und Seele. Sonderlich daß wir ihm dafür danken, daß er sich unserer Seele so sehr angenommen und erbarmet hat in Christo (a), da er, aus bloßem Erbarmen über unser Elend, denselben in die Welt gesandt, ihn leiden und sterben laßen, nur damit wir nicht ewig möchten verloren gehen (b); ja uns — ob wir ihn gleich nicht suchen, sondern vielmehr beleidigen, und so immer weiter von ihm, zu unserm ewigen Verderben laufen — dennoch immer mit den Ueberzeugungen seines Geistes nachgehet, damit wir der erworbenen Barmherzigkeit in Christo theilhaftig werden möchten.

(a) Ephes. 5, 20. Saget Dank allezeit für alles, GOtt und dem Vater, in dem Namen unsers HErrn JEsu Christi.

(b) Joh. 3, 16. Also *) hat GOtt die Welt geliebet, daß er seinen eingebornen Sohn gab, auf daß alle, die an ihn glauben, nicht verloren werden, sondern das ewige Leben haben. S. a. 1 Joh. 3, 16. Kap. 4, 9. Röm. 5, 8. Kap. 8, 32. u. s. w.

2.) Unsere Zuflucht zu nehmen zu diesem barmherzigen GOtt; damit er uns unsere Sün=

*) Nehmlich, mit einem so hohen Grade von väterlichem Erbarmen. D. R.

Sünden vergebe, womit wir ihn so lange gereizet haben, und uns durch eben diese Erbarmung und Gnade, wirklich von derselben erlösen wolle. Wie auch, uns zu hüten, daß wir diesen gütigen GOtt nicht mehr beleidigen, damit er nicht müde werde uns Gutes zu thun. Psalm 95, 8—11.

Ebr. 3, 12. Sehet zu, lieben Brüder, daß nicht jemand unter euch ein arges, ungläubiges Herz habe, das da abtrete von dem lebendigen GOtt.

3.) Daß wir demnächst auch Barmherzigkeit erweisen unserm Nächsten (a), allen, auch unsern ärgsten Feinden von ganzem Herzen Gutes thun und wünschen; daß wir Mitleiden haben über ihr leibliches und geistliches Elend, und ihnen aus beidem, nach allem Vermögen, das GOtt darreicht, zu retten und zu helfen suchen; ja daß wir uns auch sogar unseres Viehes erbarmen. Sprüchw. 12, 10.

(a) Luc. 6, 36. Seyd barmherzig, wie auch euer Vater im Himmel barmherzig ist. — Matth. 5, 7. Selig sind die Barmherzigen, denn sie werden Barmherzigkeit erlangen.

29. Fr. Was ist das gesagt, daß GOtt schön, und die Liebe selbst sey?

A. Daß er alle Schönheit, Süßigkeit und Lieblichkeit auf die allervollkommenste Weise in sich selbst besitze; und er sich darum auch als das erquickende, entzückende und ver-

verliebtmachende **Liebes-Wesen** offenbare in Zeit und Ewigkeit, denen, die ihn lieben (a); und daß alles, was schön und lieblich in seinen Geschöpfen ist, von ihm allein seinen Ursprung habe.

(a) 1 Joh. 4, 8. 16. Wer nicht lieb hat, der kennet GOtt nicht; denn GOtt ist die Liebe, und wer in der Liebe bleibet, der bleibet in GOtt, und GOtt in ihm. S. a. Hohel. Sal. 1, 16. Kap. 5, 16. Psalm 34, 9. 1 Petri 2, 3.

30. Fr. Welche Wirkungen müßte die Betrachtung dieser Vollkommenheit GOttes billig in unserer Seele zuwege bringen?

A. 1.) Alle sichtbare Schönheit, Süßigkeit und Lieblichkeit, außer GOtt angemerket, gar gering zu achten, und, aus Liebe zu diesem Liebenswürdigen, unser Herz davon abzuziehen; und hingegen diesen GOtt zu lieben **von ganzem Herzen, von ganzer Seele, von ganzem Gemüth, und aus allen Kräften.**

2.) Uns zu gewöhnen GOtt zu sehen, zu lieben, zu bewundern und zu preisen, in aller Schönheit, Süßigkeit, Lieblichkeit und Liebe aller Geschöpfe, um dadurch aufgeleitet und desto mehr gereizet zu werden, den unendlichen Ursprung, und die Quelle aller dieser Lieblichkeit und Wunder zu suchen, und ihm anzuhangen; als denjenigen, von dessen Liebenswürdigkeit dieses alles nur ein sehr

unvoll-

unvollkommener Strahl, Fußstapfe und Schatten ist.

3.) Sollen wir dabei beherzigen und gedenken: Wie unendlich unglückselig derjenige seyn müße, der diesen GOtt nicht kennet, liebet, noch besitzet, wenn er auch gleich alles, was schön und lieblich im Himmel und auf Erden ist, besäße, und ihn auch alle Kreaturen lieben und achten möchten; wie aber auch im Gegentheil die Seligkeit dessen nicht auszusprechen ist, der diesen GOtt, zu seinem GOtt hat; der ihn hier in diesem Leben kennet, liebet, und von ihm geliebet wird, und nach diesem Leben wird gewürdiget werden, ihn ewiglich zu lieben, sich gleichsam in diesem Liebesmeer zu baden, in dem Anschauen seines Angesichts sich zu belustigen; und in alle Ewigkeiten ein Vorwurf seiner unendlichen, göttlichen Liebe zu seyn.

31. Fr. Warum nennest du GOtt den **Ursprung** und **Anfang aller Dinge**?

A. **Darum, weil von ihm alle Dinge geschaffen sind, und durch seinen Willen das Wesen haben.** Offenb. 4, 11. Siehe unten Kapit. 4.

32. Fr. Was willst du damit sagen, wenn du sprichst: daß GOtt das **Ende** aller Dinge sey?

A. **Daß GOtt alles gemacht habe um sein selbst willen,** Spr. Sal. 16, 4. **so daß, gleichwie alle Dinge von ihm geschaffen** sen sind, und durch ihn erhalten werden, also auch alles wieder zu ihm, zu seinem Dienst, zu seinem Wohlgefallen, und zur Verherrlichung seines Namens allein müße aufgeopfert werden. Röm 11, 36. (a) Und daß auch kein Geschöpf, und sonderlich kein unsterblicher Geist, jemals erleuchtet und beruhiget werden kann; als wenn er sich mit seinem Verstand, seiner Liebe, Begierde und allen Kräften gänzlich und in Wahrheit, zu diesem seinem Mittelpunct und Ende kehret, und sich demselben aufopfert und ergibt.

(a) 1 Cor. 8, 6. So haben wir doch nur Einen GOtt, den Vater, von welchem alle Dinge sind, und Wir in Ihm; und Einen HErrn JEsum Christ, durch welchen alle Dinge sind, und Wir durch Ihn. S. a. Hebr. 2, 10. und Röm. 11, 36. Von Ihm, durch Ihn und zu Ihm sind alle Dinge.

33. Fr. Welche Lehre können wir daraus nehmen, daß GOtt das Ende aller Dinge ist?

A. 1.) Daß ich dem zufolge nicht müße seyn noch leben für mich selbst, noch für einiges andre Geschöpf neben mir, sondern für GOtt; und daß wir nicht uns selbst gefallen, oder uns, oder je ein andres Geschöpf lieben müßen, als lauterlich und allein in GOtt, um GOttes willen, und mit Absicht auf GOtt. (b)

(b) 2 Kor. 5, 15. Christus ist darum für alle gestorben, auf daß die, so da leben, hinfort nicht ihnen selbst leben, sondern dem, der für

sie

sie gestorben und auferstanden ist. S. a. Röm. 6, 11. Kap. 14, 7—9.

34. Fr. Was ist das gesagt, daß man müße für GOtt leben?

A. Daß man nicht leben, Athem holen, denken, reden, hören, sehen, gehen oder stehen, essen oder trinken, noch etwas anders thun müße, wie gering es auch sey, als nach dem Willen GOttes, Ihm zu gefallen, und zu seiner Ehre. 1 Korinth. 10, 31. (a); ja, daß man weder zeitlich noch ewig wünschen müße, geehrt noch gelehrt, heilig noch selig zu seyn, als nur zu diesem Ende.

(a) Col. 3, 23. Alles, was ihr thut, das thut von Herzen, als dem HErrn, und nicht den Menschen. S. a. 1 Petri 4, 2.

35. Fr. Was folgt nun noch weiter aus dieser Betrachtung, daß GOtt das Ende aller Dinge sey?

A. 2.) Daß diejenigen, welche nicht trachten für GOtt zu leben, sondern die sich nur selbst leben, und in ihrer eigenen Weisheit, Gütigkeit, Bequemheit, Gaben, Schönheit, oder in ihrem Reden, Denken, und ihren Verrichtungen sich selbst suchen und gefallen; oder welche auch die Schönheiten, Güter, Ergötzungen, Wohllüste, Ehre und Herrlichkeiten dieser Welt und der Kreaturen lieben, sich dabei aufhalten, oder darin ruhen; oder in etwas anderm, das unter der Sonne ist: — daß diese, welche also denken

ken und handeln, wider GOtt sündigen, Abgötterei begehen, und auf dem Wege zur Hölle sind; und — wenn sie sich nicht wieder zu GOtt kehren, alsdann zur billigen Strafe, in ewiger Finsterniß, Quaal und Unruh nothwendig bleiben müßen.

Psalm 73, 27. Denn siehe, die von dir weichen, werden umkommen; du bringest um alle, die wider dich huren.

3.) Daß im Gegentheil diejenigen, so auf solche Weise, wie gesagt, für GOtt zu leben trachten, und nur ihn zu lieben, und ihm zu gefallen suchen, nothwendig und unfehlbar, ewiges Licht und Leben, Freude, Friede, Vergnügung und Seligkeit, in Zeit und Ewigkeit besitzen und genießen müßen (a). S. a. Fr. 16. 2), 3).

(a) Psalm 73, 28. Aber das ist meine Freude, daß ich mich zu GOtt halte, und meine Zuversicht setze auf den HErrn, HErrn, daß ich verkündige alle dein Thun.

36. Fr. Wenn man nun dieses alles von GOtt weiß, kennet man ihn dann recht?

A. So lange man es nur obenhin und von Hören-Sagen weiß; und uns nicht von GOtt zugleich die Augen unseres Verstandes eröffnet sind, kennet man ihn keineswegs; eben so wenig, und noch viel weniger, als von einem Blindgebornen alsdann würde gesagt werden können, daß er das Licht oder die Farben kennete, wenn er davon eine feine

Be-

Beschreibung und Rede machen könnte; oder wie wir einen tugendreichen Monarchen kennen würden, wann wir einige seiner Tugenden hätten erzählen hören; welchen wir aber nur dann erst recht kenneten, wenn wir ihn selbst gesehen und gesprochen hätten, und einige Zeit vertraulich mit ihm umgegangen wären *).

37. Fr. Wie bekommt man denn die wahre Erkenntniß GOttes?

A. Weil Niemand GOtt je gesehen hat, Joh. 1, 18., so muß es uns der Sohn, der in des Vaters Schooß ist, und ihn deßwegen auch allein kennet, Matth. 11, 27., selbst entdecken; und zwar durch seine Gnade und die Erleuchtung seines Geistes, um welche wir ihn bitten müßen. (Siehe oben Kapit. 1. Fr. 6. 7. 18. 19.)

Drittes Kapitel.

Von dem Geheimniß der Heiligen Dreieinheit.

1. Fr. Wenn nun, wie oben (Kap. 2. Fr. 7.) gesagt worden, GOtt das einige Wesen ist, wie wird denn gleichwohl in der Schrift vom Vater, Sohn und H. Geiste geredet?

A. Diese drei werden Zeugen genannt, welche Eins sind. 1 Joh. 5, 7. Das ist: sie

*) Von der seligen Erkenntniß GOttes siehe fernet des Verfassers Gedanken und Empfindungen in dem XCIV. Liede, im 3. Büchlein seines Blumengärtl.

sie sind eben dasselbige, einige, selbstständige und ganz vollkommene göttliche Wesen, welches ist, oder bestehet auf eine dreifache, uns unbegreifliche, unterschiedliche Weise.

2. Fr. Welche sind diese Weisen oder Arten von Bestehen?

A. Die heilige Schrift stellt uns dieselbigen vor unter drei verschiedenen Ausdrücken, welche man allezeit auf eine, dem hohen und unbegreiflichen GOtt geziemende Art, auffassen muß, nämlich unter den Ausdrücken: Zeugen, gezeuget werden, ausgehen.

3. Fr. Was verstehest du durch die Zeugung?

A. Daß, gleichwie der Vater hat das Leben in ihm selber, also er auch ewiglich dem Sohne gebe, das Leben zu haben in ihm selber. Joh. 5, 26.

4. Fr. Wer, muß man dem zufolge glauben, daß GOtt der Vater sey?

A. Er ist das göttliche Wesen selbst, zeugend von Ewigkeit einen Sohn nach seinem Bilde.

5. Fr. Wer ist der Sohn?

A. Er ist eben dieses göttliche Wesen in dem Sohne, als ewig und stäts heute geboren werdend vom Vater, Ps. 2, 7. Joh. 1, 1. als der Wiederschein seiner Herrlichkeit, und das ab- oder ausgedrückte Bild seiner Selbstständigkeit. Ebr. 1, 3.

6. Fr.

6. Fr. Und wer ist denn der Heilige Geist?

A. Eben dieses göttliche Wesen in dem Heiligen Geist, als die selbstständige Liebe von Ewigkeit ausgehend von dem Vater und dem Sohne. S. Joh. 15, 26.

7. Fr. Wie wird der Vater in Heiliger Schrift vorgestellt mit Absicht auf seine Geschöpfe, und sonderlich auf den gefallenen und wieder aufgerichteten Menschen?

A. 1) Als der Ursprung und Schöpfer aller Dinge. 2) Als ein eifriger, gerechter und heiliger GOtt und Richter. 3) Als ein durch den Sohn versöhnter Vater.

8. Fr. Wie kommt uns der Sohn in dieser Absicht vor?

A. 1) Als das wesentliche Kraft-**Wort** des Vaters, durch welches er alle Dinge gemacht hat, Joh. 1, 3. (a), erhält und träget (b). 2) Als ein Versöhner (c), Mittler (d), Fürsprecher (e), Wiederaufrichter (f), Heiland und Seligmacher (g) des gefallenen Menschen. 3) Als ein Licht der Welt, als das lebendige Wort und der Dollmetscher des Willens des Vaters (h).

(a) Col. 1, 16. Denn durch ihn (den Sohn) ist alles geschaffen, was im Himmel und auf Erden ist, das Sichtbare und Unsichtbare, beide, die Thronen und Herrschaften, und Fürstenthümer und Obrigkeiten; es ist alles durch ihn und zu ihm geschaffen. S. a. 1. Cor. 8, 6. Ephes. 3, 9. Ebr. 1, 2.

(b) Ebr. 1, 3. Er trägt alle Dinge mit seinem kräftigen Worte.

(c) 1 Joh. 2, 2. Derselbige ist die Versöhnung für unsere Sünde; nicht allein aber für die unsere, sondern auch für der ganzen Welt. S. a. Col. 1, 22.

(d) 1 Tim. 2, 5. Es ist Ein GOtt, und Ein Mittler zwischen GOtt und den Menschen, nämlich der Mensch Christus JEsus.

(e) 1 Joh. 2, 1. Meine Kindlein, — ob jemand sündiget; so haben wir einen Fürsprecher bey dem Vater, JEsum Christ, der gerecht ist.

(f) Ap. Gesch. 3, 21. Welcher muß den Himmel einnehmen, bis auf die Zeit, da herwieder gebracht werde alles, was GOtt geredet hat durch den Mund aller seiner heiligen Propheten, von der Welt an.

(g) Matth. 1, 21. Er wird sein Volk selig machen von ihren Sünden. S. a. Ap. Gesch. 4, 12.

(h) Joh. 8, 12. 26. 28. JEsus sprach: Ich bin das Licht der Welt; wer mir nachfolget, der wird nicht wandeln im Finsterniß, sondern wird das Licht des Lebens haben. — Was ich von ihm (dem Vater) gehöret habe, das rede ich vor der Welt. — Wie mich mein Vater gelehret hat, so rede ich.

9. Fr. Und wie der Heilige Geist?

A. 1) Als der erste Beweger, der alle Dinge lebendig, wirkend, fruchtbar, schön und lieblich machet (a). 2) Als ein Züchtiger und Bestrafer der Welt (b). 3) Als ein Heiligmacher der mit sündlichen Lüsten erfüllten Herzen (c). 4) Als ein Vertreter (d) und

Ad-

Advocat (e), wie auch als ein lieb- fried- und freudenreicher Tröster, Erinnerer (f), Führer (g) und Leiter (h).

(a) 1 B. Mose 1, 2. Der Geist GOttes schwebte auf dem Wasser. Und Hiob 33, 4. Der Geist GOttes hat mich gemacht, und der Athem des Allmächtigen hat mir das Leben gegeben. S. a. Kap. 26, 13. Ps. 104, 30.

(b) 1 B. Mose 6, 3. Die Menschen wollen sich meinen Geist nicht mehr strafen laßen, denn sie sind Fleisch. — Joh. 16, 8. Wenn derselbige (der Tröster) kommt, der wird die Welt strafen, um die Sünde, und um die Gerechtigkeit, und um das Gericht. S. a. Ap. Gesch. 7, 51.

(c) 1 Cor. 6, 11. Ihr seyd abgewaschen, ihr seyd geheiliget, ihr seyd gerecht geworden durch den Namen des HErrn JEsu, und durch den Geist unseres GOttes.

(d) Röm. 8, 26. 27. Der Geist hilft unserer Schwachheit auf. Denn wir wissen nicht, was wir bethen sollen, wie sichs gebühret; sondern der Geist selbst vertritt uns aufs beste, mit unaussprechlichem Seufzen. — Er vertritt die Heiligen, nach dem, was GOtt gefället.

(e) Joh. 14, 16. Und ich will den Vater bitten, und er soll euch einen andern Tröster geben, daß er bei euch bleibe ewiglich.

(f) Joh. 14, 26. Aber der Tröster, der Heilige Geist, welchen mein Vater senden wird in meinem Namen, derselbige wird es euch alles lehren, und euch erinnern alles deß, das ich euch gesagt habe.

(g) Joh. 16, 13. Wann aber der Geist der

 Wahr-

Wahrheit kommen wird, der wird euch in alle Wahrheit leiten.

(h) Röm. 8, 14. Denn welche der Geist GOttes treibt, die sind GOttes Kinder.

10. Fr. Gibt aber diese dreifache Weise von Bestehen in GOtt nicht Anlaß, sich mehr als Einen GOtt vorzustellen?

A. Keineswegs: denn ob dieselbe gleich besondere Unterschiede von Bestehen in den göttlichen Zeugen ausdrückt; so setzt sie doch nicht mehr als eine Einige Natur, oder oberstes Wesen; weil eben diese GOttheit ein- und dieselbe GOttheit in diesen dreien Personen, gleich einig, unzertheilt und vollkommen bleibt.

11. Fr. Hat dieses Geheimniß auch seinen Grund in der H. Schrift?

A. Allerdings ja, und zwar schon im alten, besonders aber im neuen Testamente, als worin der Sohn und Heilige Geist, und also auch dieses Geheimniß noch klärer als im alten entdeckt worden ist.

12. Fr. Willst du mir einige der klärsten und vornehmsten Beweise davon anzeigen?

A. Ja. 1) Da JEsus im Jordan von Johanne getauft wurde, gab der Vater, durch eine Stimme, Zeugniß seinem Sohne; der Sohn war zugegen, welcher das Zeugniß empfing; und der Heilige Geist kam in der Gestalt einer Taube auf ihn, dieses Zeugniß zu versiegeln. Matth. 3, 16. 17. —

2)

2) JEsus hat seinen Jüngern befohlen zu taufen, im Namen des Vaters, des Sohns und des Heiligen Geistes. Matth. 28, 19. Und 3) sagt der Apostel Johannes (in seinem 1sten Briefe Kap. 5, 7.) ausdrücklich: Drei sind, die da zeugen im Himmel, der Vater, das Wort und der Heilige Geist, und diese drei sind Eins.

13. Fr. Kann man unserem schwachen verfinsterten Verstande nicht in etwa durch Gleichnisse zu Hülfe kommen, um ihm dieses Geheimniß dadurch einiger Maßen begreiflich zu machen?

A. Man kann solches, wie gesagt, einiger Maßen: so wohl durch Gleichnisse, die von den leiblichen als geistlichen Geschöpfen hergenommen sind. Und wenn wir nur recht erleuchtete Augen hätten, so würden wir in allen Dingen, in jedem nach seiner Art, ein Bild dieses unerforschlichen Geheimnisses sehen können; wozu uns GOtt denn auch durch die Redarten, welche von diesem Geheimniß in der H. Schrift vielfältig gebraucht werden, Anlaß gibt.

14. Fr. Was muß man aber bei der Vorstellung solcher Gleichnisse sonderlich in Acht nehmen?

A. Man muß dabei viel Vorsichtigkeit gebrauchen, damit man von diesem großen, reinen und unbegreiflichen Wesen nichts Niedriges, Leibliches, Zeitliches, Grobes und Ungeziemendes gedenke, (wie doch der fleischliche Mensch immer thut): weil dieses göttliche Geheimniß alle, auch die beßten Gleichnisse, die von demselben vorgestellet werden, so weit übersteiget als der Schöpfer das Geschöpf.

15. Fr. Welch ein Gleichniß kann man davon aus den leiblichen und sichtbaren Geschöpfen nehmen?

A. Das von der Sonne: wo dann der **Grund des Lichts** kann angesehen werden, als vorstellend **den Vater**, welcher der ewige Ursprung, Anfang und Vater des Lichts ist, Jacobi 1, 17; der Glanz oder das erleuchtende **Licht**, welches von der Sonne ausgehet, und gleichsam geboren wird, kann uns vorstellen den **Sohn**, welcher der Abglanz und Wiederschein des Vaters genannt wird, Ebr. 1, 3. 2 Corinth. 4, 6; und die **lebendige und lebendig machende Wärme**, die von der Sonne und dem Lichte ausgehet, kann vorstellen den **Heiligen Geist**, als das Feuer und die Wärme, Matth. 3, 11. Ap. Gesch. 2, 3. 4. ausgehend von der Liebe des Vaters und des Sohns, Joh. 15, 26, durch welchen lebendig machenden Geist alles leben, Röm. 8, 2. 6. 11. 13. 2 Corinth. 3, 6, Joh. 6, 63, Brunst und Liebe, Röm. 5, 5. in die Herzen der Gläubigen ausgegossen und eingeflösset wird.

16. Fr. Wo finden wir in den unsichtbaren, geistlichen Geschöpfen eine Abbildung von diesem Geheimniß?

A. In der Seele oder dem Geiste des Men-

Menschen selbst, welcher ursprünglich nach dem Ebenbilde der Dreieinheit erschaffen ist (a), der dem zufolge dieselbe auch klärlich abbilden, wenigstens bei seiner Erschaffung abgebildet haben muß; und obschon die Finsterniß, worein wir durch den Sündenfall gerathen sind, so wohl die Erkenntniß der Dreieinheit, als auch ihres Bildes in uns, gar sehr verdunkelt und bedeckt hat; so kann doch der, durch das Licht des Glaubens erleuchtete Verstand so viel davon erkennen: daß der Geist oder die Seele, 1) in Ansehung ihres **Willens**, oder nach **Licht** und **Ruhe** unendlich begierigen Grundes; und 2) in Ansehung des **Verstandes**, oder der Fähigkeit (Facultät) des **Lichts** und der Weisheit; und dann 3) in Ansehung der Fähigkeit der **Freude**, des Wohlgefallens und der **Ruhe**, das vollkommenste Gleichniß und Bild der heiligen, hochgelobten Dreieinheit ist, aus allen denen, welche man sich von irgend einem Geschöpfe vorstellen kann *).

(a) 1 B. Mose 1, 26. Lasset uns Menschen machen, ein Bild, das uns gleich sey.

17. Fr. Kann man in diesem Gleichniß nicht noch etwas Sonderliches, zur nähern Erläuterung dieses Geheimnisses, finden?

A. Ja; denn gleichwie der Grund oder das **Verlangen** der Seele unterschieden ist von der Facultät des **Verstandes** und der

*) Siehe hievon ein Mehreres unten Kap. 8. Fr. 8.

Freude, und diese wiederum je eine von der andern, und doch alle drei nicht mehr als eine einzige Seele ausmachen: — also auch der Vater, das Wort (λογος), und der Heilige Geist zwar auf eine uns unbegreifliche Art unterschieden, — diese drei aber dennoch auf die genaueste und unzertrennlichste Weise Eins sind. 1 Joh. 5, 7. *)

18. Fr. Muß man denn diesen drei göttlichen Zeugen oder Personen gleiche Liebe, Furcht und Anbethung erweisen?

A. Ja, und das von ganzem Herzen: weil sie ein und derselbe heilige, herrliche, vollkom-

*) Hier führt der sel. Verfasser aus einem gottseligen französischen Autore folgende Verse an:

Mais pardon, Trinité! je ne fais qu'abuser,
De ton Mystere saint si j'en ose rien dire,
Il surpasse si fort ce qu'on en peut écrire,
Que d'en avoir écrit, il le faut excuser.
Il faut donc qu'honorant d'un silence discret,
Ce que je n'entends pas, je m'attache à le croire;
En attendant qu'un jour la lumiere de gloire,
Me fasse, en te voyant, voir en toi ce secret.

Dieses kann man auf Deutsch also geben:
„Verzeihung, o Heilige Dreieinheit! Ich miß-„brauche nur dein heiliges Geheimniß, so bald ich „mich unterstehe, etwas davon in Worte zu fassen. Es „übersteigt alles, was man davon schreiben kann, so „weit, daß — nachdem es geschrieben ist, es (wegen „der Gebrechlichkeit menschlicher Ausdrücke) Verzei-„hung nöthig hat. — Ich muß also mit einem vor-„sichtigen (tiefen) Stillschweigen verehren, was ich „nicht verstehe, und nur dahin trachten, es zu glau-„ben; bis ich dereinst dich selber sehen, und — in „dem Lichte der Herrlichkeit — dieß Geheimniß in „Dir verstehen und erkennen möge."

kommene, liebens= lobens= und anbethungs=würdige GOTT sind.

19. Fr. Was muß man aber in Ansehung dieses Geheimnisses in Acht nehmen?

A. 1.) Daß man es allzeit ansehe als ein unerforschliches, unbegreifliches, unaussprechliches, doch wahrhaftes Geheimniß, welches man mehr glauben und anbethen als erforschen muß. Und daß man darum 2) niemals von demselben rede oder daran gedenke, als mit großer Behutsamkeit, Ehrerbietung, Salbung und Liebe, weil dieses Geheimniß solches insonderheit erfodert.

20. Fr. Was lehret dich endlich noch mehr die Betrachtung dieses Geheimnisses?

A. Meine Vernunft gefangen zu nehmen und zu verläugnen, und dahin zu trachten, um durch GOttes Gnade und Kraft, meine verfinsterte, unruhige Seelenkräfte, von allen ihren falschen Bildern und Vorwürfen auszuleeren, meine Begierden davon gänzlich abzuziehen und in GOtt einzuführen, und ihn um die Erleuchtung meines verfinsterten Verstandes zu bitten. Damit mich also Christus erleuchten möge, Ephes. 5, 14. 2 Corinth. 4, 6. ihn, den Wahrhaftigen, hier im Glauben zu kennen und ihm zu gefallen, 1 Joh. 5, 20. und ihn dort von Angesicht zu Angesicht zu sehen wie er ist, 1 Joh. 3, 2; und in seiner Erkenntniß, zeitlich und ewig beruhiget und beseliget zu werden.

Joh. 17, 3. Das ist aber das ewige Leben, daß sie dich, daß du allein wahrer GOtt bist, und den du gesandt hast, JEsum Christum, erkennen.

Viertes Kapitel.

Von der Schöpfung der sichtbaren Kreaturen, in sechs Tagen.

1. Fr. Der Himmel, die Erde, das Meer, und Alles, was in denselben ist, außer und neben GOtt, — sind die allzeit gewesen?

A. Nein, der dreieinige GOtt, Vater, Sohn und heiliger Geist, hat solches Alles, durch seine große Allmacht, Weisheit und Güte geschaffen und hervor gebracht.

2. Fr. Wie hat GOtt dieses alles geschaffen?

A. Durch sein Wort, Psalm 33, 6. Joh. 1, 3. dann da nichts als Er war, sprach er, daß Himmel und Erde, und alle Dinge seyn sollten; und siehe, da waren sie!

3. Fr. Wanneh hat GOtt die Welt geschaffen?

A. Im Anfange der Zeiten, nämlich ungefähr vier tausend Jahr vor der Geburt unsers Heilandes JEsu Christi; so daß, wenn man die siebenzehn hundert Jahr, von seiner Geburt bis auf diese Zeit hinzusetzt, daraus erhellet, daß die Welt vor ungefähr 5700 Jahren *) sey erschaffen worden.

4. Fr.

*) Nämlich zu der Zeit, als der Verfasser dieses schrieb: jetzt also, nach Ablauf des 18ten Jahrhunderts, vor ungefähr 5800 Jahren. A. d. R.

4. Fr. In wie viel Zeit hat GOtt die Welt geschaffen?

A. In sechs Tagen.

5. Fr. Hatte denn GOtt eben sechs Tage zu der Schöpfung nöthig?

A. Nein, er, der Allmächtige, hätte dieselbe wohl in viel kürzerer Zeit vollenden können; es ist aber sein pures Wohlgefallen gewesen, sechs Tage dazu zu nehmen, damit er (anderer Geheimnisse, so darunter mögen verborgen seyn, nicht zu gedenken) uns dadurch gleichsam Anlaß geben möchte, seine große und wunderbare Werke der Schöpfung stuffenweise und nach und nach zu beschauen und zu bewundern; wie er denn auch selbst nachdenklich die Werke eines jeden Tages insbesonder angesehen, beschauet und gut geheissen hat. 1 B. Mose 1, 4. 10. 12. 18. 21. 25. 31.

6. Fr. Was hat GOtt am ersten Tage geschaffen?

A. Den Himmel, die Erde, das Wasser und das Licht.

7. Fr. Zu welchem Ende hat GOtt wohl das Licht geschaffen?

A. Damit die Geschöpfe, und seine große Allmacht, Güte, Schönheit und Weisheit in denselben, von den Menschen möchten gesehen, und wir dadurch zu seinem, des Schöpfers, Lob und Preis, Liebe und Dienst möchten aufgeleitet werden.

8. Fr.

8. Fr. Woran kann uns die Anschauung und Betrachtung des erschaffenen Lichts erinneren?

A. An das Licht des Angesichts GOttes, vor welchem alle unsere Gedanken, Worte, Werke und Begierden, mehr, als die sichtbaren Geschöpfe vor diesem Licht, offenbar sind, Psalm, 139, 7. u. f. 2) Müßen wir hieraus schließen: daß, — da GOtt ein so schönes, anmuthiges, erfreuendes, lebendigmachendes, klares, hellglänzendes Licht für unsern äußern Leib geschaffen hat — Er selbst ein noch unendlich schöneres, herrlicheres, erfreuenderes und lebendig machendes Licht seyn müße, um sich unseren Seelen mitzutheilen. Und so müßen wir ihn denn auch 3) bitten, daß er, der das Licht aus der Finsterniß hat heißen hervor kommen, auch einen hellen Schein in unsere finstern Herzen geben wolle. 2 Corinth. 4, 6.

9. Fr. Was hat GOtt am zweiten Tage erschaffen?

A. Das Firmament oder die Veste des Himmels.

10. Fr. Welche Anmerkung und erbauliche Gedanken, kann man sich bei der Betrachtung dieses reinen, subtilen, hell-polirten, beständigen und unermeßlichen Körpers machen?

A. Ein GOtt suchendes Herz kann dabei gedenken: 1) Welch ein unaussprechlich schöner Himmel es nicht seyn müße, worin alle Engel und Auserwählten, bei GOtt in ewiger

ger Seligkeit und Herrlichkeit wohnen, und wohnen werden, da GOtt für die sterblichen Kreaturen schon ein so herrliches Haus gemacht hat. 2) Kann des Firmaments hellglänzende, subtile Lauterkeit, uns einiger Maßen des Schöpfers große Reinigkeit — dessen zirkelrunde Figur, die Ewigkeit — und seine Unermeßlichkeit, die Unermeßlichkeit und Allgegenwart des Schöpfers vor Augen stellen.

11. Fr. Was hat GOtt am dritten Tage erschaffen?

A. Er scheidete das Wasser von dem Trokkenen, an einen besondern Ort, und nennete das Trockene Erde, und das Wasser nennete er Meer: und befahl, daß die Erde sollte aufgehen laßen allerlei Gras, Kraut und allerlei Bäume und Pflanzen, welche alle ihre Frucht und Samen bei sich hätten.

12. Fr. Wie können und müßen wir GOtt, in den Geschöpfen dieses Tages beschauen und verherrlichen?

A. GOttes Beständigkeit in sich selbst, und seine unwankelbare Güte und Treue gegen uns, können wir sehen in den fest gegründeten, schrecklich hohen Bergen und Felsen; seine gütige Fürsorge, an so mancherlei Erd- und Baumgewächsen; seine Allmacht auch in allen diesen, nicht nur großen, sondern auch kleinen Geschöpfen, ja selbst in einem Samenkörnlein, worin ein ganzer Baum,

Baum, mit Würzel, Stamm, Aesten, Blättern und Früchten verborgen liegt. Seine Weisheit, Güte, Schönheit und Lieblichkeit müßen wir unter andern sehen, an den, mit allerhand Farben schön gezierten und künstlich formirten Blättern und Blumen; schmäcken, an so mancherlei angenehmen Speisen und Getränken; riechen an allerhand lieblich duftenden und wohlriechenden Spezereien, Kräutern und Blumen; fühlen an einem abkühlenden Windchen in der Sommerhitze, und einem erwärmenden Feuer im Winter. Und alle diese angenehmen Empfindungen an den Kreaturen, sollen uns aufmuntern und erwecken, Ihn, den großen Ursprung aller dieser Wunder, dafür zu lieben, zu loben, zu preisen und ihm zu danken.

13. Fr. Was hat GOtt am vierten Tage geschaffen?

A. Er schuf die Lichter an dem Firmament des Himmels: die Sonne, daß sie den Tag, und den Mond, daß er die Nacht regieren sollte; dazu auch die Sterne.

14. Fr. Welch eine Anmerkung hast du bei den Geschöpfen des vierten Tages?

A. 1) Wie groß der HErr nicht seyn müße, der die große schöne Sonne gemacht hat, (Sirach 43, 5.); wie mächtig, schön und weise er seyn müße, da er das Firmament mit dem Mond und so viel Tausend mal

Tau-

Tausend hell glänzenden und schönen Sternen gezieret hat *), sie auch alle mit Namen kennet, nennet und führet, Jesa. 40, 26, Psalm 147, 4. Und 2) kann uns die Sonne das allsehende Auge GOttes zu Gemüth führen: denn, kann diese, die erschaffene Sonne, über den ganzen Erdboden sehen, oder ihre Strahlen verbreiten **): wie vielmehr wird der GOtt, der sie gemacht hat, uns alle allenthalben sehen können? Selbst, wann und wo uns die äußere Sonne nicht sehen oder bescheinen kann, sieht Er uns im hellesten Lichte, mit unsern verborgensten Sünden, Gedanken und Begierden.

15. Fr. Was hat GOtt am fünften Tage geschaffen?

A. Alle Fische in den Wassern und alle Vögel unter dem Himmel.

16 Fr.

*) Daß die Angabe des sel. Verfassers von viel Tausend mal Tausend Sternen nicht übertrieben sey, beweiset (ohne hier auf die Entdeckungen in der Astronomie Rücksicht zu nehmen) die Stelle 1 B. Mose 15, 5., wo Abraham von GOtt gefragt wird: Ob er sie zählen könnte? — Daß dieses so viel heißen soll, als: sie sind unzählbar, erhellet aus Kap. 22, 17., wo der Samen Abrahams in der Menge dem Sande am Meer verglichen wird. A. d. R.

**) Wir wollen hier im Vorbeigehen noch anmerken, daß die Sonne — nach dem Berichte der Astronomen — außer unserer Erde und dem Monde, noch 6 andern Planeten, oder an sich dunkeln Himmelskörpern nebst deren Monden, ihr Licht mittheilt, und sie beleuchtet. A. d. R.

16. Fr. Was merkst du ferner bei diesen Geschöpfen an?

A. GOttes große und furchtbare Gewalt an den Wallfischen und andern ungeheuern Meerthieren; seine gütige und weise Fürsorge an so viel Millionen Tausend andern im Meer und andern Wassern; und seine Weisheit und Lieblichkeit an dem so vielfältig abwechselnden, doch auch süß harmonirenden, lieblichen Gesange so vieler Vögel unter dem Himmel.

17. Fr. Was lehren dich die Ströme und Bächlein, welche so schnell nach dem Meer laufen?

A. Daß ich auch durch wahre Herzens-Veränderung, durch Glauben und Liebe wiederum eilen müße zu GOtt, der mein Ursprung, Ende und Element ist, ohne und außer welchem mein Geist viel weniger kann ruhig und selig leben, als ein Fisch außer dem Wasser.

18. Fr. Was hat GOtt am sechsten Tage geschaffen?

A. Allerlei Thiere, Vieh und Gewürme auf Erden; und am allerletzten den Menschen, als den Regenten aller dieser Geschöpfe.

19. Fr. Wozu kann uns die Betrachtung der Thiere, des Viehes und der Gewürme Anlaß geben?

A. GOttes große Macht, erstaunende Weisheit und gütige Fürsorge zu bewundern; der so viele Tausende und tausenderlei Arten Thiere geschaffen hat, ihnen Leben, Athem

und

und Alles gibt, und einem jeden so weislich seine besondere Speise verordnet und bescheret hat; so daß er auch das kleinste und verächtlichste Würmlein keineswegs vergisset.

20. Fr. Was hat GOtt am siebenten Tage gethan?

A. Am siebenten Tage hat er geruhet von seinen Werken, d. i. er hat aufgehöret, neue Geschöpfe zu schaffen: oder, (wie es auch heißen kann,) er hat sich beruhiget, d. i. er hat sich belustiget und ergötzet an seinen Geschöpfen, indem er sie ansah, beschauete, und fand, wie er alles so schön, herrlich, ordentlich, weislich und sehr gut gemacht hatte.

21. Fr. Wozu muß uns die Betrachtung dieser Ruhe GOttes bewegen?

A. Daß wir auch Fleiß thun, in diese Ruhe einzukommen (Ebr. 4, 10. 11.), indem wir feiern von unseren bösen und eigenen Werken — das Joch des HErrn JEsu auf uns zu nehmen (Matth. 11, 29.), uns Ihm im Gehorsam des Glaubens unterwerfen (Ebr. 3, 8. und Kap. 4, 3.), und Ihn demnach durch seinen Geist in uns wirken laßen.

22. Fr. Warum hat GOtt Alles geschaffen? War es etwa, um seine Seligkeit dadurch zu vergrößern oder vollkommener zu machen? Oder was mag ihn sonst dazu bewogen haben?

A. Um seines Nutzens willen konnte ihn nichts dazu bewegen. Der dreieinige GOtt ist mit und in sich selbst so selig und vergnügt,

E daß

daß er, (wie schon erinnert worden,) keines Dinges noch Dienstes, noch Engels, noch Menschen bedarf: ja, er hätte wohl ewig alle Geschöpfe in ihrem Nichts laßen können, ohne daß darum das allergeringste an seiner völligen Seligkeit gemangelt hätte.

23. Fr. Was hat ihn denn dazu bewogen?

A. Nichts anders als sein freies und lauteres Belieben und Wohlgefallen konnte ihn bewegen, aus dem verborgenen Abgrund seiner stillen Ewigkeit gleichsam auszugehen in die Zeit; um sein allgenugsames und seligstes Wesen, und dessen unendliche Vollkommenheiten, sonderlich in und an den Engeln und Menschen, abzubilden, zu repräsentiren und zu offenbaren; wie auch durch einige Fußstapfen in allen andern Geschöpfen selbst äußerlich zu entdecken.

24. Fr. Wird denn diese Welt, und alles, was in derselben ist, allezeit bleiben?

A. Nein, alles, was sichtbar ist, das ist vergänglich *). 2 Corinth. 4, 18.

1 Joh. 2, 17. Die Welt vergehet mit ihrer Lust; wer aber den Willen GOttes thut, der bleibet in Ewigkeit.

25. Fr. Was kann uns die Erkenntniß von der Vergänglichkeit aller Dinge für eine Lehre geben?

A. Daß wir nicht viel Werks machen sollen von

*) Was nämlich seine Form, äußerliche Einrichtung, Besitz und Genuß betrifft. 1 Corinth. 7, 31.

von Gold und Geld, von Pracht und Schönheit, von Ergötzung und Ehre, von Fleisch und Fleischeslust, noch von allem, was sichtbar ist, weil es eine so kurze Zeit währet; daß wir hingegen unsere Zuflucht nehmen, und unser Vertrauen setzen auf den ewigen, unveränderlichen GOtt.

2 Petr. 3, 11. So nun das alles soll zergehen, wie sollt ihr dann geschickt seyn, mit heiligem Wandel und gottseligem Wesen. S. a. 1 Tim. 6, 17. Matth. 6, 19. 20.

Fünftes Kapitel.

Von der Göttlichen Vorsehung.

1. Fr. Nachdem GOtt Himmel und Erde, und alle Geschöpfe, die darinnen sind, gemacht hatte, ließ er sie da an sich selbst über, wie etwa ein irdischer Künstler thut, der, wann er sein Werk verfertiget hat, es stehen läßt, und davon gehet?

A. Keineswegs! Dieß wären dem höchsten, allgegenwärtigen Wesen ganz ungeziemende Gedanken; vielmehr ist Alles seiner allwaltenden göttlichen Vorsehung unterworfen und untergeordnet.

2. Fr. Was verstehet man durch die göttliche Vorsehung?

A. 1) Daß GOtt alle seine Werke von Ewigkeit her bekannt sind, Ap. Gesch. 15, 18.

2) Daß er alle seine Geschöpfe erhalte. 3) Daß er sie alle versorge, und 4) daß er sie alle regiere.

3. Fr. Was ist das gesagt: daß GOtt alle seine Werke von Ewigkeit her bekannt sind?

A. Daß er von Ewigkeit her gewußt hat, daß er dich und mich, und alle andere Geschöpfe schaffen wollte; auch schon gewußt, und heiliglich versehen hat, wo wir und alle Menschen wohnen, Ap. Gesch. 17, 26. 5 B. Mose 32, 8; was wir thun und laßen würden, was ihnen und uns widerfahren soll, Pr. Sal. 3, 10. 11; daß er auch schon Mittel und Wege gewußt und versehen hat, wodurch er uns und alle Geschöpfe erhalten und ernähren wollte.

4. Fr. Hat er denn auch von Ewigkeit gewußt und versehen, wie und wanneh wir sterben sollen?

A. Ja; er hat alle unsere Jahre, Tage, Stunden und Augenblicke gezählet, worüber es auch nicht kommen wird.

Hiob 14, 5. Der Mensch hat seine bestimmte Zeit; die Zahl seiner Monden stehet bei Dir: **Du hast ein Ziel gesetzet, das wird er nicht übergehen.** S. a. Psalm 31, 16. Ps. 90, 3. und 139, 16.

5. Fr. Aber, möchte jemand fragen: Wenn die Zeit und Stunde meines Todes von Ewigkeit versehen ist, wanneh ich sterben soll; mag ich mich denn wohl muthwillig und ohne Noth selbst in allerlei Gefahr begeben?

A. Keineswegs; das hieße GOtt versuchen, und

und wäre eine sündliche Frechheit wider ihn, welche er nicht würde ungestraft laßen; denn GOtt, der unser Lebens-Ende versehen hat, der hat auch, wie gesagt, zugleich die Mittel versehen, wodurch unser Leben sollte erhalten werden. (Erwäge hiebei den Spruch, Psalm 55, 24. u. s. f.)

6. Fr. Was verstehest du durch die erhaltende Vorsehung GOttes?

A. Daß, gleichwie er allen Dingen anfänglich das Bestehen gegeben hat, dieselben also auch noch durch seine allerinnigste Gegenwart im Wesen bleiben: indem er sie durch eben das kräftige Wort, wodurch er sie geschaffen, auch noch stäts träget, (Ebr. 1, 3. B. der Weisheit 11, 22. u. f.), als der Grund und das Leben, wodurch und worin alle Dinge bestehen, Col. 1, 17. Und Er ist vor allen, und es bestehet alles in Ihm. Buch der Weisheit 12, 1.

7. Fr. Kann denn kein Geschöpf auf sich selbst bestehen?

A. Nein, auch nicht einen Augenblick; eben so wenig, als es sich selbst hat schaffen können. Vielmehr muß alles, so bald GOtt nur seine Hand, seinen Odem oder Einfluß zurück hält, wiederum sterben, zerstöret und zu nichte werden. Psalm 104, 29. 30. — — Du nimmst weg ihren Odem, so vergehen sie, und werden wieder zu Staub u. s. w. — S. a. B. der Weisheit 11, 26.

8. Fr. Wozu muß uns sonderlich die erhaltende Vorsehung GOttes ansetzen?

A. 1) Dieses große Wesen zu beschauen, anzubethen und zu verehren in allem, was Leben, Wesen und Bewegung hat; so, daß wir GOtt in allen Dingen mehr sehen, als die Dinge selber: weil sie alles, was sie haben und sind, von Ihm empfangen haben, und noch immer augenblicklich von seiner Gegenwart, Erhaltung und von seinem Einfluß empfangen.

2) Zu aller Zeit und an allen Orten von diesem GOtt abzuhangen, in demüthiger Erkenntniß unserer eigenen Nichtigkeit und Unbeständigkeit — daß wir nämlich alles, was wir sind, nur von ihm haben und sind, und daß wir ohne seinen augenblicklichen Beistand und Einfluß, weder nach dem Leibe noch nach der Seele, weder in der Natur noch in der Gnade würden bestehen können.

9. Fr. Was verstehest du durch die versorgende Vorsehung GOttes?

A. Seine wunderbare Sorge, wodurch er allen Bedürfnissen seiner Geschöpfe weislich vorsiehet, und durch seine gegenwärtige Kraft, Weisheit und Güte zu Hülfe kommt. Ap. Gesch. 14, 17. Kap. 17, 25.

10. Fr. Gehet GOttes versorgende Vorsehung denn auch über ganz geringe Geschöpfe und Dinge?

A. Ja, so daß auch nicht des geringsten Würmleins vergessen wird, und so wohl die

Vö=

Vögel unter dem Himmel, als auch die Lilien auf dem Felde, von ihm versorget und bekleidet werden.

Luc. 12, 24. 27. Nehmet wahr der Raben, sie säen nicht, sie ärnten auch nicht, sie haben auch keinen Keller noch Scheune, und GOtt nähret sie doch. Nehmet wahr der Lilien auf dem Felde, wie sie wachsen, sie arbeiten nicht, so spinnen sie nicht. Ich sage euch aber, daß auch Salomo in aller seiner Herrlichkeit nicht ist bekleidet gewesen, als der eines. Vergl. Matth. 6, 26. 28. imgl. Psalm 104 ganz. Ps. 147, 8. 9.

11. Fr. Auf welche Weise versorget GOtt seine Geschöpfe?

A. Gemeiniglich mittelbar, das eine Geschöpf durch das andere; oder auch bisweilen unmittelbar durch sich selbst, welches dann außerordentlich und ein Wunder genannt wird.

12. Fr. Hat denn GOtt wohl unmittelbar und auf eine außerordentliche Weise in Versorgung seiner Geschöpfe verfahren?

A. Ja; z. E. wie Moses zwei Mal vierzig Tage und vierzig Nächte bei GOtt auf dem Berge Sinai war, und in aller der Zeit kein Brod aß, noch Wasser trank, 2 B. Mose 24, 18. Kap. 34, 28. 5 B. Mose 9, 9. 18. Eliam hat er durch einen Engel und durch die Raben gespeiset, 1 Buch der Könige 17, 5. 6. Kap. 19, 5. 6; die Kinder Israel vierzig Jahr durch Manna, Wachteln und Wasser aus dem Felsen ernähret, 2 B.

Mose 16. Kap. 17. 4 B. Mose 11. Kap. 20. S. a. Matth. 16, 8. 9. 10.

13. Fr. Weßwegen scheinet es, daß GOtt bisweilen seine Geschöpfe auf eine außerordentliche Weise habe erhalten und ernähren wollen?

A. 1) Uns dadurch zu lehren, daß wir — auch wenn er uns durch die gewöhnlichen Mittel und Wege erhält und nähret — nicht auf die Mittel sehen sollen, oder daran hangen bleiben, sondern auf Ihn selbst, der uns durch solche Mittel will erhalten: woran er aber, wie solche Wunderwerke ausweisen, keinesweges gebunden ist; daß wir also unser Leben, Odem, Essen, Trinken u. d. gl. weder von uns noch einiger Kreatur, sondern allein und gerade zu von seiner Hand erwarten, und in Dankbarkeit annehmen, Psalm 104, 27. 28. Ps. 136, 25. — 2) Daß wir, wenn keine Mittel vorhanden sind, dennoch den Muth nicht sollen sinken laßen, sondern unser Vertrauen auf den setzen, der da gesagt hat: **Ich will dich gar nicht verlaßen, ich will dich gar nicht begeben** (versäumen), Ebr. 13, 5. Der auch, wenn er will, uns ohne Mittel retten und erhalten kann. Daß wir deßwegen alle Stütze, Anklebung und Vertrauen von allen Kreaturen abziehen, und vom Glauben zu leben uns angewöhnen.

14. Fr. Was verstehet man durch die regierende Vorsehung GOttes?

A. Daß GOtt dieses große Gebäude des Him-

Himmels und der Erde, sammt allen lebendigen und leblosen Geschöpfen in demselben führe und regiere; also daß Laub und Gras, Regen und Dürre, fruchtbare und unfruchtbare Jahre, Gesundheit und Krankheit (Luca 7, 7. 8.), Leben und Tod (1 B. Sam. 2, 6. 2 B. Sam. 12, 14.), und Alles, was sonst noch auf der ganzen Welt geschieht; oder was mir von einigen Geschöpfen, oder auf einigerlei Weise begegnen mag, nichts von ungefähr geschehe, sondern von GOttes Allwaltender Hand und Vorsehung also gelenket, geführet, regieret oder zugelaßen werde, 1 B. Mose 45, 5—8. Kap. 50, 20.

15. Fr. Gehet GOttes regierende Vorsehung auch über ganz geringe Dinge und Zufälle?

A. Ja, so gar daß auch nicht ein Haar von unserem Haupte fällt, noch ein Sperling verkauft wird, oder auf die Erde fällt, ohne seine Vorsehung, Willen und Regierung. Matth. 10, 29. 30.

16. Fr. Es geschehen aber viele Dinge unvermuthet, ungefähr und zufälliger Weise, wie man sagt? Z. B. Ich gehe bei dem Tische vorbei, und stoße ungefähr und unvermuthet einen Teller herunter, daß er zur Erde fällt und bricht; oder es fällt mir beim Schreiben das Dintenfaß übers Papier und verderbet alles, was ich geschrieben habe, u. d. gl.

A. Diese Dinge sind eben so wohl der Vorsehung GOttes unterworfen, als auch alle andere; und geschieht in Ansehung GOttes nichts zufälliger Weise oder ungefähr, da Er alles voraus weiß, und dirigiret; sondern nur in Ansehung der Menschen, welche GOttes Gedanken und Vornehmen nicht wissen; und daher dünkt ihnen bisweilen etwas ungefähr zu geschehen. Darum sagt Salomo, daß das Loos geworfen werde in den Schooß, es falle aber wie der HErr will. Spr. Sal. 16, 33.

17. Fr. Es geschehen aber oft Dinge, welche mit GOttes Gerechtigkeit zu streiten scheinen: z. B. daß es den Gottlosen oft wohl gehet, und den Frommen übel; ist denn GOttes Direction und Regierung auch darunter?

A. Freilich ja: darum, wenn uns schon oft etwas fremde vorkommt, so müßen wir dennoch unsere Vernunft gefangen nehmen, die verborgene Wege GOttes anbethen, und festiglich glauben, daß er, der Gütige, Weise und Gerechte, Alles wohl, weislich und nach Gerechtigkeit ordne, ob gleich unsere thörichte Vernunft sich nicht allemal in seine Wege schicken und finden kann. Was aber den Punct betrifft, daß es den Gottlosen in dieser Welt oft wohl gehet, darin hat man GOttes große Güte und Langmuth anzubethen, welche dieselben noch zur Buße leiten will. Röm. 2, 4. Jesa. 30, 18; dieß ist dann aber auch nur ihr Theil, welches sie in diesem Leben empfangen (a). Wann es aber manchmal, in dieser Welt, den Frommen, dem Leibe nach, übel gehet: so erkennen sie dabei alle-

allezeit, daß sie solches mit ihren Sünden und ihrer Untreue wohl verdienet haben, wofür GOtt hier seine Kinder züchtiget, damit sie in Ewigkeit verschonet bleiben. Uebrigens hat GOtt was Besseres für sie, nach diesem Leben, verspatet und weggeleget; wozu sie durch viel Kreuz und Leiden, von innen und außen, tüchtig und fähig gemachet werden müßen. S. a. Psalm 73. Luca 16, 19—25.

(a) Hiob 21, 7—18. Warum leben denn die Gottlosen, werden alt, und nehmen zu mit Gütern? Ihr Same ist sicher um sie her, und ihre Nachkömmlinge sind bei ihnen. Ihr Haus hat Friede vor der Furcht, und GOttes Ruthe ist nicht über ihnen. —— Ihre jungen Kinder gehen aus, wie eine Heerde, und ihre Kinder läcken (springen). Sie jauchzen mit Pauken und Harfen, und sind fröhlich mit Pfeifen. Sie werden alt bei guten Tagen, und erschrecken kaum einen Augenblick vor der Hölle. Die doch sagen zu GOtt: Hebe dich von uns, wir wollen von deinen Wegen nichts wissen! Wer ist der Allmächtige, daß wir ihm dienen sollten? Oder was sind wirs gebessert, so wir ihn anrufen? Aber — wie wird die Leuchte der Gottlosen verlöschen, und ihr Unglück über sie kommen! — Sie werden seyn wie Stoppeln vor dem Winde, und wie Spreu, die der Sturmwind wegführet. S. a. Ps. 17, 13—15. Luc. 12, 16—20. Jac. 5, 1—6.

18. Fr. Was müßen wir für Gedanken haben, wann uns oder unserm Nächsten etwa Schmerzen, Krankheiten, Armuth, Elend, Krieg, Wassersnoth und andere widerwärtige Dinge begegnen?

A. Wir müßen solches alsdann ansehen als gerechte Gerichte und Heimsuchungen GOttes, womit er uns oder andere, um unserer Undankbarkeiten, Sünden und Ungehorsams willen züchtigen und strafen, und uns zur Buße herumholen will.

19. Fr. Wie müßen wir es aber weiter in solchen Zufällen machen?

A. Wir müßen zuvorderst unser Herz, unsern Zustand, Leben und Wandel untersuchen, und uns mit den Erzvätern gleichsam fragen: **Warum hat uns der HErr das gethan?** 1 B. Mose 42, 28, und demnächst GOttes Wege und Gerichte billigen und gut heißen, uns denselben in stiller Gelaßenheit unterwerfen (a), in demüthiger und aufrichtiger Erkenntniß und Bekenntniß, daß wir mit unsern Sünden noch tausendmal mehr, ja die Hölle selbst, verdienet haben. Dann aber müßen wir suchen, durch aufrichtige Buße und wahre Aenderung unseres Lebens, nebst demüthig gelaßenem Gebeth, GOttes Gerichte abzuwenden (b). Wenn aber dergleichen Züchtigungen und Gerichte andere treffen, so müßen wir Mitleiden mit ihnen haben, GOtt für sie bitten, daß er ihnen auch solche Herzensgestalt geben wolle; und, so viel möglich suchen, ihnen mit Rath und That, es sey dem Leibe oder der Seele nach, zu helfen und zu rathen.

(a) 1 B. Sam. 3, 18. Es ist der HErr, er thue,

thue, was ihm wohl gefällt. — 2 B. Sam. 15, 26. Spricht er aber also: Ich habe nicht Lust zu dir: Siehe, hie bin ich; er machs mit mir, wie es ihm wohlgefällt. S. a. Psalm 145, 17.

(b) Ps. 39, 11. Wende deine Plage von mir; denn ich bin verschmachtet von der Strafe deiner Hand.

20. Fr. Wie müßen wir es aber machen, wenn uns dergleichen Züchtigungen GOttes nicht treffen, sondern wir in Gesundheit, Wohlstand, u. s. f. leben?

A. Wir müßen uns alsdann desto mehr demüthigen, und desto vorsichtiger wandeln; damit wir uns nicht in uns selbst, noch in einigem Dinge erheben, oder unsere Ruhe und Vertrauen darein setzen, und des HErrn unseres GOttes vergessen. Spr. Sal. 30, 9. Allen Wohlstand müßen wir besitzen, als besäßen wir ihn nicht. 1 Kor. 7, 29—31. Das ist: wir müßen denselben, so bald GOtt zeigt, daß solches sein Wille ist, ohne Mühe mit Kreuz, Elend und Widerwärtigkeit verwechseln können; und unterdessen, bei guten Tagen, uns mit freien Glaubenskräften durch inwendiges Gebeth und Eindringen in GOtt zu sammeln suchen.

Apostelg. 9, 31. So hatte nun die Gemeine Friede, durch ganz Judäa und Galiläa, und Samaria, und bauete sich, und wandelte in der Furcht des HErrn, und ward erfüllet mit Trost des heiligen Geistes.

21. Fr. Woraus erhellet noch sonderlich, daß GOttes

tes regierende Vorsehung über alle Dinge gehet?

A. Erstlich daraus, daß er oftmals künftige Dinge lange Zeit vorher hat weissagen laßen. Und auch zweitens daraus, daß er vielmals die gewöhnliche Ordnung der Natur überschreitet, und Wunderwerke thut.

22. Fr. Aus welchen Ursachen mag GOtt wohl bisweilen Wunder thun?

A. Außer unterschiedlichen besondern Ursachen, die er dazu, nach Verschiedenheit der Zeit, der Orte und Umstände, haben mag — so thut er solche insgemein deßwegen, um dadurch seine wunderbare und unendliche Allmacht kund zu machen; wie auch, um uns dadurch zu zeigen, wie sogar auch die ganze Ordnung der Natur von seiner Regierung, seinem Willen, Wink und Direction abhänglich sey und bleibe; damit wir ihn und seine Hand in allen, auch den allergewöhnlichsten Dingen sehen und anbethen mögen: weßwegen er auch fast in und mit allen Geschöpfen Wunderwerke gethan, und solche in der H. Schrift hat aufzeichnen laßen.

23. Fr. Nenne mir aus der H. Schrift einige leblose Geschöpfe, an welchen er Wunder gethan hat, um zu zeigen, daß sie seiner allwaltenden Vorsehung unterworfen seyen?

A. *) Solche Wunder sind geschehen, 1) an

*) Es wird dienlich, ja nöthig seyn, daß man den Kindern die in dieser und folgenden Frage benannten Wun-

an Licht und Finsterniß, 2 B. Mose 10, 21–23. 2) An Sonne und Mond, Josua 10, 12. 13. 3) An Regen und Dürre, 1 B. der Könige 17 und 18. 4) An Donner, Blitz und Hagel, 2 B. Mose 9, 18–33. 5) Am Winde, welcher erreget und wieder gestillet wurde, Jona Kap. 1 und Kap. 4, 8. Luc. 8, 24. 6) Am Feuer, Dan. 3, 25. 7) An Meer und Wasserflüssen, 2 Buch Mose 14. Josua 3, 14–17. Und 8) an den Pflanzen der Erde, Jona 4, 6.

24. Fr. Kannst du mir auch GOttes regierende Vorsehung durch einige Wunder an den lebendigen Geschöpfen beweisen?

A. Ja. 1) An den Vögeln des Himmels, 4 B. Mose 11, 31. und 1 B. der Könige 17. 2) An den Fischen, groß und klein, Jona 2, 1. u. Matth. 17, 24. u. f. 3) An den Thieren, Dan. 6. und 2 B. der Könige 2. 4) An dem Ungeziefer, als Häuschrecken, Fröschen, Läusen, 2 B. Mose 8 und 10., und 5) an den Würmern, Jona 4, 7.

25. Fr. Wozu kann dich die Betrachtung der Vorsehung GOttes bewegen?

A. Daß ich so zu leben suche, als wenn ich

Wunderthaten GOttes etwas umständlicher erzähle, oder sie solche selbst nachschlagen laße: um ihnen dadurch (unter GOttes Segen) bald Anfangs einen tiefen Eindruck beizubringen, so wohl von dem hohen und herrlichen Wesen GOttes insgemein, als auch von seiner göttlichen Vorsehung insbesonder.

Anm. d. Verfassers.

ich nur mit GOtt allein in der Welt wäre, und nichts mit einigem Geschöpf, sondern mit Ihm alles allein zu thun hätte; und daß ich folglich alles, was mir von Menschen oder andern Geschöpfen widerfährt, oder was auch sonst in der Welt geschieht, nur als von Ihm und seiner Hand annehme; als ohne dessen Willen, Regierung, Lenkung oder Zulaßung, kein Geschöpf sich regen noch bewegen kann.*) Siehe auch oben Kapitel 2. Fr. 20. 1) u. 2).

---

*) Von der Regierung GOttes über den freien Willen des Menschen, besonders über das Sünden-Uebel, hat der selige Verfasser in diesem Kapitel nichts Ausführliches gesagt: vermuthlich wegen der, diesseits der Ewigkeit, unerforschlichen Tiefen in dieser Regierung. Einem GOtt-suchenden Leser können aber seine übrigen Aeußerungen, vornehmlich auch die in der letzten Antwort, genugthuend seyn.

Anm. d. Red.

Sechstes

Sechstes Kapitel.

Von den vornehmsten Geschöpfen GOttes; und zwar erstlich von den Engeln.

1. Fr. Welche sind die vornehmsten Geschöpfe, die GOtt geschaffen hat?

A. Die Engel im Himmel, und die Menschen auf Erden.

2. Fr. Was sind die Engel für Geschöpfe?

A. Es sind verständige, mächtige, heilige und herrliche Geister.

3. Fr. Zu welchem Ende hat GOtt die Engel erschaffen?

A. Daß sie ihm sollten in Liebe anhangen, ihn beschauen, loben, ihm dienen, und ewig mit ihm und in ihm, und in seiner Liebe und Gemeinschaft selig seyn.

4. Fr. Bedarf denn GOtt ihres Lobes und ihres Dienstes so sehr?

A. Keineswegs, er ist in sich selbst vollkommen selig und allgenugsam; es hat ihm aber gefallen, noch solche herrliche Geschöpfe neben sich zu haben, in und an denen er seine göttliche Majestät und Güte entdecken, und sie seiner Seligkeit theilhaftig machen könnte.

5. Fr. Sind auch mehr als einerlei Engel?

A. Ja, böse und gute.

6. Fr. Hat denn GOtt die bösen Engel also böse geschaffen?

A. Nein, er hat sie heilig und gut geschaffen; sie aber haben sich durch Hoffart, Ungehorsam und Widerspenstigkeit gegen GOtt, aller ihrer Güte, Herrlichkeit und Seligkeit beraubet, und sind dadurch so finstere, böse und unselige Geister geworden.

7. Fr. Wo sind die guten Engel?

A. Im Himmel, und bei den Frommen oder Heiligen auf Erden.

8. Fr. Wo sind aber die bösen Engel?

A. In der Hölle, und bei den gottlosen Menschen hier auf Erden.

9. Fr. Wie kann es aber zugehen, daß die guten und bösen Engel beides, hier auf Erden, und doch auch zugleich diese in der Hölle, und jene im Himmel sind? Sind doch die Engel nicht allgegenwärtig wie GOtt ist; erkläre mir solches ein wenig näher.

A. *) Dieses in etwa recht zu verstehen, ist

---

*) Man hat es für hoch nöthig erachtet, die beiden folgenden Fragen und Antworten mit einzufügen; nicht allein, um dadurch in etwa die Nahheit dieser unsichtbaren Geister zu erläutern; sondern auch den Kindern bald Anfangs einen geziemenden Eindruck von GOtt und dessen Gegenwart, von Himmel und Hölle, und unterschiedlichen andern Grundwahrheiten, die hieraus fließen, zu geben; da die sonst gewöhnlichen kindischen und ungeziemenden Gedanken von dem allen nicht wenig schädliche Folgen in dem ganzen Laufe der Gottseligkeit nach sich ziehen.

Anm. d. Verfs.

ist zu wissen: 1) daß in der Ewigkeit *), eigentlich zu reden, keine solche Zertheilung oder Unterscheidung des Orts Statt hat, sondern alles ganz ist **), und ist also Licht und Finsterniß, Himmel und Hölle, was die Entlegenheit des Orts angeht, gar nicht fern von uns; sondern beides ist, so wohl an diesem Ort und in dieser Welt, als außer derselben, obwohl vor unsern äußerlichen Augen verborgen; so etwa, wie des Tages die Finsterniß in dem äußeren Lichte der Sonne verborgen ist, und nicht gesehen werden kann, ob sie gleich wirklich da ist. Keines aber von beiden, nämlich Himmel und Hölle, Licht und Finsterniß, kann in Ewigkeit eines das andere ergreifen, noch sich mit demselben vermischen, sondern es ist zwischen beiden eine große Kluft befestiget, Luca 16, 26. — 2) In dem Himmel, oder in dem inwendigen, und vor unseren Augen verborgenen ewigen Lichte wohnet GOtt (s. 1 Tim. 6, 16.) und alle heilige Engel, allwo lauter Leben, Friede, Liebe, Wonne und Seligkeit offenbar ist, und empfunden wird. — 3) In der Hölle oder in der tiefen, vor unseren Augen verborgenen und sich gleichfalls durch diese ganze Welt erstreckenden Finsterniß, wird der Teufel, sammt

*) In der unsichtbaren Geisterwelt.

**) Der Verstand dieses Satzes entdeckt sich in den bald folgenden Worten: „sondern beides ist u. s. w."

sammt seinen gefallenen Engeln, **welche ihr Fürstenthum und ihre Wohnung verlaßen haben, mit ewigen Banden unter dem Dunkel verwahret zum Gerichte,** (Judä V. 6.) woselbst lauter Tod, Unruhe, Grimm, Pein und Unseligkeit offenbar ist, und empfunden wird.

10. Fr. Wie sind demnach die guten und bösen Engel, diese den Gottlosen, und jene den Frommen, gegenwärtig?

A. 1) In dieser äußern, sichtbaren Welt, wohin auch unser sichtbarer Leib gehöret, ist Licht und Finsterniß, Gutes und Böses, noch im Streit, und beides offenbar; unser Geist aber ist hier in dieser Welt nicht zu Hause, sondern hat seinen Grund und Wohnung in der Ewigkeit, entweder im Licht oder in der Finsterniß, im Himmel oder in der Hölle; ob er gleich solches, so lange er noch mit dem Leib umgeben ist, nicht so deutlich, empfindlich und völlig gewahr wird. — 2) Ist nun der Mensch gottlos, und lebet nach seinem eigenen Willen und Lüsten, in Zorn, Neid, Hoffart, Geiz und andern Sünden; so wohnet er, seiner Seele nach, in dem Reiche der Finsterniß (s. 2 Petri 2, 4.), unter der Gewalt des Teufels (Col. 1, 13.), und bei allen seinen bösen Engeln; und wo er in diesem betrübten Zustande bis in seinen Tod bleibet: so findet er sich, nach dem Abscheiden vom Leibe, in der Hölle, mitten unter den bösen

En-

Engeln. — 3) Wenn aber der Mensch, durch GOttes Gnade, in gründlicher Buße, Absterbung der Welt und seiner selbst, sich von dem allem bekehret, und sich, mit Demuth und Gelaßenheit, inwendig im Glauben zu- und einkehret in das Licht, den Frieden, und die Liebe GOttes: so ist er, dem Geiste nach, **vom Tode zum Leben durchgedrungen** (Joh. 5, 24.); er ist **versetzt** aus der Gewalt der Finsterniß **ins himmlische Wesen** (Eph. 2, 6.), in das **Reich der Liebe** (Col. 1, 13.), in das **wunderbare Licht** (1 Petri 2, 9.). Da hat er denn schon bei Leibes-Leben seinen **Bürgerwandel im Himmel** (Phil. 3, 20.), **unter der Menge der viel Tausend Engel, und unter den Geistern der vollkommenen Gerechten** (Ebr. 12, 22. 23). Und wenn er, in solchem seligen Stande verharrend, vom Leibe scheidet: so bleibt sein Geist da stehen, wo er gelebet und geliebet hat, nämlich im Himmel, mitten unter den heiligen Engeln. Wer aber dergestalt nicht wiedergeboren wird, kann dieses Reich GOttes, weder hier noch dort, unmöglich sehen (s. Joh. 3, 3—5.); ob es ihm schon, was die Entlegenheit des Orts angehet, wie gesagt, ganz nahe ist.

11. Fr. Warum werden die Engel gut genannt?

A. Weil sie so schön, herrlich und heilig sind, und weil sie GOtt so gern, so treulich, so geschwind, so willig und freudig dienen, ihn lieben und loben.

12. Fr. Was ist der Hauptinhalt ihrer Loblieder?

A. Heilig! heilig! heilig! ist der HErr der Heerschaaren, alle Lande sind seiner Ehre voll. Jesaia 6, 3.

13. Fr. Wie werden die heiligen Engel in der H. Schrift genannt?

A. Engel, Erzengel, Kräfte, Gewalten, Fürstenthümer, Herrschaften, Thronen, Cherubim und Seraphim (a).

(a) Col. 1, 16. Durch Ihn (den Sohn GOttes) ist alles geschaffen, was im Himmel und auf Erden ist, — beides die Thronen und Herrschaften, und Fürstenthümer und Obrigkeiten. — Eph. 1, 21. GOtt hat Christum gesetzt zu seiner Rechten im Himmel, über alle Fürstenthümer, Gewalt, Macht, Herrschaft, und alles, was genannt mag werden, nicht allein in dieser Welt, sondern auch in der zukünftigen.

14. Fr. Was bedeutet das Wort Engel?

A. Einen Gesandten oder Botschafter; weil sie von GOtt ausgesandt werden, zum Dienst derer, die die Seligkeit ererben sollen. Ebr. 1, 14.

15. Fr. Worin dienen die Engel den Frommen?

A. Sie bewahren dieselben vor in- und auswendigen Gefahren (a); sie stärken, trösten und unterstützen sie im Gebeth, in Anfechtungen und im Kampfe wider die Sünde (s. Luca 22, 43. Dan. 10, 16. 18. 19. u. a. m.), und bringen ihnen gute Gedanken und Bewegungen bei.

(a) Psalm 34, 8. Der Engel des HErrn lagert sich um die her, so ihn fürchten, und hilft ihnen aus. S. a. Psalm 91.

16. Fr. Woher wissen wir, daß GOtt seine Kinder durch den Dienst der heiligen Engel bewahre?

A. Nicht nur daher, daß es die H. Schrift ausdrücklich sagt, sondern auch aus den Beispielen Jacobs (1 B. Mose 32.), Elisä (2 B. d. Kön. 6, 16.), Daniels (Dan. 6, 22), der drei Männer im feurigen Ofen (Dan. 3, 25), Loths (1 B. Mose 19, 10—16.) u. a. m.

17. Fr. Worin haben die Engel den Frommen noch wohl mehr gedienet?

A. Petrus wird durch einen Engel aus dem Gefängnisse geführet (Ap. Gesch. 12, 7.); dem Elia wird durch einen Engel Brod und Wasser gebracht (1 B. der Kön. 19, 5. u. f.); dem Daniel werden die Gesichte ausgelegt (Dan. 8, 16. Kap. 9, 22 u. f.); zween Engel trösten die Weiber, die JEsum suchen (Matth. 28, 5. Lucä 24, 4. 5.) u. s. w.

18. Fr. Hat GOtt auch wohl die Engel gebraucht, um die Menschen zu strafen?

A. Ja, durch einen Engel wird der Aegypter Erstgeburt getödtet, 2 B. Mose 12, 29. Durch einen Engel werden die Kinder Israel mit Pestilenz gestraft, als David das Volk gezählet, 2. B. Sam. 24, 15. 16. Durch einen Engel werden, zur Zeit des Königs Hiskia, im Lager der Assyrer vor Jerusalem 185000 Mann in Einer Nacht erschlagen,

Jesaia 37, 36. Ein Engel schlägt den König Herodes, daß er von den Würmern gefressen wird, da er GOtt seine Ehre raubte, Ap. Gesch. 12, 23. u. s. w.

19. Fr. Was thun die Engel endlich noch mehr?

A. Sie führen die Frommen, wann sie sterben, in Abrahams Schooß (Luca 16, 22.), und am jüngsten Tage werden sie die Bösen von den Guten scheiden, und jene in das ewige Feuer werfen, diese aber in die ewige Seligkeit einführen (a).

(a) Matth. 13, 30. 39. 41. 42. 43. Und um die Aernte-Zeit will ich zu den Schnittern sagen: Sammlet zuvor das Unkraut, und bindet es in Bündlein, daß man es verbrenne; aber den Weizen sammlet mir in meine Scheunen. — Die Schnitter sind die Engel. — Des Menschen Sohn wird seine Engel senden; und sie werden sammlen aus seinem Reich alle Aergernisse, und die da Unrecht thun, und werden sie in den Feuerofen werfen: da wird seyn Heulen und Zähnklappen. Dann werden die Gerechten leuchten, wie die Sonne, in ihres Vaters Reich. — Kap. 24, 31. Er wird senden seine Engel mit hellen Posaunen; und sie werden sammlen seine Auserwählten von den vier Winden, von einem Ende des Himmels zu dem andern.

20. Fr. Ist es nicht auch den Engeln lieb, wenn man fromm ist, und GOttes Willen thut?

A. Freilich ja: denn weil sie selbst heilig und rein sind, und GOtt so sehr lieben; so haben sie es auch gerne, wenn viele sind, die

diesen

diesen ihren GOtt mit lieben und loben. Demnächst lieben sie auch die Frömmigkeit und Heiligkeit, und haben hingegen einen Abscheu vor allem Bösen und aller Unheiligkeit, und freuen sich darum auch über einen Sünder, der Buße thut, wie JEsus ausdrücklich bezeuget Luc. 15, 10.

21. Fr. Was muß ein Mensch, und auch sonderlich ein Kind thun, wenn es sich des Dienstes und der Bewahrung der Engel getrösten will?

A. Es muß einen Abscheu haben vor unreinen und unnützen Werken, Worten und Gedanken; es muß demüthig seyn, seinem eigenen Sinn und Willen nie folgen; sondern gern und willig GOtte, und denen die GOtt ihm vorgesetzt hat, folgen und gehorsam seyn, sie lieben und ihnen dienen. Damit ihm aber dieß alles besser gelingen möge, so muß es ferner oft und viel an GOtt ehrerbietig gedenken, und ihn gern anbethen, loben und preisen. Auch müßen Kinder friedsam, einträchtig, freundlich und liebreich unter einander *), und, so viel möglich, auch mit allen Menschen seyn. Röm. 12, 19.

*) Hiezu ermahnet der Apostel Paulus so gar herzlich im 4. Kap. an die Epheser, sonderlich vom 22sten Vers bis zu Ende; welches Kapitel man den Kindern doch öfters lesen laßen, oder vorlesen sollte. — Auch drückt sich der sel. Autor darüber so schön und herzlich aus (in dem LXII. Liede des Blumengärtl. im 14. V.) wo er sagt:

grimmig, hoffärtig, Lügner (a), Feinde GOttes und der Menschen: und darum ist es ihre Lust, wenn man Böses thut und sündiget, als wodurch man GOtt beleidiget, und seine Seele verderbet und ewig unselig macht.

(a) Joh. 8, 44. Ihr seyd von dem Vater dem Teufel, und nach eures Vaters Lust wollet ihr thun. Derselbige ist ein Mörder von Anfang, und ist nicht bestanden in der Wahrheit*); denn die Wahrheit ist nicht in ihm. Wenn er Lügen redet, so redet er von seinem eigenen; denn er ist ein Lügner, und ein Vater derselbigen.

3. Fr. Was ist demnach ihr Werk?

A. Weil sie böse sind, so thun sie auch nichts als Böses; mißgönnen und rauben, so viel an ihnen ist, GOtt seine Ehre und den Frommen ihre Seligkeit: sie suchen darum auch alle Menschen mit sich zur Bosheit, Sünde und in den Abgrund zu bringen?

4. Fr. Hat der Teufel auch große Macht und Gewalt?

A. Ja, wann, und in so weit es ihm GOtt zuläßt. Daher wird er in der Heiligen Schrift genannt: 1) ein Gewaltiger, Fürst und Herr (Eph. 6, 12. Joh. 14, 30.), ein GOtt dieser Welt (2 Corinth. 4, 4.), der 2) seine Gewalt hat in der Luft (Eph. 2, 2.) und

*) Die erste, uns bekannte Probe davon gab er in der Verführung unserer ersten Aeltern im Paradiese, da er sagte: „Ihr werdet seyn wie GOtt.“

und 3) **kräftig wirket in den Kindern des Unglaubens** (Eph. 2, 2.).

5. Fr. Warum wird der Teufel ein **Fürst** und **Herr dieser Welt** genannt?

A. 1) Weil er, wie in allen Gottlosen, also auch sonderlich in gottlosen Königen und Regenten der Erde und in ihren Räthen sein Werk hat. Er reizet sie zum Krieg und Blutvergießen; und, wenn ihn GOttes Allmacht nicht bezügelt, so führet er große Dinge durch sie aus, zur Strafe der Gottlosen (1 B. der Kön. 22, 22. u. f.), und zur Züchtigung und Läuterung der Frommen, durch Verfolgungen, Tirannei oder andere Beschwerden, Hiob 1, 15—17. Er wird aber auch 2) darum ein Fürst und Herr dieser Welt genannt, weil die Reiche, Reichthümer, Ehrenstellen und Schätze derselben, sammt ihrem Geld und Gut, bis hierzu mehr dem Teufel (a) und den Gottlosen (b), als den Frommen und Kindern GOttes gegeben sind.

(a) Luc. 4, 5. 6. Der Teufel wies ihm (dem HErrn JEsu) alle Reiche der ganzen Welt in einem Augenblick; und sprach zu ihm: Diese Macht will ich dir alle geben, und ihre Herrlichkeit; denn sie ist mir übergeben, und ich gebe sie, welchem ich will.

(b) Psalm 17, 13. 14. Errette meine Seele von dem Gottlosen, — von den Leuten deiner Hand, HErr, von den Leuten dieser Welt, welche ihr Theil haben in ihrem Leben, welchen du den Bauch füllest mit deinem Schatz; die da

Kinder die Fülle haben, und laßen ihr Uebriges ihren Jungen. S. a. Lucä 16, 19. u. f.

6. Fr. Was will das sagen, daß der Teufel seine Gewalt in der Luft hat?

A. Daß, wenn es GOtt zuläßt, ihm Feuer, Sturmwinde und dergleichen zu Dienste stehen müßen. Hiob 1, 13—19.

7. Fr. Was bedeutet es, wann gesagt wird, daß er kräftig wirke in den Kindern des Unglaubens?

A. Da der Mensch gesündiget hat, und GOtt ungehorsam worden ist, so hat er sich der seligen Herrschaft und Regierung GOttes und seines guten Geistes entzogen; und hat hingegen (indem er des Teufels Rath zur Sünde gehorchet) diesem bösen Geiste sein Herz geöffnet, der dadurch, leider! die Herrschaft über den gefallenen Menschen bekommen hat, und ihn folglich treibet zu aller Sünde, Hoffart, Zorn, Geiz, Mißgunst, Mord, Dieberei, Saufen, Freßen, Hurerei, und zu allen bösen Gedanken, Lüsten, Worten und Thaten.

8. Fr. Aber, möchte jemand sagen: Es ist nicht wahr, daß mich der Teufel dergestalt beherrschet; denn ich thue dieses oder jenes aus meinem eigenen Willen, und wenn ichs nicht thun will, so kann ichs auch wohl laßen: was gehet mich der Teufel an?

A. So lange der Mensch unter der Herrschaft des Satans ist, hat ihn dieser finstere Geist auch so verblendet, daß er es selber nicht

nicht weiß. So thut auch der sündige Mensch zwar seinen eigenen Willen; wer aber seinen eigenen Willen thut, der thut zugleich den Willen des Satans; denn des Gottlosen Wille ist dem Satan unterworfen und Eins mit ihm, das ist, ganz böse und verkehrt. Und obschon der unbekehrte Mensch, aus Furcht vor der Obrigkeit, vor Schande oder Schade u. d. gl. einige grobe Ausbrüche der Sünde bisweilen möchte laßen können; so kann er solches doch nicht zu aller Zeit, viel weniger bei allen Sünden, wie solches die Erfahrung genugsam beweiset; auch bezeuget solches die H. Schrift, welche sagt: daß die Gottlosen von dem Teufel gefangen sind, in seinem Stricke zu seinem Willen. 2 Timoth. 2, 26.

9. Fr. Sind und bleiben denn alle Menschen dergestalt unter der Herrschaft des Satans?

A. Nein; der Heiland JEsus Christus ist gekommen, die gefangenen Seelen aus dieser Sclaverei zu erlösen (Jesaia 42, 7.), und den Stecken ihres Treibers zu zerbrechen (Jes. 9, 4); er ist auch wirklich durch und nach seinem Leiden, Tod und Auferstehung erhaben über alle Fürstenthümer, Gewalt, Macht, Herrschaft, und über alles, was genannt mag werden, Eph. 1, 21. Die nun an ihn glauben, das ist, die nach ihm und seiner Erlösung hungern und dürsten, und ihr Herz, Sinn und Willen ihm in Wahrheit übergeben,

geben, zu denen kommt er dann, gibt ihnen Kraft und Waffen (a) (Ephes. 6, 11.), des Teufels Trieb und Eingebungen in seinem Namen zu widerstehen, und zerstöret also wirklich die Werke des Satans (1 Joh. 3, 8.) in ihnen, bindet diesen Starken, beraubet ihm seinen Pallast (Matth. 12, 28. 29), und gibt ihnen sodann seinen guten Geist an dessen Statt, durch welchen sie seliglich beherrschet, belebet und getrieben werden. Röm. 8, 14.

(a) Eph. 6, 11. Ziehet an den Harnisch GOttes, daß ihr bestehen könnet gegen die listigen Anläufe des Teufels. S. a. Matth. 10, 1. Luc. 10, 17—19.

10. Fr. Die nun dergestalt durch Christum von der Herrschaft des Satans wirklich erlöset und Kinder GOttes geworden sind, haben die hinfort mit dem Satan und den bösen Geistern nichts mehr zu thun?

A. Freilich doch; denn ob sie gleich ihren Wandel unter ihm und seiner Herrschaft nicht mehr haben (Eph. 2, 2. 3.), so gehet er doch noch um sie herum, und suchet, welchen er verschlingen möge. 1 Pet. 5, 8.

11. Fr. Wie sucht er sie zu verschlingen?

A. Entweder thut er solches 1) durch andere böse Menschen, und durch derselben Drohen, Spotten, Schelten, Verfolgen; oder durch ihre schmeichlende, anreizende und ablockende Reden. Oder auch 2), indem er uns die Ehre, Reichthümer, Schönheiten und

Wohl-

Wohllüste dieses Lebens als etwas Großes und Liebenswürdiges vorstellet, anpreiset, ja gar anbeut, und in die Hand spielet (Matth. 4, 9.), und uns Mittel und Anlaß gibt, dieselben zu bekommen. Sonderlich braucht er auch 3) unsere fünf Sinne, welche gleichsam so viele Fenster sind, wodurch Fluch, Tod und Teufel in uns eingehen, wenn wir nicht darüber wachen, s. 2 B. Sam. 11, 2. u. f. Oder er bedienet sich 4) unserer Gedanken und Einbildungskraft, durch verstreuende, eitele, ungeziemende und oft gar abscheuliche Gedanken, Eingebungen, Vorstellungen und Bilder. Oder 5) unserer Affecten und Gemüthsbewegungen, so wohl durch Freude und Leichtsinn, als durch Traurigkeit und Schwermuth; durch Lust und durch Unlust; durch eitele Hoffnung und durch unnöthige Furcht; durch Verwägenheit und durch Unglauben; durch unlautern Eifer und durch Kaltsinn; durch Trost und durch Angst; durch Einbildung und durch Verzweifelung, und auf unendlich andere Arten mehr, wie uns solches die Heilige Schrift und die tägliche Erfahrung lehret.

12. Fr. Wie muß man sich aber in dergleichen Versuchungen verhalten?

A. Man würde darauf nach Verschiedenheit der Versuchungen, Umstände und Personen auch Verschiedenes zu antworten haben; insgemein aber muß eine gläubige

Seele trachten: 1) durch stätige Wachsamkeit (a) über alles, was in ihr vorgehet, und was ihr von außen ankommen will, sich selbst gegenwärtig, und auf alles, was da kommt, gefaßt zu seyn; und, so bald sich etwas Merkliches reget, es mit einem aufrichtig gesinnten, stillen Geiste vor GOttes Angesichts prüfen. 2) Muß sie trachten, sich über nichts, es mag seyn was es wolle, — wäre es auch der Teufel und die Hölle selbst — zu beunruhigen noch zu entsetzen: damit sie dadurch dem Feinde nicht nachgebe, und ans Wanken komme. Viel weniger muß sie 3) die geringste Versuchung zum Bösen zu genau und zu lange besehen, oder sich gleichsam damit in Unterredung einlaßen, noch durch die verborgenste, mindeste Zuneigung dem Feinde Raum geben (Ephes. 4, 27.); sondern 4) von allem, was ihr auf irgend eine Weise von GOtt, von seinen Vollkommenheiten, Wegen und Werken, oder von seinem wahren Dienste, Liebe und Furcht einigen widrigen Gedanken beibringen, oder sie zur geringsten Sünde abführen will, muß sie ihren ganzen Willen in wahrer Aufrichtigkeit zurück ziehen, und so das Böse, ehe es empfangen hat (Jacobi 1, 13 u. f.) in seiner ersten Regung dämpfen. Und zu dem Ende 5) sich einfältig, demüthig und vertraulich inwendig zu JEsu kehren, indem sie sich inniglich im Glauben einwickelt in die Macht seiner

Stärke (Ephes. 6, 10.), und sodann dem Feinde fest im Glauben widerstehen, 1. Petr. 5, 9. (Siehe auch von dieser Materie unten Kapitel 9. Fr. 23 und 24., und 2ter Theil Kap. 4. Fr. 26. 27. und Kap. 11. Fr. 31—34.

(a) Matth. 26, 41. Wachet und bethet, daß ihr nicht in Anfechtung fallet. S. a. Marci 13, 37.

13. Fr. Wozu muß uns überhaupt noch diese Lehre von den bösen Engeln, und ihrer List und Macht ansetzen?

A. 1) Daß wir stäts nüchtern seyn zum Wachen und Gebeth (1 Petri 5, 8.), damit wir nicht in seine Versuchung fallen mögen. Matth. 26, 41. Zum Gebeth: daß uns GOtt nicht in seine Versuchung einführen, sondern uns von dem Argen erlösen wolle (Matth. 6, 13.); zum Wachen aber, weil wir nirgend sicher, sondern allezeit und überall mitten unter unsern Feinden sind.

2) Daß wir, wenn wir Kinder GOttes sind, uns nicht zu sehr fürchten vor des Satans List und Gewalt; weil er uns, ohne GOttes Zulaßung, nicht ein Haar kränken kann; sondern unser Vertrauen setzen auf denjenigen, der ihm seinen Kopf zertreten, und ihn am Kreuz zur Schau getragen hat (Col. 2, 15.); in Hoffnung, daß er ihn auch in kurzem unter unsere Füße zertreten werde, (Röm. 16, 20.); wie er ja auch noch für die Seinigen bittet, daß ihr Glaube nicht

aufhöre, wann sie, wie Petrus, vom Teufel gesichtet werden. Luc. 22, 31.

3) Daß wir einen großen Abscheu und Haß gegen alle Sünde und sündliche Begierden fassen, als welche uns zu Sclaven (a) eines so abscheulichen, garstigen, bösen und tyrannischen Herrn machen. Wie auch

4) daß wir alsdann GOtt in Christo herzlich danken, daß er uns von dieser jämmerlichen Sünden- und Satans-Sclaverei erlöset, und hingegen zu seinen Knechten, ja zu Königen und Priestern gemacht hat (b).

(a) Röm. 6, 16. u. f. Wisset ihr nicht, welchem ihr euch begebet zu Knechten in Gehorsam, deß Knechte seyd ihr, dem ihr gehorsam seyd; es sey der Sünde zum Tode, oder dem Gehorsam zur Gerechtigkeit.

(b) Röm. 6, 22. Nun ihr aber seyd von der Sünde frei, und GOttes Knechte geworden, habt ihr eure Frucht, daß ihr heilig werdet, das Ende aber das ewige Leben. — Offb. Joh. 1, 6. Er hat uns zu Königen und Priestern gemacht vor GOtt und seinem Vater.

Achtes Kapitel.

Von dem Menschen, und dessen herrlichen Zustande vor dem Falle.

1. Fr. Wie viel Menschen sind anfänglich von GOtt erschaffen worden?

A. Zween, erst Adam, und hernach Eva; und von diesen beiden ist das ganze menschliche Geschlecht entstanden (a).

(a) Apostelg. 17, 26. GOtt hat gemacht, daß von Einem Blut aller Menschen Geschlechter auf dem ganzen Erdboden wohnen, und hat Ziel gesetzt, zuvor versehen, wie lange und weit sie wohnen sollen.

2. Fr. Was ist der Mensch?

A. Ein Geschöpf, das aus Leib, Seele und Geist (a) zusammen vereiniget bestehet, und sonderlich geschaffen ist nach dem Ebenbilde des dreieinigen GOttes.

(a) 1 Thessal. 5, 23. Er aber, der GOtt des Friedens, heilige euch durch und durch, und euer Geist ganz, sammt der Seele und Leib, müße behalten werden unsträflich auf die Zukunft unsers HErrn JEsu Christi. *)

*) Wie so bestimmt, und aus einander gesetzt, entscheidet diese Schriftstelle, und nach ihr der selige Verfasser, über den dreifachen Unterschied des Menschen, in Leib, Seele und Geist! S. a. Ebr. 4, 12. U. A. M. A. d. R.

3. Fr. Was ist des Menschen Leib?

A. Dieser sichtbare Körper, der Haut und Glieder hat, und aus vielen und mancherlei Theilen zusammen hängt: als Fleisch, Blut, Mark, Bein, Haut, Adern, und allerhand süßen, sauren, salzigen und bittern Feuchtigkeiten und Kräften.

4. Fr. Hat GOtt den Leib des Menschen so hart, grob, träg, schläferig, mühsam, kränklich und sterblich gemacht, wie er jetzt ist?

A. Nein, GOtt hat ihn gut und schön gemacht. Darum durfte der Mensch sich auch nicht schämen, wie jetzt; er sollte unsterblich, unverderblich und unzerbrechlich, und keiner Kälte, Hitze, Müdigkeit, Beschwerung, Pein, Krankheit, Alter, Leiden, noch einigen unordentlichen Bewegungen unterworfen seyn. Er war also ein schönes und heiliges Werkzeug des Geistes.

5. Fr. Was ist des Menschen Seele?

A. Es ist das Leben und der Grund seiner Sinne und sinnlichen Empfindungen, seiner Liebe, Affecten, Zorn-fähigen und lüsternden Begierden.

6. Fr. Was ist des Menschen Geist?

A. Es ist der innerste Grund seiner Seele, oder der Abgrund des unsterblichen, unsichtbaren Wesens in ihm, welches GOtt zu dem Ende erschaffen hat, daß er 1) darin wohne, spiele, und sich spiegele und offenbare; daß er dasselbe 2) mit himmlischen Schätzen, Kräften und Tugenden, zu seinem Ruhm, erfülle; und es also 3) ewig reich, schön, selig und fröhlich mache.

7. Fr. Woher hat der menschliche Geist seinen Ursprung?

A. Von GOtt, der ihn dem Menschen eingeblasen hat.

Hiob 33, 4. Der Geist GOttes hat mich gemacht, und der Athem des Allmächtigen hat mir das Leben gegeben.

8. Fr. Was will es sagen, daß der Mensch geschaffen ist nach dem Ebenbilde des dreieinigen GOttes? Worin bestehet dieses Ebenbild?

A. Das **Wesen** des menschlichen Geistes, oder der nach Licht und Weisheit, Freude und Ruhe unendlich verlangende, dürstende und wollende Grund der Seele hat seine Beziehung auf die Person des **Vaters**, welchen er einiger Maßen repräsentiret und abbildet. Der **Verstand**, oder die Fähigkeit des Lichts und der Weisheit, bildet ab und repräsentiret die Person des **Sohnes** (welcher das Licht und die Weisheit des Vaters genannt wird, s. Joh. 1, 4. 5. 9. Kap. 8, 12. 1 Corinth. 1, 24. 30., so wie der Vater — der Vater des Lichts Jacobi 1, 17.). Und das **erinnernde** Gewissen oder freudige Wohlgefallen, oder die Fähigkeit der Freude und Ruhe, repräsentiret die Person des **Heiligen Geistes**. Welche zwei

Facultäten oder Fähigkeiten, bei des Menschen Erschaffung angefüllet waren, und nothwendig angefüllet seyn mußten — der Verstand mit dem Licht und der Weisheit des Sohnes; und die Fähigkeit der Freude und des Wohlgefallens, mit der Liebe, dem Frieden, der Freude und Beruhigung des Heiligen Geistes; und war also der Mensch vollkommen selig und vergnügt.

9. Fr. Worin bestand weiter das Ebenbild GOttes im Menschen?

A. Darin, daß er durch die Geistlichkeit und Unsterblichkeit seiner Seele einiger Maßen ausdrückte das geistliche, unsterbliche, ewige Wesen GOttes; und folglich in seiner großen und klaren Erkenntniß ein Merkzeichen der Weisheit — und in seinem freien und rechtschaffenen Willen ein Merkmal der Souveränität seines Schöpfers trug. Vornehmlich aber bestand auch das Ebenbild GOttes im Menschen, in seiner Unschuld und Reinigkeit, womit er bekleidet war, indem er von GOtt in wahrer Gerechtigkeit und Heiligkeit geschaffen worden war. Eph. 4, 24.

10. Fr. Worin bestand endlich noch mehr das Ebenbild GOttes im Menschen?

A. In seiner Herrschaft über alle Geschöpfe der Erde, worüber ihn GOtt zum Fürsten und Regenten gestellt hatte.

1 B. Mose 1, 26. — Die da herrschen über die Fische im Meer, und über die Vögel unter dem

dem Himmel, und über das Vieh, und über die ganze Erde, und über alles Gewürm, das auf Erden kriechet.

11. Fr. So waren denn die Thiere damals nicht so fremd, so schüchtern und feindselig gegen den Menschen, wie jetzt die meisten sind?

A. Nein, im Gegentheil waren sie ihm ganz gemeinsam und unterthänig; auch ließ GOtt sie alle vor Adam vorüber gehen, damit er, nach dem großen Licht und der Weisheit, die ihm mitgetheilet war, ihnen allen Namen geben sollte, einem jeden, wie es mit der Beschaffenheit seiner Natur überein käme.

12. Fr. Worin besteht sonderlich der Unterschied zwischen Menschen und Thieren, und des Menschen Vorzug vor denselben?

A. Darin, daß der Mensch einen unsterblichen Geist hat, der nach dem Ebenbilde GOttes erschaffen, und (wie oben gesagt) des Lichts und der Liebe GOttes fähig ist, um diesen seinen Ursprung und Ende zu beschauen und zu kennen, als die höchste Wahrheit; zu lieben, als das höchste Gut; und in ihm zu ruhen, als die höchste Seligkeit.

13. Fr. An welchen Ort hat GOtt den Menschen, dem Aeußern nach, gesetzet?

A. Er hat diesem großen Monarchen das Paradies gleichsam zu seinem königlichen Wohnsitz, und zur Residenz eingegeben.

14. Fr. Was war das Paradies?

A. Es war ein großer, ungemein schöner

und lustiger Garten, desgleichen kein Mensch je gesehen, noch menschliche Kunst, Klugheit und Arbeit zurichten noch ausdenken kann; worin die allerschönsten und herrlichsten Blumen, Früchte und Bäume der ganzen Welt, und was die Natur nur immer liebliches, Schönes, Köstliches und Anmuthiges geben kann, bei einander waren.

15. Fr. War es denn auch in dem Paradiese, wie es jetzt in den schönsten Lustgärten der Welt aussiehet, da es nur im Frühling und Sommer angenehm ist und grünet, im Herbst und Winter aber alles abnimmt und verwelket?

A. Nein, es war damals die ganze Natur mit allen Elementen noch in der schönsten Harmonie und Temperatur; so daß weder der Mensch noch einiges andere Geschöpf, den geringsten Schaden oder Ungemach hatte. Von so vielen Unordnungen und Veränderungen, die man gegenwärtig in der äußern Natur siehet, z. B. von Donner, Blitz, Hagel, Schnee, Frost, Kälte, Sturmwind, Platzregen und dergleichen, wußte man da nichts: deßwegen stand auch in diesem Lustgarten alles in einer unverwelklich schönen Blühte, und immerwährender höchster Annehmlichkeit und Lustbarkeit *).

16. Fr.

*) Da GOtt selbst diesen Garten in Eden gepflanzt hatte, so kann man schon daraus allein wohl schliessen, daß derselbe ein vollkommenes Meisterstück war, und daß auch die schönste und erhabenste Beschreibung davon immer noch ein höchst schwachet Abriß bleiben muß. A. d. R.

16. Fr. Zu welchem Ende mag GOtt den Menschen wohl an diesen schönen, lustigen Ort gesetzt haben?

A. Vornehmlich auch mit darum, daß er hier desto mehr Anlaß haben möchte, GOtt in allen diesen Schönheiten zu beschauen, und auch dadurch zum unverrückten Gehorsam, Liebe, Lob und Dienst GOttes möchte angesetzet werden.

17. Fr. Hat der Mensch denn auch wirklich GOtt in den Schönheiten des Paradieses also beschauet und verherrlichet?

A. So lange er GOtt gehorsam war, wird er ohne Zweifel seine Augen, so zu reden, nicht haben aufgeschlagen, ohne gleichsam zerflossen und entzücket worden zu seyn in Verwunderung, Anbethung und Liebe ihres Urhebers; dessen Weisheit, Güte und Allmacht er ganz klärlich in allen diesen Geschöpfen bemerkte.

18. Fr. So wird ihm denn auch damals GOtt nicht so fremd gewesen seyn, als er jetzt dem Menschen ist, da die mehresten als ohne GOtt in der Welt leben?

A. Durchaus nicht; im Gegentheil war sein einziges Werk, ohne Unterlaß GOtt und seine unendliche Vollkommenheiten zu beschauen, bald in ihm selber, bald in den Geschöpfen: er lobte, bewunderte, pries und verherrlichte seinen GOtt; es war alles GOtt und von GOtt, was er sah, hörte,

roch,

roch, schmäckte, fühlte, und was er gedachte; und alles führte ihn auch wieder zu GOtt und in GOtt. In diesem Ungrunde der Gottheit, in seiner Gegenwart, Liebe und Gemeinschaft, in seinen Vollkommenheiten und Wundern, badete er sich gleichsam von Augenblick zu Augenblick. Er wußte von keiner Furcht, Mühe, Verdruß, Traurigkeit, Schmerzen, Krankheit, Tod, Sünde, noch einigem Ungemach Leibes oder der Seele; sondern GOtt wird ihn im Gegentheil mit unzähligen leiblichen und geistlichen Lieblichkeiten, Gaben, Erquickungen, Süßigkeiten, Freude, Licht, Liebe und Frieden, ja mit sich selber beseliget haben. GOtt ging gemeinsam mit den ersten Menschen um, und sie auch wieder mit ihm. Diesen unbefleckten Spiegel beschaueten sie, und er erleuchtete sie; GOtt liebte sie, und sie klebten auch ihm mit allen Liebeskräften an; sie waren ruhig und höchst vergnügt in ihm, und er, GOtt, ruhete, wohnte, und hatte seine Lust in ihnen u. s. w. *)

19. Fr.

*) Betrachte, o Mensch! dagegen deinen jezigen Zustand, deine Entfremdung von GOtt und allem seligen Genuß seiner Gemeinschaft: sollte dich der Anblick deines tiefen Elendes und Verderbens nicht rühren, und dein Herz zum unablässigen Schreien um Erlösung anfetzen?! — Doch da mußt erst um Augensalbe bitten, sonst kann dich weder die höchste Schönheit reizen, noch das scheuslichste Verderben erschrecken; wie auch in der folgenden 19. Fr. näher beschrieben wird. A. d. R.

19. Fr. Was hat man noch überhaupt in Ansehung dieses seligen Zustandes des ersten Menschen anzumerken?

A. Daß kein unwiedergebornes, bloß natürliches Kind Adams denselben recht nach Würden einsehen und erkennen kann, wenn es schon noch so viel, und auch Mosen selber, davon höret und lieset: weil die Schöpfung des Menschen nach GOttes Bilde, das Paradies, der Baum des Lebens, der Baum der Erkenntniß Gutes und Böses u. a. m. lauter Geheimnisse sind, wovon man sich meistens nur gar zu grobe, geringe, sinnliche Bilder und Begriffe machet; von denen aber GOtt die wahre Erkenntniß und Einsicht, nach seinem Willen, in etwa, und zwar nur denen aufschleußt, welche durch seinen Geist erleuchtet, und, von Klarheit zu Klarheit, in diesen verlornen Stand, und in eben dasselbige Bild vergestaltet und hergestellet werden *).

20. Fr. Weil nun der Mensch ein so reicher, mächtiger, guter, weiser, schöner, seliger und freier Monarch war, war er denn von niemanden abhängig, niemanden unterworfen und verpflichtet?

A. Keinem als GOtt allein, welcher der einige Ursprung, das Mittel und Ende aller Herrlichkeit und Seligkeit des Menschen war.

*) Die Aufschlüsse und Zeugnisse solcher erleuchteten Seelen können daher einem GOtt- und Wahrheitliebenden Gemüthe nicht anders als sehr respectabel und glaubwürdig seyn; wenn es auch für seine Person noch nichts davon erfahren hätte. A. d. R.

21. Fr. Wußte der Mensch anfänglich diese seine Verpflichtung auch wohl?

A. Ja, GOtt hatte ihm die Erkenntniß davon bei seiner Schöpfung eingeschaffen, welches man insgemein das Gesetz der Natur nennet.

22. Fr. Was lehrete dieses eingeschaffene Gesetz der Natur den Menschen sonderlich?

A. Daß, gleich wie GOtt sein Ursprung, Erhälter, König und GOtt, er also auch sein Ziel, Zweck und Ende war; daß er dem zu folge weder sich selbst, noch einiger Kreatur, sondern ganz seinem Schöpfer zugehörte; und daß er in allem von ihm mußte abhangen, allen seinen Worten glauben, ihn von ganzem Herzen verehren, lieben und unendlich höher achten als sich selbst; daß er demnach seinen Nächsten wie sich selber — nie aber weder diesen, noch sich selbst oder einiges andere Geschöpf anders, als in GOtt allein lieben müßte.

23. Fr. Aber minderte dieses die Glückseligkeit des Menschen nicht, daß er dergestalt GOtt verpflichtet, und von ihm abhangend seyn mußte?

A. Keineswegs; im Gegentheil machte eben dieses seine höchste Seligkeit aus; denn, weil GOtt die erste und einzige Ursache aller seiner Herrlichkeit und Seligkeit war und blieb, so hing diese Seligkeit auch noch mehr von GOtt ab, als ein schöner Lichtstrahl von der Sonne; dergestalt daß, wo der Mensch in dieser seiner Pflicht, der stätigen Abhänglichkeit von GOtt, saumselig ward, und zu sich selbst oder einiger andern Kreatur mit seines Geistes Kräften [oder mit eigener Lust, Liebe und Gefallen] sich wendete, er sich nothwendig, durch sich selbst, in die größte Finsterniß, Blindheit, Unruhe und Unseligkeit stürzen mußte; wie der traurige Erfolg ausgewiesen hat.

Neuntes Kapitel.

Von dem Abfalle des Menschen von GOtt, und dessen betrübten Folgen und Früchten.

1. Fr. Welch ein Gebot hat GOtt dem ersten Menschen noch außer dem Gesetz der Natur gegeben?

A. Er hatte ihm gesagt, daß er von allen Bäumen des Paradieses essen sollte, außer von dem Baum der Erkenntniß des Guten und Bösen; von diesem zu essen ward ihm bei Todesstrafe verboten; oder er würde des Tages, da er solches thäte, des Todes sterben.

2. Fr. War dieß ein schweres Gebot?

A. Keineswegs, denn GOtt hatte dem Menschen genugsame Kräfte mitgetheilt, um es halten zu können; und weil er ihn heilig und gerecht erschaffen hatte, so liebte er auch GOtt, und dessen Willen und Gebote; und folg-

folglich waren sie ihm nicht ein so verdrieß-liches Joch, wie sie gegenwärtig dem verkehrten Sünder sind.

3. Fr. Haben Adam und Eva dem Befehl GOttes gehorcht?

A. Ach leider nein! sondern sie sind jämmerlich zur Sünde verführt worden.

4. Fr. Wodurch wurden sie verführt?

A. Durch den Satan, durch ihre eigene Vernunft, und durch die von GOtt sich ab- und auswärts kehrende Lust, Liebe, Sinne und Begierden.

5. Fr. Wie durch den Satan?

A. Derselbe kam in der Gestalt einer Schlange, und lockte das Weib, Eva, um von der verbotenen Frucht zu essen. Er suchte ihnen, auf die allerlistigste Weise, einigen Argwohn gegen GOtt beizubringen, und versicherte sie, daß sie nicht sterben würden; sondern ihre Augen würden aufgethan werden, sie würden seyn wie GOtt, und wissen, was gut und böse sey.

6. Fr. Wie wurden sie durch ihre Vernunft, Lust und Sinne verführt?

A. Indem das Weib der Schlange Gehör gab, sich mit ihr in Unterredung einließ, ihre Reden überlegte, und sich mit ihren Sinnen heraus locken ließ, und schauete, daß von dem Baum gut zu essen wäre, und lieblich an-

anzusehen, daß es ein lustiger Baum wäre, weil er klug machte.

7. Fr. Wurden sie nicht auch noch auf eine andere Weise versucht?

A. Ja; inwendig auch durch den Satan, der, als ein böser Geist und Beneider, ja Feind GOttes und seiner Ehre, wie auch der Glückseligkeit des Menschen, sie anreizte zum Mißtrauen gegen GOtt, zum Ungehorsam, Hochmuth und zur Begierde, viel zu wissen, und zu können in eigener Macht, und zu verschiedenen andern Sünden. Und hernach *) wurden sie versucht durch ihre eigene böse Begierden, worein sie verfielen, weil sie dem Satan Gehör gaben, und durch sich selbst grösser, unabhängiger und weiser werden wollten, als sie waren; da sie nicht mehr in Sanftmuth, Demuth und Gelaßenheit in und unter GOtt stehen bleiben wollten: worauf es dann geschah, daß das Weib also verführt wurde, von der verbotenen Frucht nahm, und aß, und auch dem Adam davon gab, welcher gleichfalls davon aß.

8. Fr. Wie muß man diesen betrübten Fall unserer Voraltern ansehen, um die Größe desselben in etwa zu erkennen?

A. Man muß nicht so sehr und allein auf das äußerliche Essen einer Frucht sehen, als wohl

*) Da sie den ersten Einblasungen schon ihr Herz geöffnet hatten. A. d. R.

wohl vielmehr darauf 1) wie der Mensch sich durch die Sünde und Ungehorsam von GOtt und der Abhängigkeit von ihm schändlich abgerissen, und sich mit eigener Liebe, Lust und Gefallen zu sich selbst und der Kreatur hinaus gewandt habe; wodurch 2) die hohe Majestät GOttes schrecklich beleidiget und entehret worden ist. 3) Muß man das unaussprechliche Elend, den Jammer, die Unruhe und das Verderben betrachten, welches sich der Mensch dadurch nach Leib und Seele, für sich und alle seine Nachkommen, zugezogen hat. 4) Muß man beherzigen, wie viel es gekostet habe, und noch koste, auch nur einen einzigen Sünder von diesem Falle wieder aufzurichten; welches nicht allein in dem großen Werke der Menschwerdung, des Leidens und Sterbens des Sohns GOttes, sondern auch in der wirklichen Herumholung, Reinigung und Erleuchtung des Menschen und der völligen Herstellung der verlornen Herrlichkeit in ihm so deutlich zu sehen ist: wie wohl ohne dem kein bloßer natürlicher Mensch diesen leidigen Fall noch dessen Größe je erkennen kann, bis ihm GOttes Gnade und Licht in Christo denselben und dessen Früchte in sich selbst sehen und fühlen läßt, und ihn nach und nach davon wieder aufrichtet und herstellet.

9. Fr. Mußten Adam und Eva auch alsbald sterben, wie ihnen GOtt gedrohet hatte?

A. Ja; sie verblichen oder starben an dem gött-

göttlichen und paradiesischen Liebes-Leben. GOtt und sein Licht, Friede und Himmelreich entwichen, und wurden ihnen fremd, verschlossen und todt, als wären sie fast nicht mehr; hingegen wachte GOttes Zorn — wie auch Grimm, Finsterniß, Furcht, Quaal, Noth und Tod, ja die Hölle selbst in ihnen auf: und so ward dieß edelste Geschöpf und Bild GOttes, nach Leib, Seele und Geist, ganz jämmerlich geschändet, und mit unaussprechlichem Elend und Verderben beleget und durchdrungen.

10. Fr. Sage mir noch etwas mehr insbesondere, wie Tod und Verderben den ganzen Menschen durchdrungen habe, und zwar erstlich, wie der Tod über des Menschen **Leib** gekommen sey?

A. Derselbe ist an seiner anerschaffenen Schönheit und Herrlichkeit erstorben; und hingegen zu einem garstigen, unordentlichen Thier und zu einem groben Fleischklumpen geworden, in welchem allerhand abscheuliche, unreine Bewegungen und Lüste herbergen; und worauf allerlei böse Einflüsse der Elemente nunmehr wirken, so daß er nun der Kälte, der Hitze, allerhand Leiden, Beschwerden, Müdigkeit, Schmerzen, Krankheit, Alter, ja auch endlich dem Tod und der Verwesung unterworfen ist.

11. Fr. Wie ist der Tod und das Verderben über des Menschen **Seele** gekommen?

A. Sie ist mit dem Leibe so verstellet wor-

worden, daß alle Affecten und Neigungen unordentlich, fleischlich und thierisch sind, so daß alles wider einander läuft, Haß und Liebe, Furcht und Hoffnung, Traurigkeit und Freude u. s. w. und keine Harmonie, Ruhe, Friede oder Stille in ihr ist. Die Imagination oder Einbildungskraft ist ganz finster, verwirrt und verdorben, und wie ein wildes, zaumloses Pferd ausgelaßen, in tausenderlei falschen, eiteln, thörichten und sündlichen Bildern und Fantasien. Die Sinne gehen alle von GOtt ab, und in die Kreatur, und sind also nichts anders als so viel Fenster geworden, wodurch Sünde, Fluch und Tod in den Menschen unaufhörlich eingehen.

12. Fr. Wie ist der Tod und das Verderben über des Menschen Geist und dessen Haupteigenschaften gekommen?

A. Sie sind ganz von GOtt und seinem seligmachenden Lichte abgewandt, auswärts gekehrt, und in die Finsterniß gesunken.

13. Fr. Wie über den Willen, oder den unendlich begierigen Grund der Seele, als die erste Haupteigenschaft des Geistes?

A. Durch die Sünde hat der Mensch seinen Willen und seine Begierde von GOtt und seinem Lichte, als dem eigentlichen Vorwurf, wofür der Geist geschaffen worden, abgezogen; er mußte daher alsbald in schreckliche Finsterniß und Unruhe gerathen; und nachdem er sich mit seiner Begierde und Willen zu

der

der Kreatur und sich selbst ausgekehrt hatte, ward er angefüllt mit Eigenliebe, Eigenwillen, Weltbegierde, Augenlust, Fleischeslust und hoffärtigem Leben; — ward also aus einem Könige ein Sclave der Kreaturen und des Satans, welcher, nachdem der Mensch ihm einmal gehorcht hat, nun denselben nach seinem Willen aus einer eiteln und unreinen Begierde in die andere jämmerlich herum treibet, wobei der Mensch doch niemals wahre und beständige Vergnügung finden kann; vielmehr suchet, treibet, drehet, windet, naget und quälet sich sein Wille, wie ein finsterer Wurm, in dem Angstfeuer seiner unersättlichen Begierden; welche Hölle aber erst recht offenbar wird, entweder in diesem Leben an den Auserwählten in den scharfen Schmelz- und Läuterungen von der mächtigen Hand GOttes; oder nach diesem Leben an den Unbußfertigen, wann der äußere Leib wegfällt, und der Geist bloß und nackend da steht, und seinem quälenden Hunger Preis gegeben ist.

14. Fr. Wie ist der Tod über den Verstand des Menschen, als die andere Haupteigenschaft des Geistes, gekommen?

A. Derselbe ist des Lichtes GOttes beraubt, und ganz verdorben, zugeschlossen und verfinstert (Eph. 4, 18.); so daß er nicht begreifen kann die Dinge, die des Geistes GOttes sind (1 Korinth. 2, 14.), sondern lauter verkehrte Gedanken von GOtt und allen

allen göttlichen Dingen und Wahrheiten hat, und folglich die Vernunft, welche ihr Licht, fast wie der Mond von der Sonne, von dem erleuchteten Verstande ziehen müßte, in die dickste Finsterniß, in Ansehung geistlicher und göttlicher Sachen, gestürzet, und zu einem Nest voll allerhand Irrthümer, Ausschweifungen, und ganz thörichtet Einbildungen und Eigensinnigkeiten geworden ist.

15. Fr. Wie über die dritte Eigenschaft des Geistes: das Gewissen, oder erinnernde Wohlgefallen?

A. Dieß ist gleichfalls des göttlichen Lichts, Friedens, Freude, Trostes und Zuversicht beraubt; und hingegen wie verschlossen, finster, zweifelhaft, scrupulös, ungewiß und irrig geworden: so daß es oft nicht weiß, was gut oder böse, wahr oder falsch, erlaubt oder nicht erlaubt sey (Röm. 14, 15.); demnach — sonderlich, wann es in der Buße recht aufgewacht — sich oft betrübt und ängstiget, wo es sich nicht dürfte noch würde ängstigen, wenn der Verstand recht erleuchtet wäre; ja auch hingegen und meistens sich tröstet und erfreuet, wo es nicht seyn soll: im Grunde aber ist es beflecket (a) mit Sünden-Schuld und Strafe, Verdammung, Furcht, Unruhe, Kleinmüthigkeit und Mißtrauen.

(a) Titum 1, 15. Den Reinen ist alles rein, den Unreinen aber und Ungläubigen ist nichts rein, sondern unrein ist beides ihr Sinn und Gewissen.

16. Fr.

16. Fr. Weil denn nun das Inwendige des Menschen durch den Sündenfall dergestalt verdorben ist: so sage mir auch noch, als mit einem Wort, welche äusserliche Früchte dieser faule und böse Baum trägt?

A. Lauter böse Früchte; denn gleichwie das Dichten und Trachten des menschlichen Herzens (als das rechte Beweg- und Triebrad seiner äußern Thaten) verstellt, und nur böse ist von Jugend auf und immerdar (1 B. Mose 6, 5. Kap. 8, 21.): also sind auch alle Bewegungen, Worte und Handlungen eines bloß natürlichen Menschen, nichts anders, als eine aneinander hangende Kette, von allerhand Untugenden, Verkehrtheiten, Gräueln und Sünden. Er begehet in seinem ganzen Leben und Wandel Eitelkeit und Thorheit; in seinen Worten Verleumdung des Nächsten und Entehrung GOttes; und in seinen Werken allerhand Ungerechtigkeit, Schande, Muthwillen, Diebstahl, Mord und allerlei böse Stücke. Und ob er sich gleich von groben, ausbrechenden Lastern enthalten mag; so sind doch seine best scheinenden Worte und Werke, ja sein Geberd und vermeynter Gottesdienst selbst, vor GOtt ein Gräuel (Spr. Sal. 15, 8. 29.), weil er in allem seinen Eigenwillen zum Anfang und seine Eigenliebe zum Zweck und Ende hat. S. Matth. 15, 9. Col. 2, 23.

NB.

17. Fr. Ist nicht noch ein anderer Tod auf die Sünde gefolgt?

A. Ja, der ewige Tod, oder die gänzliche und ewige Abscheidung von GOtt und seiner Gemeinschaft. Auch würde ohne Zweifel die grausamste Strafe der Sünden in der höllischen Finsterniß und Quaal erfolgt seyn, wenn GOttes Erbarmung dem Sünder nicht einen Erlöser angewiesen und geschenkt hätte. Doch wird dieser Tod auch noch wirklich allen denen zu Theil werden, die diesen Erlöser durch wahren Glauben nicht angenommen, und sich ihm übergeben haben.

18. Fr. Gehet diese Sünde Adams und Evä aber auch uns an?

A. Freilich ja; weil Adam das Haupt und der Vater des ganzen menschlichen Geschlechts war, so war er gleichsam ein allgemeiner Mensch, in welchem alle andere Menschen waren, und durch welchen sie alle, entweder gehorsam oder ungehorsam, selig oder unselig werden mußten.

19. Fr. Wie werden alle Menschen der Sünde Adams und ihrer Früchte theilhaftig? Kannst du mir solches nicht etwa durch ein Gleichniß verständlicher machen?

A. Es gehet einigermaßen damit, wie mit einem giftigen Brunnen, dessen Bäche auch alle giftig sind; wie mit einem bittern Samen, dessen Früchte auch bitter sind; wie mit kränklichen Aeltern, welche auch ihren

Kin-

Kindern ihre Krankheiten mittheilen; oder wie mit einem Vater und Haupt einer Familie, der, wenn er in Elend und Armuth geräth, alle seine Kinder und Nachkömmlinge mit hinein zieht.

20. Fr. Sind auch schon die jungen Kinder dieser Sünde und ihrer Strafe theilhaftig?

A. Ja, von ihrer Geburt an.

Psalm 51, 7. Siehe, ich bin aus sündlichem Samen gezeuget, und meine Mutter hat mich in Sünden empfangen.

21. Fr. Woraus kann man das sehen?

A. Außerdem, daß es die Schrift deutlich sagt, auch daraus: daß sie 1) allerlei Elenden, Schmerzen, Krankheiten, ja dem Tode selbst, von ihrer Geburt an, unterworfen sind; sonderlich erhellets daraus, daß sie 2), wenn GOtt den Samen des Bösen in ihren Herzen nicht bezwinget, alsbald (nach dem Maß ihres Alters und Verstandes) zu allerlei Verdorbenheiten und Sünden, und so gar oft zu solchen Sünden geneigt sind, wovon sie vorher nichts gesehen oder gehöret haben. 3) Sieht mans auch aus dem, daß sie das Böse gar gern und leicht, das Gute aber gar beschwerlich und mit Mühe im Gedächtniß behalten; und daß man sie noch beschwerlicher und mühsamer vom Bösen ab- und zu einigem Guten angewöhnen kann *).

22. Fr.

*) Alle Christliche Aeltern, die sich die Erziehung ihrer Kin-

22. Fr. Kann aber ein solches bloß natürliches Adams-Kind, durch seine eigene Kräfte, nichts Gutes thun?

A. Keineswegs, auch nicht einmal Gutes wollen, wenn GOtt nicht beides, durch seine Gnade in der Seele wirket.

Jer. 13, 23. Kann auch ein Mohr seine Haut wandeln, oder ein Parder seine Flecken? So könnet ihr auch Gutes thun, weil ihr des Bösen gewohnt seyd. S. Matth. 7, 18. Röm. 8, 7. 2 Korinth. 3, 5.

23. Fr. Damit wir nun aus dem, was gesagt ist, einen größern Nutzen schöpfen mögen: so sage mir, was dich die Verführung der Eva von dem Satan lehre?

A. Weil der Satan noch täglich seine Versuchungen gegen uns ins Werk richtet, und uns, entweder durch seine unmittelbare Einblasungen und Anreizungen, oder aber durch seine Werkzeuge und andere Mittel zu verleiten sucht; so müßen wir zusehen, daß nicht etwa, wie die Schlange Evam verführte durch ihre Arglist, also auch unsere Sinne und Gedanken, nicht verrücket werden, von der Einfalt gegen Christum, (2 Kor. 11, 3.) und müßen daher wachen und bethen. Matth. 26, 41. 1 Petri 5, 8.

24. Fr.

Kinder angelegen seyn laßen, finden dieses leider! allzusehr in der Erfahrung gegründet. — Daher sie billig auf die Gedanken gerathen müßen, daß die Schriftsteller, welche das angeborne Verderben läugnen, selbst keine eigene Kinder müßen erzogen haben. — Doch was darf man heut zu Tage nicht schreiben! —

A. d. K.

24. Fr. Woran kann man unter andern diese Verführungen des Satans erkennen?

A. Satan und seine Werkzeuge verdrehen und legen die Gebote GOttes, auf eine dem Fleisch und der fleischlichen Vernunft annehmliche Weise aus; sie machen den schmalen Weg breit, und für den alten Menschen gemächlich; und sagen z. B. „Dieses muß so „eigentlich nicht verstanden werden; dieß „oder jenes hat GOtt so und so gemeynet *). „Warum solltest du nicht trachten dürfen, „höher und reicher zu werden? Warum solltest du nicht vieles wissen mögen? Warum „nicht hören, sehen, essen, trinken dürfen, „was du willst? Warum sollte GOtt dieß „oder jenes geschaffen haben, wenn man's „nicht sollte gebrauchen dürfen? Ei, das sind „ja äußere Dinge, darauf kommt es nicht „an, darin bestehet das Christenthum nicht, „u. s. w."

25. Fr. Was lernest du aus der Versuchung Adams und Evä, durch ihre eigene Lust?

A. 1) Mich nicht verleiten zu laßen durch die augenblickliche Ergötzlichkeit der sündlichen Lüste, Annehmlichkeiten, Schönheiten und Gemächlichkeiten dieses Lebens, welche, wie ein überzuckertes Gift, zwar Anfangs im Munde süß schmäcken, aber am Ende unsere See-

*) So wie die Schlange zu Eva, gleichsam höhnisch sprach: ja, sollte GOtt gesagt (oder gemeynet) haben! d. R.

Seelen tödten; sondern daß ich im Gegentheil 2) mein Fleisch sammt den Lüsten und Begierden kreuzige (Gal. 5, 24.), mit meinen Sinnen, und sonderlich mit meinen Augen, wie Hiob, einen Bund mache (Hiob 31, 1. f. a. Ps. 119, 37.), daß sie nicht sehen auf das, was eitel ist; 3) daß ich auch alle Gelegenheiten, Orte, Gesellschaften und Gespräche meide, wo ich einige Gefahr haben möchte, um verführet zu werden.

26. Fr. Welche Anmerkungen kannst du bei dem Fall Adams noch ferner machen?

A. 1) Daß auch dem Heiligsten alle Gefahr zur Sünde offen stehe, so bald er sich nur einigermaßen von dem Andenken und Ankleben an GOtt und seine Gegenwart abwendet. 2) Daß, da so gar Adam im Paradiese — obschon er so heilig, mächtig, weise, u. s. w. war — hat können zur Sünde verlocket werden; wie viel leichter solches nicht mit uns geschehen könne, und wie viel größere Ursachen wir daher nicht haben, zu wachen und zu bethen. 3) Daß wir niemals ohne große Empfindung und Demüthigung vor GOtt, an diesen jämmerlichen Fall gedenken müßen.

27. Fr. Was lehrt dich die Betrachtung der betrübten Folgen und Früchte dieses Falles?

A. Was für ein erschreckliches Uebel die Sünde seyn müße, worauf eine so schwere Strafe folgt, und welche uns, aus einem so herr=

herrlichen und seligen, in einen so elenden und jämmerlichen Zustand gebracht hat.

28. Fr. Was lernest du aus der Betrachtung der angebornen Verdorbenheit?

A. 1) Demüthig zu seyn, und einen Eckel und Abscheu vor meiner natürlichen Ungestalt, und vor allen Regungen dieses bösen Samens zu haben. 2) Begierig zu seyn, und GOtt zu bitten, daß er dieses Böse wolle ausrotten, und mich aus dem reinen und heiligen Samen seines kräftigen Worts laßen neu geboren werden (a). 3) Wann er mich bekehrt und wiedergeboren hat, ihm dafür zu danken; dann aber auch nicht allein gegen die Versuchungen des Satans, sondern auch über die Wurzeln der noch anklebenden Verdorbenheiten zu wachen, und dahin zu trachten, um täglich mehr und mehr erneuert zu werden, im Geiste meines Gemüths, und anzuziehen den neuen Menschen, der nach GOtt geschaffen ist, in wahrer Gerechtigkeit und Heiligkeit. Eph. 4, 23. 24.

(a) Psalm 51, 12. Schaffe in mir, GOtt, ein reines Herz; und gib mir einen neuen gewissen Geist.

gesündiget hatte, sterben mußte; das ist: weil der Mensch muthwillig seinen Willen, sein Herz und Begierde von ihm abwandte, so mußte GOtt sich auch mit seinem Lichte von ihm zurück ziehen, um diesen widerspenstigen Sünder an sich selber, und folglich der Finsterniß und dem Satan, dem er seinen Willen übergeben hatte, zu überlaßen.

7. Fr. Was schließest du hieraus?

A. Daß es nicht allein nothwendig sey, daß des Menschen Wille und Begierde geändert werde; sondern daß auch vorhin GOtt versöhnet, daß seiner Gerechtigkeit genug gethan werde, und dergestalt seine Gunst, Gnade, Licht und Liebe wieder erworben werden mußte, wann der Mensch je wieder hergestellet werden sollte.

8. Fr. Weil also aus dem Gesagten genug erhellet, daß kein Mensch für sich selbst, GOtt versöhnen, seiner Gerechtigkeit genug thun, und sein Licht und Gnade erwerben will noch kann, so sage mir, sollte es einer für den andern nicht thun können?

A. Viel weniger, weil sie alle Sünder sind.

9. Fr. Kann es dann auch kein Engel?

A. Nein, denn sie hassen die, welche GOtt hasset, und darum auch den muthwilligen Sünder; demnächst läßt es auch GOttes Gerechtigkeit nicht zu.

10. Fr.

10. Fr. Wie aber? müßen denn nun Adam und Eva sammt allen ihren Nachkommen ewig verloren bleiben? was Raths denn?

A. Der große Liebhaber der Menschen, der Sohn GOttes selbst, hat sich in den Riß gestellt, und ist in die Mitte getreten, sagend: **Laß die Seele der Menschen nicht in die Grube fahren, ich habe eine Erlösung gefunden.** Hiob 33, 24.

11. Fr. Wie konnte das geschehen?

A. Er stellte sich als Bürge dar, an des Menschen Statt, mit dem Versprechen: er wollte sich seiner göttlichen Majestät, Macht und Glorie entäußern (Philip. 2, 6. 7.), auf die Erde kommen, und eben diese schwache, elende, sterbliche, menschliche Natur annehmen, und — indem er also die Sünden der Menschen auf sich nahm — durch seine tiefe Erniedrigung, und das Verdienst seines heiligen Lebens, bittern Leidens und Todes, für dieselbe genug thun; der Sünde und dem Satan sein Recht und Gewalt über den Menschen benehmen, und ihm (dem Menschen) GOttes Gunst und Gnade wieder erwerben; so, daß GOtt das Licht seiner Gnade und seines Geistes, von neuem in dem Herzen des Menschen könnte scheinen laßen, um ihn von seiner Sünde zu überzeugen, und gute Bewegungen und Begierden in ihm zu erwecken, u. s. w.

12. Fr. Wie wird dieß aber in dem Menschen ausgeführt?

A. Wann der Mensch durch dieses Licht der Gnade und des Geistes JEsu von seinem elenden Zustande überzeugt wird, und durch die Gnade eben dieses Geistes, solcher Ueberzeugung Gehör gibt, Buße thut und glaubet; das ist, wann er sich diesem Geist, in völliger Selbstverläugnung, anvertraut und übergibt, um von demselben beherrschet und geführet zu werden: — Wenn der Mensch, wie gesagt, diesem Gnadenlichte folget, so wird er nach und nach wirklich aus seinem Falle wieder aufgerichtet, bekommt Friede mit GOtt, und wird in seine verlorne Herrlichkeit, Heiligkeit und Seligkeit wieder hergestellet u. s. w.

13. Fr Ist aber der Mittler und Erlöser JEsus Christus alsbald in die Welt kommen?

A. Nein, sondern GOttes Weisheit hat, um heiliger Ursachen willen, gut gefunden, daß er erst ungefähr vier tausend Jahr hernach Mensch werden sollte.

14. Fr. Um welcher Ursachen willen, kann man vermuthen, daß es so lange sey verzogen worden?

A. Damit durch solchen Verzug die ganze Welt vorher, durch mancherlei Proben und Erfahrungen, so wohl von dem gänzlichen Unvermögen zu ihrer Herstellung, an ihrer und aller Kreaturen Seite, als von der unumgänglichen Nothwendigkeit eines sol-

chen

chen Erlösers, als dieser war, möchte überzeuget werden. 2) Scheint es auch, daß er nicht habe kommen sollen, als nachdem die Gläubigen erst lange Zeit nach ihm verlanget, und ausgesehen hätten, damit er ihnen also gleichsam desto willkommner seyn möchte. 3) Wollte GOtt auch mehr als einerlei Haushaltung mit seiner Kirche einschlagen, und den Erlöser und sein Werk, durch Vorbereitungen, Verheißungen, Weissagungen und Vorbilder, abschatten laßen, u. s. w.

15. Fr. Genossen denn die Gläubigen, vor der Menschwerdung und den Leiden des Erlösers, nicht auch seiner Erlösung?

A. Ja, aber unter Bürgschaft.

16. Fr. Hat GOtt nicht schon bald anfangs diesen Erlöser bekannt gemacht?

A. Ja, schon gleich nach dem Sündenfalle verkündigte er ihn an Adam und Eva.

17 Fr. Wie geschah dieses?

A. GOtt erschien ihnen im Garten Eden.

18. Fr. War ihnen diese Erscheinung auch angenehm?

A. Durch ihre begangene Sünde war ihnen GOtt schrecklich geworden; und weil ihnen ihr Gewissen sagte, daß sie eine Missethat begangen hatten, so wollten diese Armen und Elenden sich unter die Bäume im Garten vor dem allsehenden GOtt verstecken.

19. Fr. Was erfolgte nun ferner?

A. GOtt rief ihnen, und fragte: ob sie nicht gegessen hätten von der verbotenen Frucht.

20. Fr. Was antworteten sie?

A. Weil sie jetzt böse, lügenhaft und Feinde ihres eignen Wohlstandes geworden waren, so entschuldigten sie ihre Sünde, anstatt daß sie GOtt um Vergebung sollten angeflehet haben. Adam legte die Schuld auf Eva, Eva auf die Schlange: aber insgeheim und im Grunde wollten beide doch GOtt die Schuld geben.

21. Fr. Welch eine Entscheidung gab GOtt hierauf?

A. Er wandte sich am ersten zu der Schlange, und sprach, als ein gerechter Richter, ein absolutes Urtheil des Fluchs über sie aus, und sagte dabei: daß er eine ewige Feindschaft zwischen ihr (der Schlange) und dem Weibe, zwischen ihrem Samen und des Weibes Samen setzen wollte, und daß des Weibes Same der Schlange sollte den Kopf zertreten. Hierauf wandte er sich zu dem Weibe, und sagte: daß sie mit Schmerzen Kinder gebären, und daß ihr Wille dem Manne unterworfen seyn sollte. Endlich sprach er zu Adam: daß, weil er der Stimme seines Weibes gehorchet hätte, die Erde um seinet willen verfluchet seyn, Dornen und Disteln tra-

tragen, und er, Adam, im Schweiß seines Angesichts sein Brod essen sollte, u. s. w. 1 B. Mose 3.

22. Fr. Was verstehest du durch die Schlange und ihren Samen?

A. Den Teufel, seine Engel und die gottlosen Menschen, von welchen der Teufel das Haupt und der Vater ist. S. Joh. 8, 44. Offenb. Joh. 20, 2.

23. Fr. Was verstehest du durch des Weibes Samen?

A. Christum und die Gläubigen.

24. Fr. Was will das sagen, daß GOtt Feindschaft zwischen diesen beiden setzen wollte?

A. Daß er in und durch Christum wollte zuwege bringen, daß der Mensch, der nun durch die Sünde ein Freund des Teufels, und Feind GOttes geworden war, mit GOtt sollte ausgesöhnt werden, und daß er dann — nachdem er, als ein gläubig gewordener Sünder, wieder in GOttes Liebe und Freundschaft aufgenommen wäre — den Satan und seine Werke hassen, und also von der Zeit an, das Königreich JEsu gegen das Reich des Satans Streit führen würde.

25. Fr. Was will es sagen, daß des Weibes Same der Schlange sollte den Kopf zertreten?

A. Daß Christus durch seinen Tod sollte die Macht nehmen dem, der des Todes Gewalt hätte, das ist, dem Teufel (Ebr.

2, 14.); und daß er demnächst den Satan unter die Füße der Seinigen zertreten würde. Röm. 16, 20.

26. Fr. Was will es endlich sagen, daß die Schlange des Weibes Samen würde in die Fersen stechen?

A. Daß der Satan denjenigen Theil Christi und seiner Glieder, der (wie die Fersen) die Erde berühret, nämlich ihren Leib, würde verfolgen, kreuzigen und tödten.

27. Fr. Was geschah weiter mit Adam und Eva?

A. Nachdem GOtt ihnen Röcke gegeben, ihren Leib wider die schädlichen Einflüsse der Elemente zu bedecken, ließ er sie aus dem Garten Eden treiben, um außer diesem angenehmen Orte Buße zu thun.

28. Fr. So thaten sie denn auch Buße, und dieneten GOtt wieder?

A. Ja, sie thaten wahrlich Buße, lebten in Demuth vor GOtt, im Gebeth, in Armuth, in Arbeit und in Verläugnung ihrer selbst, durch die Gnade und durch den Geist JEsu Christi *).

---

*) Obschon sie so viel tausend Jahre vor der Menschwerdung Christi lebten; so kann das doch von ihnen eben so gut gesagt werden, als Paulus 1 Cor. 10, 4. von den Israeliten in der Wüste sagt, daß sie trunken von dem geistlichen Fels, welcher mitfolgete, welcher war Christus.

Eilf-

Eilftes Kapitel.

Von der Haushaltung GOttes mit seiner Kirche unter der Zeit der Verheißung.

1. Fr. Welche waren die ersten Kinder Adams und Evä?

A. Der erste war Cain, der andere Abel: Cain war ein Hochmüthiger, Irdischgesinnter, Stolzer und Gottloser, so daß er auch seinen Bruder Abel todt schlug; Abel hingegen war ein Demüthiger, Himmlischgesinnter, Sanftmüthiger und Gottesfürchtiger. Jener war einer von denen, worin der Schlangensame — dieser, in welchem der gesegnete Weibessame herrschend war.

2. Fr. Warum schlug Cain seinen Bruder todt?

A. Weil seine Werke böse waren, seines Bruders aber gerecht (1 Joh. 3, 12.), und deßwegen sein Opfer vor GOtt nicht angenehm war, wie das Opfer seines Bruders; welcher ihn auch vermuthlich wegen seiner Bosheit bestraft haben wird. S. 1 B. Mose 4, 8.

3. Fr. Was that Cain hernach?

A. Nachdem ihn GOtt von seinem Angesichte weggetrieben hatte, und Cain Kinder bekam, da bauete er eine Stadt, womit er gleichsam öffentlich zu erkennen gab, daß er

 ein

ein Inwohner und Kind dieser Welt, und kein Himmelsbürger war.

4. Fr. Vermehrten sich auch die Nachkommen des Cains sehr?

A. Ja, denn sie lebten sehr lange; und weil sie GOtt nicht fürchteten, so nahmen sie viel Weiber *).

5. Fr. Waren damals nicht auch Fromme auf Erden?

A. Ja, GOtt gab dem Adam und der Eva an Abels Statt einen frommen Sohn, Seth genannt, dessen Nachkommen den HErrn auch fürchteten, und Kinder GOttes genannt wurden, zum Unterschied von den Gottlosen, welche Kinder der Menschen hießen.

6. Fr. Was war das Werk der Kinder der Menschen?

A. Weil sie irdisch gesinnet waren, so baueten

*) Sie übertraten dadurch die Ordnung GOttes, der anfänglich nur Ein Männlein und Ein Fräulein schuf. Daß GOtt eine solche Aufführung mißbilligte, erhellet aus 1. B. Mos. 6, 2. 3., wo es heißt: die Menschen wollen sich (da sie zu Weibern nahmen welche sie wollten) meinen Geist nicht mehr strafen laßen. — Wenn man hier durch das Exempel der Erzväter, die Vielweiberei entschuldigen wollte: so muß man bedenken, daß GOtt auch nicht wollte, daß Israel einen König haben sollte, und ihnen den ersten König im Zorn gab; aber hernach — da es nun einmal ein Königreich war, ließ sich GOtt zu ihrer Constitution herab, und gab ihnen auch den Mann (David) nach seinem Herzen. — Auch muß man die Denkungsart und beweggründe der Männer GOttes von jenen, die nur Fleisch waren, wohl unterscheiden. Anm. d. R.

bauetrn sie Städte, suchten und erfanden allerhand irdische Künste und eitele Ergötzlichkeiten; waren wollüstig, hoffärtig, neidisch, trotzig, zornig, so daß sie sich gar unter einander todt schlugen.

7. Fr. Wie machten's aber die Kinder GOttes?

A. Diese waren nicht allein dem Namen nach unterschieden von den Kindern der Menschen, sondern sie sonderten sich auch wirklich von den Gottlosen und von ihrem Umgang ab, um nicht verführt zu werden; sie fürchteten, liebeten und dieneten GOtt; kamen auch bei einander, und unterredeten sich von GOtt, von seinem Willen und Wegen.

1 B. Mose 4, 26. Zu derselbigen Zeit fing man an zu predigen von des HErrn Namen.

8. Fr. Wie wußten sie damals den Willen GOttes, da sie doch noch kein geschriebenes Wort von ihm hatten?

A. Die Aeltern überlieferten GOttes Wort eines Theils ihren Kindern, auch erschien GOtt selbst manchmal den Heiligen; und so erkannten sie GOtt und seinen Willen, sonderlich aus ihrem durch den Glauben gereinigten Gewissen, und durch den Geist GOttes, der in ihnen war.

9. Fr. Blieben die Kinder GOttes von den Gottlosen lange Zeit abgesondert, und in solchem heiligen und unschuldigen Zustande?

A. Ja, eine geraume Zeit; bis sich die

Menschen auf Erden zu vermehren begannen; da vermengeten sie sich mit den Kindern der Menschen, und verfielen allgemach mit ins allgemeine Verderben.

10. Fr. Wurden sie aber nicht darüber von GOtt bestraft?

A. Ja, und zwar so wohl inwendig durch seinen Geist (s. 1 B. Mose 6, 3.), als auswendig durch seine treuen Diener, die wider das Verderben predigten; unter welchen uns sonderlich benannt werden Enoch (a), welcher ihnen GOttes schreckliche Gerichte drohete; und Noah (2 Petri 2, 5.), der ihnen in GOttes Namen verkündigte, wenn sie nicht Buße thäten, so würde sie GOtt alle vertilgen und ausrotten.

(a) Juda V. 14. 15. Es hat auch von solchen geweissaget Enoch, der Siebente von Adam, und gesprochen: Siehe, der HErr kommt mit viel tausend Heiligen, Gericht zu halten über alle, und zu strafen alle ihre Gottlosen, um alle Werke ihres gottlosen Wandels, damit sie gottlos gewesen sind, und um alle das Harte, das die gottlosen Sünder wider ihn geredet haben.

11. Fr. Wie lebten diese beiden Heiligen?

A. Sie waren fromm, aufrichtig, und wandelten stäts mit GOtt und in seiner Gegenwart; so, daß auch GOtt den Enoch, nachdem er drei hundert Jahre dergestalt mit ihm für und für gewandelt hatte, auf eine außerordentliche Weise, von der Erde weg-

nahm.

nahm. (S. 1 B. Mose 5, 22—24. und von Noah s. Kap. 6, 9.)

12. Fr. Besserten sich aber auch die Menschen auf die Bestrafung GOttes und seiner Knechte?

A. Keinesweges, sondern sie wurden täglich immer böser; und weil alles Fleisch so gar seinen Weg verderbet hatte, beschloß GOtt, sie alle durch eine Sündfluth von der Erde zu vertilgen: doch gab er ihnen in seiner Langmuth noch eine Frist von hundert und zwanzig Jahren, und ließ ihnen unterdessen Buße predigen, ob sie sich bessern möchten; ließ auch in der Zeit den frommen Noah eine Arche, oder großes Schiff, vor ihren Augen bauen, in welchem er den Noah mit den Seinigen erhalten wollte.

13. Fr. Thaten sie aber nicht Buße?

A. Nein; und deßwegen hieß GOtt den Noah mit seinem Weibe, seinen drei Söhnen und seiner Söhne Weibern, zur bestimmten Zeit in die verfertigte Arche gehen; wie auch von allem Vieh, Vögeln und Gewürmen, so viel er erhalten wollte, mit hinein nehmen, nämlich von allen unreinen Thieren je ein Paar, und von den reinen sieben Paar. Nachdem diese alle auf GOttes Befehl zu Noah in die Arche gekommen waren, so ließ GOtt das Wasser der Sündfluth auf den Erdboden kommen, und vertilgte alles Fleisch, in welchem ein lebendiger Odem war, indem das Wasser fünf=

fünfzehn Ellen hoch, über alle hohe Berge unter dem Himmel stieg.

14. Fr. Wie lange war die Sündfluth auf Erden?

A. Hundert und fünfzig Tage, nach deren Ablauf GOtt einen Wind kommen ließ auf Erden, daß die Wasser wieder fielen, und die Erde trocken ward, welches doch noch mehr als sieben Monate dauerte. Endlich ging Noah, auf GOttes Befehl, mit Weib, Kindern und allem Vieh wieder aus der Arche, nachdem er ein Jahr und zehn Tage in derselben war eingeschlossen gewesen.

15. Fr. Was that der fromme Noah, nachdem er aus der Arche gegangen war?

A. Er opferte GOtt ein Dankopfer, dafür, daß er ihn und die Seinigen so wunderbarlich bewahret hatte, welches dem HErrn so angenehm war, daß er sich ihm verband, die Erde nicht mehr durch eine Sündfluth zu verderben; und den Regenbogen in den Wolken zu einem Zeichen dieses Bundes setzte.

16. Fr. Damit wir nun aus dem bisher Gesagten einigen Nutzen und Lehren ziehen mögen, so sage mir: was siehest du in der Geschichte Cains und Abels?

A. In Cain sehe ich die rechte Art der Schlange und ihres Samens, bis auf den heutigen Tag; indem die Gottlosen ihren heuchlerischen, äußerlichen Gottesdienst nie wollen verachtet, sondern vorgezogen haben, (1 B. Mose 4, 5.) und hingegen die From-

men

men und ihr Thun, das im Glauben geschieht, (Ebr. 11, 4.) anfeinden, sie hassen, verfolgen, und wann sie können, wohl gar ums Leben bringen. — In Abel sehe ich, in seiner Person, in seiner Unschuld, in seinem GOtt angenehmen Opfer (s. 1 B. Mose 4, 4.) (da er von dem Beßten, das er hatte, opferte,) in seinem erduldeten unschuldigen Leiden, bei dem Haß und Todtschlag von seinem Bruder, ein rechtes Vorbild auf Christum, das unschuldige Lamm (1 Petri 1, 19.), das sich GOtt selbst zum angenehmen Opfer geopfert hat (Eph. 5, 2.), gehasset, verfolget, gekreuziget und getödtet ist von seinen Brüdern nach dem Fleisch, u. s. w. Auch sehe ich in ihm ein Vorbild und Muster aller wahren Glieder Christi, die von der Welt her bis nun zu, immer also von dem Cainitischen Geschlechte sind behandelt worden. Luc. 12, 51—53. 2 Tim. 3, 12.

17. Fr. Wozu muß dich die Betrachtung der Kinder GOttes und der Kinder der Menschen ansetzen?

A. Mich in aller Aufrichtigkeit gegen diesen zweifachen Spiegel zu halten, und zu prüfen, ob mein Thun und Beginnen mit jener, der Kinder GOttes, Glauben, und daraus fliessendem heiligen und himmlisch gesinnten Wandel; oder aber mit dieser, der Kinder der Menschen, irdisch gesinnten Handlungen und Werken überein komme; um sodann dieser ihre Wege zu meiden, jener Glauben aber nachzufolgen. Ebr. 13, 7.

18. Fr.

18. Fr. Welch eine Anmerkung machst du bei dem Verderben der ersten Welt und dem darauf erfolgten Untergang?

A. 1) **Weil die Zukunft des Menschen Sohns seyn wird, wie es zu der Zeit Noah war, da die Menschen in den Tagen vor der Sündfluth aßen, tranken, freieten und sich freien ließen, ohne Furcht, bis auf den Tag, da Noah in die Arche ging** (Matth. 24, 37—39); und die gegenwärtigen Zeiten, leider! sehr damit überein stimmen: so mag ich daraus kühnlich schließen, **daß es die letzte Stunde** (1 Joh. 2, 18.), **und daß der Richter vor der Thür sey.** 2) Muß ich zusehen, daß ich in das allgemeine Verderben nicht mit verwickelt werde, durch zu genauen Umgang oder Verbindung mit dem gottlosen Haufen (1 B. Mose 6, 1—3.); damit ich dergestalt **nicht theilhaftig werde ihrer Sünden, und nicht empfahe von ihren Plagen** (Offenb. 18, 4.). Im Gegentheil muß ich 3) nach dem Exempel des Noah (1. B. Mose 6, 9.), in Abgeschiedenheit vor und mit Gott zu wandeln trachten, in Gerechtigkeit und Aufrichtigkeit; damit ich also gleichfalls bei der Ausgießung der Schalen des Zorns GOttes in den letzten Zeiten möge gerecht erfunden werden, und eine Zuflucht und **Verbergung vor dem Ungewitter haben;** nach der Ermahnung GOttes (Jes. 26, 20.): **Gehe hin mein Volk in deine Kammer, und schleuß die Thür nach dir zu ... bis der Zorn vorüber gehe.**

Zwölf-

Zwölftes Kapitel.

Fortsetzung von der Haushaltung GOttes mit seiner Kirche unter der Verheißung.

1. Fr. Wie heißen die drei Söhne Noah?

A. Sem, Ham und Japhet, durch welche die ganze Erde hernach bevölkert worden ist.

2. Fr. Wie verhielten sich mit der Zeit ihre Nachkommen?

A. Sie waren auch meistentheils irdisch gesinnt, vergaßen GOtt und seine Wege, gingen in ihrem thörichten Sinne hin, und wollten sich eine Stadt und Thurm bauen, dessen Spitze bis an den Himmel reichen sollte, damit sie sich einen Namen machten (1 B. Mose 11, 1. u. f.). GOtt aber zerstörete ihr eiteles Unternehmen, indem er ihre Sprache, die bisher einerlei gewesen war, verwirrete, so, daß sie sich unter einander nicht mehr verstehen konnten, und sich bei der Gelegenheit über die ganze Erde zerstreuen mußten.

3. Fr. Hatte aber nicht der HErr auch in diesen Zeiten einige, die ihn wahrlich fürchteten?

A. Ja, gleichwie er zu aller Zeit die Seinen gehabt hat, also hatte er auch damals welche; unter den Nachkommen Sems ist

uns

uns sonderlich aufgezeichnet Abram und sein frommes Weib Sarai, seines Bruders Sohn Lot, wie auch seine Nachkommen Isaac, Jacob u. s. f., die in Aufrichtigkeit ihres Herzens vor GOtt wandelten; und durch ihr einfältiges, abgesondertes Leben und oftmalige Veränderung ihrer Wohnplätze genug zu erkennen gaben, **daß sie alle Gäste und Fremdlinge auf Erden waren**, Ebr. 11, 8. 9.

4. Fr: Erzähle mir kürzlich aus ihrem Leben einige der merkwürdigsten Züge und Begebenheiten, mit der Nutzanwendung auf uns selbst?

A. 1) Abram ziehet auf GOttes Befehl aus Ur in Chaldäa, mit Sarai und Lot (1 B. Mose 12.). — Also müßen auch wir mit ausgehen (a), und Pilger werden (b).

(a) Psalm 45, 11. Höre, Tochter, schaue drauf, neige deine Ohren; vergiß deines Volks, und deines Vaters Hauses.

(b) 1 Petri 2, 11. Lieben Brüder! ich ermahne euch, **als die Fremdlinge und Pilgrim**: enthaltet euch von fleischlichen Lüsten, welche wider die Seele streiten. — Ps. 39, 13. Höre mein Gebeth, HErr, und vernimm mein Schreien, und schweige nicht über meinen Thränen; denn ich bin **beide dein Pilgrim und dein Bürger** wie alle meine Väter.

2) Lot scheidet sich von Abram, welche Trennung Abram vorschlug, damit der Friede unter ihnen beiden nicht gestört würde, Kap. 13. — Also sollen auch wir **nachjagen dem Frieden gegen jedermann**. Ebr. 12, 14.

3) Abraham errettet wunderbarer Weise seinen Bruder Lot aus der Gewalt seiner Feinde, und setzet sein Leben in Gefahr. Kap. 14. — **Auch wir sollen unser Leben für die Brüder laßen. 1 Joh. 3, 16.**

4) GOtt richtete mit Abraham und seinem Samen einen Bund auf. Kap. 15. — **Abraham hat GOtt geglaubet, und das ist ihm zur Gerechtigkeit gerechnet. Das ist aber nicht geschrieben, allein um seinet willen, sondern auch um unsert willen, denen es soll zugerechnet werden, die wir glauben. Röm. 4, 23. 24.**

5) Verkündigung des Gerichts über Sodom u. s. w. und Abrahams Fürbitte. K. 18. — Wir sehen daraus, daß GOtt um weniger Frommen willen ein ganzes Land erhalten will.

6) Sodoms Untergang, Lots Errettung; Lots Weib siehet um, und wird zur Salzsäule. Kap. 19. — So weiß GOtt die Gerechten zu retten. 2 Petr. 2, 9. Und JEsus vermahnet (Luca 17, 32.) so nachdrücklich: **Gedenket an Lots Weib!**

7) Isaac, dem Abraham geboren, wird verspottet von Ismael. Kap. 21. — **Gleichwie zu der Zeit, der nach dem Fleisch geboren war, verfolgete den, der nach dem Geist geboren war, also gehet es jetzt auch. Gal. 4, 29.**

8) Abraham soll, auf GOttes Befehl, seinen liebsten Isaac opfern. Kap. 22. — **GOtt hat seines eigenen Sohns nicht verschonet, sondern hat ihn für uns alle dahin gegeben.** Röm. 8, 32. **Wir müßen auch GOtt unser liebstes opfern:** Spr. Sal. 23, 26. **Gib mir, mein Sohn, dein Herz.**

9) Isaacs Heirath. Kap. 24. Seine Gottesfurcht und Gelaßenheit dabei. 1 Cor. 7, 39. — **Ein verständiges Weib kommt von dem HErrn.** Spr. Sal. 19, 14.

10) Isaacs beide Söhne, Jacob und Esau; dieser war wild, voll Haß und Stolz; jener gottesfürchtig, still, geduldig und demüthig. Kap. 25. — **Es sind nicht alle GOttes Kinder, die nach dem Fleisch Kinder frommer Aeltern, sind** (Röm. 8, 9.). — **Daß nicht jemand ein Ruchloser sey wie Esau, der um einer einzigen Speise willen seine Erstgeburt dahin gab.** Ebr. 12, 16.

11) Isaacs Segen über Jacob. Kap. 27. **Es liegt nicht an jemands Wollen oder Laufen, in eignen Kräften, sondern an GOttes Erbarmen.** Röm. 9, 16.

12) Jacobs Flucht und Traumgesicht. Kap. 28. — Wir können überall mit Jacob sagen: **Gewißlich, der HErr ist auch an diesem Ort.** (Vers 16.)

13) Jacobs Dienst, Heirath und Kinder. Kap. 29 und 30. **Du mußt eine kleine Zeit um**

um der Weisheit willen Mühe und Arbeit haben: aber gar bald wirst du ihrer Frucht geniessen. Sirach 6, 20.

14) Jacobs Rückreise von Laban. K. 31. — Das Herz des Menschen ist in des HErrn Hand, er neigets, wohin er will. Spr. Sal. 21, 1.

15) Begegnung der Engel. Kap. 32. — Der Engel des HErrn lagert sich um die, die ihn fürchten. Psalm 34, 8.

16) Sein Gebeth und Kampf. — Man soll allezeit bethen und nicht laß werden. Lucä 18, 1.

17) Esau's Begegnung. — Ueberwinde auch du das Böse mit Gutem. Röm. 12, 21.

18) Josephs Träume, und Beneidung von seinen Brüdern. Kap. 37. — Alle, die gottselig leben wollen in Christo JEsu, müssen Verfolgung leiden. 2 Timoth. 3, 12.

19) Josephs Handel bei Potiphar. Kap. 39. — Was die Frommen thun, geräth wohl. Psalm 1, 3. Gottesfurcht bewahret vor Sünden.

20) Josephs Gefängniß und Erhöhung. Kap. 40 und 41. — Demüthiget euch unter die gewaltige Hand GOttes, daß er euch erhöhe zu seiner Zeit. 1 Petri 5, 6. — Bleibe fromm und halte dich recht; denn

solchen wirds zuletzt wohl gehen. Psalm 37, 37. — Euch die ihr aus GOttes Macht bewahret werdet zur Seligkeit — in welcher ihr euch freuen werdet, die ihr itzt — — traurig seyd in mancherlei Anfechtungen. 1 Petr. 1, 5. 6.

21) Josephs Handel mit seinen Brüdern. Kap. 42. — Die Weisheit stellet sich zum ersten anders mit dem Menschen, und macht ihm Angst und bange, und prüfet ihn, u. s. f. Sirach 4, 18. 19.

22) Jacobs Reise in Aegypten. Kap. 46.

23) Jacobs Segen, Tod und Begräbniß; auch Josephs Tod. Kap. 48—50.

24) Unterdrückung und Vermehrung der Kinder Israel. 2 B. Mose 1. — Wer Sünde thut, der ist der Sünden Knecht. Joh. 8, 34.

25) Mosis Geburt, Auferziehung und Flucht. Kap. 2. — Wir müßen lieber mit GOttes verachtetem Volk wollen Schmach leiden, als die zeitliche Ergözung der Sünden haben. Ebr. 11, 25.

26) Moses von GOtt berufen, die Kinder Israel aus Aegypten zu führen. Kap. 3. — Wann die Noth am größten ist, so ist GOttes Hülfe am nächsten. — Wann wir auch von dem höllischen Pharao gedrückt werden, müßen auch wir zu GOtt schreien, so will er uns erhören. (a)

(a)

(a) Ps. 91, 14—16. Er begehret mein, so will ich ihm aushelfen; er kennet meinen Namen, darum will ich ihn schützen. Er rufet mich an, so will ich ihn erhören: ich bin bei ihm in der Noth; ich will ihn heraus reißen, und zu Ehren bringen. Ich will ihn sättigen mit langem Leben, und will ihm zeigen mein Heil.

27) Israels große Bedrängniß in Aegypten. Kap. 5. — **Ach! daß die Hülfe aus Zion käme, und der HErr sein gefangenes Volk erlösete.** Ps. 14, 7. S. a. Joh. 8, 36.

28) Zehn schwere Plagen, womit die Aegypter gestraft wurden, ehe Pharao das Volk wollte ziehen laßen. Kap. 7—12. — 1) Wasser in Blut verwandelt. 2) Frösche. 3) Läuse. 4) Ungeziefer. 5) Pestilenz. 6) Geschwüre. 7) Hagel. 8) Häuschrecken. 9) Finsterniß. 10) Tödtung der Erstgeburt. — **Das menschliche Herz ist ein trotziges und verzagtes Ding.** Jer. 17, 9. Gehet es wohl, so kennet man den HErrn nicht; drücket aber GOttes Hand mit Elend, Noth und Krankheit, so bekennet man seine Sünden, thut große Versprechungen, und bittet die Frommen, die man sonst verachtet und verspottet, daß sie zu GOtt bitten möchten: ist aber die Plage wieder vom Halse, so ist man's bald wieder vergessen. — Bethe an GOttes Wundermacht in allen diesen Plagen, und den Reichthum seiner Geduld und Langmuth, womit er **die Gefäße des Zorns träget.** Röm. 9, 22.

29) Einsetzung des Osterlamms, und Auszug der Kinder Israel aus Aegypten. Kap. 12 und 13. — **Wir haben auch ein Osterlamm, welches ist Christus, für uns geopfert.** 1 Cor. 5, 7. — Um Theil an ihm zu haben, müßen wir ihn auf eine geistliche Weise essen und genießen (Joh. 6, 63.) nebst den bittern Salzen der Verläugnung, des Kreuzes und der Nachfolge. Matth. 16, 24. GOtt muß auch uns durch seinen Sohn ausführen aus Aegypten, d. i. aus der Knechtschaft der Sünden zur wahren Freiheit. Joh. 8, 36.

30) Pharao verfolgt die Kinder Israel, und ersauft mit allem seinem Heer im rothen Meer, nachdem die Kinder Israel trocknes Fußes hindurch gegangen waren. Kap. 14. — Wenn Satan merkt, daß es einer Seele Ernst wird, seinem Reich zu entfliehen, so pflegt er — — *)

*) Hie findet sich in der Handschrift des Verfassers eine Lücke, die man aber aus seinen Schriften hin und wieder ausfüllen kann, sonderlich mit einer Stelle aus seinen geistlichen Brosamen 2. Band, III. Theil, S. 187, welche folgender Maßen lautet: „Siehe, „wenn der Teufel merket, daß es einer Seele recht „angelegen ist, geradezu nach dem ewigen, himm„lischen Canaan zu wandeln: so kommt er auch mit „seinen Feindseligkeiten manchmal an den Tag, „und flößet der Seele, durch GOttes Zulaßung, „allerhand schreckliche Gedanken und Vorstellungen „ein; sucht sie durch mancherlei Anfechtungen müde „und matt zu machen, und das öfters durch allerlei „sündliche und lästerliche Gedanken. — Nun, Seele! „das laß dich auf deinem Pilgerwege nicht aufhalten. „Gehe mit der Sache ins Heiligthum, mache ein

„Ge-

„Gebetblein davon, und sprich in deinem Herzen „also: Das ist mir lieb, daß der Feind böse auf „mich wird, und zwar viel lieber, als wenn er noch „mein Freund wäre. Freue dich, daß du dergestalt „in mancherlei Anfechtung fällest, und sprich mit „David (Ps. 139.) in deinem Herzen: HErr, HErr! „siehe du in mein Herz hinein; ich hasse doch alle „deine Feinde mit vollkommenem Haß u. s. w."

31) Fortzug der Kinder Israel in der Wüste; sie haben kein Wasser; kommen gen Mara, da das bittre Wasser durch Mosen süß gemacht wird; und von dannen an einen lustigen Ort, Elim genannt. — Nachdem man in wahrer Buße der Welt und ihrem Unflat entflohen ist (2 Petr. 2, 20.), und so die Anfechtungen von außen sich eben nicht sonderlich mehr hervor thun; dann heben erst die innerlichen Versuchungen recht an, unter welchen insgemein die erste ist, daß man, anstatt des vorhin oft genossenen Trostes, lauter Kreuz und Dürre findet; welches anfänglich bitter schmäckt; hält man aber aus, so wirds einem recht süße. Ehe man es sich versiehet, wird in dieser Wüste ein liebliches Elim und Eden offenbar.

32) Sie werden mit Wachteln und Manna gespeiset. Kap. 16. — **Ein jeglicher wird versucht, wann er von seiner eigenen Lust gereizet wird.** Jacobi 1, 14. — **Laß dich nicht gelüsten.** Röm. 7, 7. — **Wer überwindet, dem will ich zu essen geben vom verborgnen Manna.** Offenb. 2, 17.

33) Sie werden aus dem Felsen getränkt.

Kap. 17. — Sie haben alle einerlei geistlichen Trank getrunken, denn sie tranken von dem geistlichen nachfolgenden Felsen; dieser Fels aber war Christus: aber an ihrer Vielen hatte GOtt keinen Gefallen = = = das ist uns zum Vorbilde geschehen, daß wir uns nicht gelüsten laßen des Bösen, gleichwie jene gelüstet hat. 1 Cor. 10, 4—6. Damit uns auch Gutes und Barmherzigkeit folge unser Leben lang. Psalm 23, 6.

34) Streit mit Amalek während des Gebeths Mosis. Kap. 17. — Wir haben nicht mit Fleisch und Blut zu kämpfen, sondern mit Fürsten und Gewaltigen, u. s. w. Deßwegen ziehet an die ganze Waffenrüstung GOttes, auf daß ihr widerstehen könnet an dem bösen Tage, u. s. w. bis: bethend zu aller Zeit, mit allem Gebeth und Flehen. Eph. 6, 12—18 *).

Drei=

*) Ein gläubiges Herz kann außerdem noch folgende tröstliche Betrachtung hiebei anstellen: „Was Moses hier dem, wider Amalek streitenden Israel war, das — und noch viel mehr — ist JEsus Christus, der ewige Hohepriester, seiner streitenden Kirche auf Erden, die er mit seiner Fürbitte bei dem Vater vertritt, — und was er seiner Gemeine ist, daß ist er auch einem jeden Gliede derselben insbesonder. Von Ihm dörfen wir nicht fürchten, daß ihm aus Schwachheit die Hände sinken, wie Mose, und daß seine Fürsprache aufhöre, so lange wir wider Amalek — d. i. wider die Sünde und den Teufel — streiten. — Auch sollen wir aus dieser merkwürdigen Begebenheit lernen, daß wir nicht aus eignen Kräften, sondern nur

Dreizehntes Kapitel.

Von der Haushaltung GOttes mit seiner Kirche unter dem Gesetz, oder unter dem alten Testamente — bis auf die Einführung ins Land Canaan.

1. Fr. Was hat sich ferner Merkwürdiges mit dem Volke Israel in der Wüste zugetragen?

A. Moses hielt ihnen, im Namen GOttes, dessen gütige Wege vor, die er sie geführet habe, und verheißt ihnen, wenn sie seiner Stimme gehorchen, und seinen Bund halten würden, so sollten sie vor allen Völkern sein Eigenthum seyn.

2. Fr. Warum nahm GOtt eben dieses Volk zu seinem Volke an?

A. Die Ursache ist droben schon berühret worden, nämlich: weil die Sünden, Gottlosigkeit und Bosheit der andern Völker so sehr groß waren; so ließ sie GOtt an ihre eigene Wege und ihren verkehrten Sinn über; hatte aber mit dem gläubigen Vater Abraham und seinem Samen einen Bund aufgerichtet,

 wel-

nur mit der, durch anhaltendes Gebeth zu erlangenden göttlichen Kraft mit Erfolg unsere geistlichen Feinde bestreiten können. Wir müßen nur bethend kämpfen, und kämpfend bethen. Anm. d. R.

welchen er jetzt mit den Kindern Israel erneuern wollte.

3. Fr. Worin bestand dieser Bund?

A. Darin, daß, wenn Israel GOtt dienen und ihm gehorchen würde, — GOtt sonderlich ihr GOtt und König seyn, sich ihnen offenbaren, und seinen Willen bekannt machen wollte. Auch im Aeußern wollte er sie beschützen und segnen; ihnen ein eignes Land (das Land Canaan) eingeben, damit sie abgesondert von andern Völkern leben, und also nicht durch derselben böse Gewohnheiten, Sünden und Abgötterei verführet werden möchten, wie in der ersten Welt geschah.

4. Fr. Nahmen die Kinder Israel solchen Bund auch an?

A. Ja, sie sagten: **Alles, was der HErr geredet hat, wollen wir thun.** 2 Mose 19, 8.

5. Fr. Was erfolgte nun weiter?

A. Nach einer zweitägigen Vorbereitung kam GOtt, und gab ihnen das Gesetz, und zwar erst die zehn Gebote. Siehe die Umstände davon Kap. 19 und 20.

6. Fr. Wozu verpflichteten sie diese zehn Worte?

A. 1) GOtt allein anzubethen; 2) keine Götzen zu haben; 3) GOttes Namen nicht zu mißbrauchen; 4) auf den siebenten Tag zu ruhen; 5) Vater und Mutter zu ehren; 6) ihrem Nächsten kein Uebel zuzufügen; 7) sich

vor

vor aller Unreinigkeit des Fleisches zu hüten; 8) nicht zu stehlen; 9) kein falsches Zeugniß zu geben wider ihren Nächsten; 10) nicht zu begehren das, was eines andern ist. — Und insgemein, das Böse zu laßen und das Gute zu thun.

7. Fr. Warum kam GOtt auf eine so fürchtbare und schreckliche Weise?

A. 1) Um dem Volk Israel, welches so hartnäckig und ungehorsam war, dadurch einen tiefen Eindruck von seiner hohen Majestät und Heiligkeit zu geben, damit sie dadurch eine Furcht bekommen möchten, diesen heiligen GOtt nicht zu beleidigen. — 2) Hat er dadurch wollen zu erkennen geben, daß die Versöhnung für die Sünde noch nicht wirklich geschehen sey; wenn aber der Auserwählte, der Messias, erscheinen würde, so sollte der, mit einem sanftmüthigen Geist, das Recht unter die Heiden bringen. Jes. 42, 1. u. f. Ebr. 12, 18. u. f.

8. Fr. Gab GOtt dem Volk Israel auch noch andere Gesetze?

A. Ja, nebst den bürgerlichen auch noch die Gesetze der Ceremonien; welche in sehr vielen äußerlichen Handlungen bestanden, die sie, in Ansehung ihres Gottesdienstes, in Acht nehmen mußten.

9. Fr. Zu welchem Ende hat GOtt diese Gesetze gegeben?

A. 1) Weil insgemein die Menschen so bös und

und so voll sündlicher, unmenschlicher und satanischer Lüste und Begierden waren, daß sie der Abgötterei, Dieberei, des Ehebruchs, Todschlags und anderer Laster fähig, standen; und daneben so hartes Herzens und so verstreuet auf das Sichtbare waren, daß sie die Regungen und Ueberzeugungen des Geistes GOttes in ihren Seelen nicht merkten: — so gab GOtt, nach seiner großen Weisheit und Güte, ihnen das Gesetz der Sitten, oder die zehn Gebote, um dadurch die bösen Neigungen der Menschen einzuzäumen oder gleichsam zu zügeln, daß sie nicht zum Ausbruch kommen, und sie sich dadurch nicht je länger je mehr von GOtt entfernen möchten; sondern daß sie, im Gegentheil 2), täglich möchten fähiger werden, (Matth. 13, 15.) die Wirkungen GOttes in sich zu bemerken; und daß in wahrer Bekehrung zu dem HErrn, die Decke des äußern Buchstabens, möchte von ihren Augen weggenommen (2 Cor. 3, 16.) und ihre Augen geöffnet werden (Ps. 119, 8.) einzusehen, daß das Gesetz geistlich sey. (Röm. 7, 14.)

10. Fr. Was ist das gesagt, daß das Gesetz geistlich sey?

A. Daß es mit seinen Ceremonien und Geboten, auch sonderlich und meistens auf einen geheimen und geistlichen Sinn und Verstand deutet.

11. Fr.

11. Fr. Kannst du mir in aller Kürze etwas von dem geistlichen Sinne der zehn Gebote anzeigen? *)

A. GOtt will von uns im ersten Gebot: daß wir nichts lieben sollen als ihn allein, und um seinetwillen; im zweiten: daß wir ja nicht meynen sollen, GOtt sey den Einbildungen und Gedanken gleich, die sich unsre blinde Vernunft und menschliches Urtheil von ihm machet. Im dritten: daß wir seinen Namen nicht sollen mißbrauchen, indem wir uns sein Volk und Kinder nennen, und doch deren Eigenschaften nicht in der That besitzen und ausdrücken; wie auch daß wir uns hüten sollen, unsern Eigenwillen, unsere böse Affecten, fleischliche Absichten und Wege, u. dgl. mit dem Vorwande des heiligen Namens Gottes fälschlich zu bedecken. Im vierten Gebote will er: daß wir von aller Arbeit — das ist, von allem Reden, Thun und Denken, so nach unserm Eigenwillen geschiehet, sollen ruhen, und GOtt in uns wirken laßen; im fünften: daß wir GOttes Geist und Wort, zu unserer Wiedergeburt gehorchen sollen. Joh. 3, 5. 6, 8. u. 1 Petri 1, 23. — Im sechsten Gebote: daß wir weder in uns, noch in andern GOttes Ebenbild, durch Sünde, böses Exempel, Verspottung

*) Es ist nöthig voraus zu erinnern, daß die Gebote hier nach der Eintheilung der Reformirten Kirche angeführt werden. A. d. R.

nung annehmen müßten. Und 3) wie sie, durch dessen Geist und Kraft, es nun mit ihrem alten Menschen machen müßten, dessen Glieder und Geschäffte, — das ist, ihren Eigenwillen, ihre sündlichen Lüste und Gemüthsbewegungen — sie auch tödten, und in dem Feuer der göttlichen Gerechtigkeit verbrennen laßen; das Auge, Hand und Fuß so sie ärgerte austreissen und abhauen a), und sich also GOtt nach allen Stücken übergeben, und ihren ganzen Geist, sammt Seele und Leib, ihm in unsträflichem Wesen aufopfern sollten. b)

a) Matth. 5, 29. 30. b) Röm. 12, 1.

14. Fr. Wozu diente dieser Ceremonien-Dienst noch mehr?

A. Daß die Gläubigen, durch das schwere Joch der Ceremonien gedrückt, desto mehr nach dem Messias verlangen möchten, der sie so wohl vom Joche der Sünden, als auch von dem Joche des Gesetzes befreien sollte c). Ps. 14, 7, Esa. 9, 4. Zachar. 9, 11, 12.

c) Röm. 8, 2. Denn das Gesetz des Geistes, der da lebendig machet in Christo JEsu, hat mich frei gemacht von dem Gesetze der Sünde und des Todes.

15. Fr. Hielten die Kinder Israel auch GOttes Bund und Gesetz?

A. Nein; denn da Moses vierzig Tage und Nächte auf dem Berge Sinai bei dem HErrn blieb, verfielen sie in eine schändliche Abgöt-

Abgötterei, indem sie sich ein gegossenes goldenes Kalb machten. Siehe die Umstände davon, 2 B. Mose 32.

16. Fr. Was erfolgte darauf?

A. GOtt befahl dem Moses hinabzusteigen. Dieser, da er des Volkes gräuliches Uebertreten merkt und siehet, wird von einem heiligen Eifer entzündet, und wirft — zum Zeichen des gebrochenen Bundes — die zwo steinernen Tafeln entzwei, auf welche GOtt das Gesetz geschrieben hatte.

17. Fr. Wodurch wird diese Abgötterei gestraft?

A. 1) Die Kinder Israel müßen den Staub des verbrannten Kalbes trinken, zum Zeichen des Fluchs, den sie sich aufgeladen hatten. 2) Werden drei tausend Mann deßwegen umgebracht. 3) GOtt weigert sich weiter mit ihnen zu ziehen; wird aber von Mose erbethen, u. s. w.

18. Fr. Wie ging es weiter mit dem Volke Israel?

A. Nachdem ihnen GOtt noch sehr viel Gesetze und Ceremonien vorgeschrieben, auch die Stiftshütte mit allem Zubehör aufs künstlichste hatte verfertigen laßen, zogen sie vom Berge Sinai, so wie die Wolken- und Feuersäule ihnen vorging.

19. Fr. Erzähle mir noch kürzlich die merkwürdigsten Begebenheiten mit dem Volke Israel in der Wüste, mit Beifügung der Lehr- und Nuzanwendungen für uns?

A. 1) Das Volk murret, weil es kein

 Fleisch

Fleisch zu essen bekommt; GOtt gibt ihm Wachteln, und straft es wegen seiner Lüsternheit. — **Das ist uns zum Vorbild geschehen, daß wir uns nicht gelüsten laßen des Bösen, gleichwie jene gelüstet hat.** 1 Cor. 10, 6.

2) Zwölf Kundschafter werden ausgesandt nach Kanaan, deren zehn, weil sie ungläubig sind, und dem Volke zum Aufstand Anlaß geben, sterben müßen. 4 B. Mose 14. — **Welchen schwur er anders, daß sie nicht zu seiner Ruhe kommen sollten, als den Ungläubigen? So laßet uns nun Fleiß thun, einzukommen zu dieser Ruhe, die dem Volke GOttes noch vorhanden ist, daß nicht jemand falle in eben dasselbe Exempel des Unglaubens.** Ebr. 3, 18. und Kap. 4, 11.

3) Aufruhr Korah, Dathan und Abiram, sammt zwei hundert fünfzig Männern, und deren schreckliche Strafe. K. 16. — **Schrecklich ist es, in die Hände des lebendigen GOttes zu fallen.** Ebr. 10, 31.

4) Aufstand der ganzen Gemeine, durch Tödtung von 14,700 Personen gestraft. Kap. 16. — **Irret nicht, GOtt läßt sich nicht spotten.** Gal. 6, 7.

5) Aarons Mandelstab grünet, blühet und trägt Frucht. Kap. 17. — **Wer in mir bleibt und ich in ihm, der bringet viele Früchte.** Joh. 15, 5.

6)

6) Das Volk murret wegen Mangel an Wasser, und wird aus einem Felsen getränkt. Kap. 20. — **Wen da dürstet, der komme zu mir, und trinke.** Joh. 7, 37.

7) Aaron stirbt. Kap. 20. — **Dieser aber, JEsus, bleibet ewiglich, und hat ein unvergängliches Priesterthum; daher er auch selig machen kann immerdar, die durch ihn zu GOtt kommen; er lebet immerdar, und bittet für sie.** Ebr. 7, 24. 25.

8) Das Volk murret, wird gestraft durch feurige Schlangen, und die vom Schlangenbiß Verwundeten genesen wieder, durch das Anschauen einer aufgerichteten ehernen Schlange. Kap. 21. — **Also mußte des Menschen Sohn erhöhet werden, auf daß alle, die an ihn glauben, nicht verloren werden, sondern das ewige Leben haben.** Joh. 3, 14. 15.

9) Streit und Ueberwindung der beiden Könige Sihon und Og. 5 B. Mose 2 u. 3. — **Wer überwindet, und hält meine Werke bis ans Ende, dem will ich Macht geben über die Heiden.** Offenb. 2, 26.

10) Bileam wird berufen, Israel zu fluchen, und von seiner Eselinn bestraft. 4 B. Mose 22. — **Es werden viele zu mir sagen an jenem Tage: HErr! HErr! haben wir nicht in deinem Namen geweissagt = = dann werde ich ihnen bekennen: Ich habe**

euch noch nie erkannt, weichet von mir ihr Uebelthäter. Matth. 7, 22. 23.

11) Bileam muß, anstatt des Fluchens, Israel segnen. Kap. 23 u. 24. — Sogar hält GOtt die Bosheit des menschlichen Herzens im Zaum.

12) Israel huret mit den Töchtern der Moabiten, und begeht Abgötterei: wird darüber gestraft, indem 24000 sterben. Kap. 25. — So tödtet nun eure Glieder, die auf Erden sind, Hurerei, Unreinigkeit, schändliche Brunst, böse Lust, und den Geiz, welcher ist Abgötterei. Col. 3, 5.

13) Das Volk wird gezählet, und alle waren nun todt, die aus Aegypten gezogen waren, ohne Josua und Caleb. Kap. 26. — Viele sind berufen, aber wenig auserwählt. Matth. 22, 14.

14) Sie überwinden die Midianiten. Kap. 31. — HErr! siehe deine, und unsere geistliche, Feinde toben; sie machen listige Anschläge wider dein Volk, und rathschlagen wider deine Verborgene, thue ihnen wie den Midianiten. Ps. 83, 3. 4. u. 10.

15) Drittehalb Stämme empfangen ihr Erbtheil diesseits des Jordans. Kap. 32. *)

16)

---

*) So wie sie aber dennoch mit ihren Brüdern jenseits des Jordans Ein Volk blieben, so wird auch das Volk des Eigenthums Christi durch die Trennung im Tode nicht geschieden. A. d. R.

16) Weil alle, die aus Aegypten gezogen, gestorben waren, so erneuert GOtt seinen Bund mit dem Volk im Gefilde Moab. 5 B. Mose 5, ff. *).

17) Moses segnet das Volk, und stirbt auf dem Berge Nebo, nachdem er das Land gesehen. Josua tritt an seine Stelle. Kap. 31 und 32. — **Was, Mose, dem Gesetz, unmöglich war, das that GOtt durch Christum, den wahren Josua.** Röm. 8, 3.

18) Das Volk gehet trocknes Fußes durch den Jordan in Kanaan. Josua Kap. 3 und 4. — **Ach, HErr! mache Bahn, mache Bahn, räume den Weg, hebe die Anstöße aus dem Wege deines Volks.** Esaia 57, 14.

19) Das Land Kanaan wird eingenommen. Kap. 7—12. — **Die Gerechten erben das Land, und bleiben ewiglich drinnen.** Ps. 37, 29.

20) Josua stirbt, nachdem er mit Israel

*) Alles was dem, aus Aegypten — d. i. aus Welt und Sünden ausgehenden, und nach dem himmlischen Kanaan reisenden Pilger noch von dem Aegyptischen Wesen anklebet, muß — nach dem Willen GOttes und in der Kraft und Gemeinschaft des Todes Christi — in der Wüste der Prüfungen und des Kreuzes sterben: denn Fleisch und Blut kann nicht das Reich GOttes erlangen. Aber dann macht GOtt mit der neuen Kreatur einen ewigen Bund, daß er ewiglich ihr GOtt seyn will, u. s. w. Baruch 2, 35.

Anm. d. Red.

den Bund in GOttes Namen erneuert hat, Kap. 24. — Siehe, ich, der wahre Josua, bin bei euch alle Tage, bis an der Welt Ende. Matth. 28, 20.

Vierzehntes Kapitel.

Fortsetzung der Haushaltung GOttes mit seiner Kirche unter dem Gesetz — bis auf Christum.

1. Fr. Wie machten es die Kinder Israel im Lande Kanaan?

A. So lange Josua, und die Aeltesten nach Josua lebten, welche alle die an dem Volk Israel gethanen Wunderwerke GOttes noch gesehen hatten, dienten sie dem HErrn; hernach aber fielen sie von GOtt ab, und dienten dem Baal und Astharoth.

2. Fr. Würden sie von dem HErrn deßwegen auch gestraft?

A. Freilich ja! GOtt wurde dermaßen dadurch erzürnet, daß er sie in ihrer Feinde Hände gab, und sie überall, wo sie hinaus wollten, Unglück finden ließ, (s. B. der Richt. 2.) Wann denn aber die Kinder Israel wieder zum HErrn schrieen, so erweckte er einen Richter, der sie erlösete; aber sie gehorchten durchgehends dem Richter auch nicht: und GOtt war mit dem Richter,

so

so lange er lebte; wann aber der Richter starb, so verderbten sie es wieder mehr, denn ihre Väter.

3. Fr. Muß dieß nicht auch uns zur Warnung dienen?

A. Freilich ja! weil wir ein eben so verderbtes, abweichendes Herz haben, das den HErrn bald vergisset, wann es ihm wohl gehet (Spr. Salom. 30, 9.). Züchtiget er uns durch Schmerzen, Krankheit, Armuth, Gefahr, oder auf einige andere Weise, um unserer Sünden willen, so rufet man zum HErrn (Jer. 2, 27.), und verspricht Besserung; es währet aber gemeinlich nicht lange, so verderben wir es wieder mehr, als vorhin.

Joh. 5, 14. Siehe zu, du bist gesund worden, sündige fort nicht mehr, daß dir nicht etwas Aergeres widerfahre.

4. Fr. Wie viel solcher Richter hat GOtt dem Volk Israel wohl gesandt?

A. Man lieset sonderlich von Vierzehnen, unter welchen der erste war Athniel, des Calebs Bruders Sohn; und der letzte, Samuel, der gottseligen Hanna Sohn, unter dessen Regierung das Volk einen König haben wollte, wie alle andere Heiden, den ihnen der HErr auch, nach ihrem eigenen Willen, gab, nämlich den Saul, welcher aber nachher um seines Ungehorsams willen von ihm verworfen ward. An seiner Statt erwählete GOtt David, den Sohn Isai — einen Mann

 nach

nach seinem Herzen — und ließ ihn durch Samuel zum König über Israel salben.

5. Fr. Trat David die Regierung alsbald nach seiner Salbung an?

A. Nein; er mußte noch vorher eine geraume Zeit im Elend, in Trübsalen und Verfolgungen von der Hand Sauls, herum wallen, bis endlich Saul, im Streite wider die Philister, jämmerlich umkam: da erst ward David zu Hebron König über Juda, und nach sieben Jahren und sechs Monaten auch König über Israel. In seiner vierzigjährigen Regierung war er überall glücklich wider die Feinde des HErrn; denn GOtt war mit ihm. Er ist ein rechtes Vorbild auf Christum, der aus seinem Samen entspringen sollte, wie auch aller wahren Christen gewesen. Zum Exempel.

I.

David war von geringen Aeltern und ein Hirt.

Auch Christus, der gute Hirt, war von geringen Aeltern geboren. Joh. 10.

Sehet an, meine Brüder, euren Beruf. Nicht viel Weise nach dem Fleisch, nicht viel Gewaltige, nicht viel Edle sind berufen. 1 Kor, 1,26.

II.

David hat durch viele Trübsale zu seinem Reiche gelangen müßen.

Mußte

Mußte nicht Christus auch leiden, und also zur Herrlichkeit eingehen? Luc. 24, 26.

Auch wir müßen durch viel Trübsal ins Himmelreich eingehen. Apost. Gesch. 14, 22.

III.

David hat in schlechten Kleidern und Waffen den Goliath überwunden.

Christus hat, in einer demüthigen Gestalt, den Satan überwunden.

Die Waffen unsrer Ritterschaft sind auch nicht fleischlich, sondern mächtig vor GOtt, u. s. w. 2 Kor. 10, 3—6.

IV.

Zu David versammelten sich alle Männer, die in Noth, Schulden und betrübtes Herzens waren, und er war ihr Oberster. 1 B. Sam. 22, 2.

Christus ruft: Kommet her zu mir alle, die ihr mühselig und beladen seyd. Matth. 11, 28. *)

*) Hier findet sich in des Verfassers Handschrift keine Application auf die Gläubigen; welche aber, unter andern, in folgenden Schriftstellen: Ebr. 11, 26. Kap. 13, 13. Röm. 12, 13. 15. Kap. 14, 1. u. 15, 1. Matth. 5, 10. 11. 1 Petr. 4, 14. enthalten ist. — Aber auch zu wahren, von GOtt, mit seinem Geist ausgerüsteten Lehrern und Unterhirten sammelt sich ge-

6. Fr. Wer bekam die Regierung, nachdem David gestorben war?

A. Sein Sohn Salomo, der eine friedsame Regierung hatte. Seines Gleichen an Herrlichkeit, Reichthum und Weisheit war nicht unter allen Königen auf Erden. Unter ihm und seiner Anordnung ist der Tempel zu Jerusalem gebauet worden, der, so wohl an Kunst als Kostbarkeit, ein rechtes Wunder der Welt mag genannt werden. Seine Theile waren: das Allerheiligste, worin es dunkel war, und wo sich die Lade des Bundes befand. Dieses Allerheiligste war durch einen dicken Vorhang abgesondert von dem Heiligen, wo der Altar, Leuchter, die Schaubrödte u. s. f. gefunden wurden; weiter der Vorhof der Priester, des Volks und der Heiden, da wiederum viele Kammern, Gänge und Keller waren.

Wir erinnern uns hiebei an den, welcher gesagt hat: **Hier ist mehr denn Salomo.** Matth. 12, 42.

Und an die Aussprüche seiner Apostel: **In Christo wohnet die Fülle der GOttheit.** Col. 2. 9. — **Wisset ihr nicht, daß ihr GOttes Tem-**

gemeiniglich ein Häuflein Seelen, die durch sie aufgeweckt, und zu JEsu Christo, dem Oberhirten, hingeführet werden. Hievon war der Verfasser selbst ein ausnehmendes Beispiel. Man überzeuge sich davon aus seiner Lebensbeschreibung, die dem 2ten Bande seiner geistlichen Briefe vorgedruckt ist.

Anm. d. Red.

Tempel seyd, und der Geist GOttes in euch wohnet? 1. Cor. 3, 16.

7. Fr. Wie ging es nach Salomons Tod in Israel?

A. Durch seines Sohns Rehabeams Versehen ward das Reich getrennet, und dem Jerobeam zehn Stämme davon unterworfen; Juda aber und Benjamin dem Rehabeam. Hiernächst richtete Jerobeam zu Dan und Bethel zwei Kälber auf *), und also einen eigenen Gottesdienst, und die besagten beiden Reiche blieben getrennt.

8. Fr. Wie viel sind in allem Könige über Israel, oder über die zehn Stämme gewesen?

A. Neunzehn: I. Jerobeam, durch welchen die Spaltung angerichtet ist. II. Nadab. III. Baesa. IV. Ella. V. Simri. VI. Amri. VII. Ahab und die gottlose Jesabel. VIII. Ahasia. IX. Joram. X. Jehu. XI. Joas. XII. Joahas. XIII. Jerobeam der Zweite. XIV. Zacharias. XV. Sallum. XVI. Manahen. XVII. Pekajah. XVIII. Pekah. XIX. Hoseas. Dieser war der letzte König in Israel, in dessen neunten Regierungsjahre die Israeliten

von

*) Da, nach der göttlichen Verordnung, (5 B. Mose 16, 16.) alle Mannspersonen in Israel dreimal im Jahr vor dem HErrn zu Jerusalem erscheinen mußten; so urtheilte Jerobeam, nach der schon damaligen Hof-Politik, daß, durch diesen Tempeldienst zu Jerusalem, seine Unterthanen ihm heut oder morgen abtrünnig werden könnten: er beugte also vor, und opferte den Dienst des wahren GOttes seinem schnöden Götzen- und Kälberdienste auf.

Anm. d. Red.

von Salmanasser nach Assyrien gefänglich weggeführet wurden, ungefähr ums Jahr der Welt 3229.

9. Fr. Wie viel Könige hat das Reich Juda, nach seiner Trennung vom Reich Israel, gehabt?

A. Zwanzig *): I. Rehabeam. II. Abia. III. Assa. IV. Josaphat, der den Gottesdienst und das Regiment wieder zu recht brachte. V. Joram. VI. Ahasia. VII. Athalia. VIII. Joas. IX. Amazia. X. Azarias oder Usias. XI. Jotham. XII. Ahas. XIII. Hiskias, ein frommer und gesegneter König. Er kriegete mit den Philistern, und mit Sanherib, dem Assyrer, in dessen Heer GOtt 185,000 Mann in Einer Nacht durch einen Engel erschlug. Er stellte den Gottesdienst wieder her, und zerstörete die Abgötterei. XIV. Manasses. XV. Ammon. XVI. Josias, der im Gottesdienst alles wieder zurecht brachte. XVII. Joahas. XVIII. Jojakim. XIX. Jechonias, wird gen Babel gefangen geführt. XX. Zedekias, unter welchem die Juden völlig nach Babel geführet sind, ungefähr im J. d. W. 3360.

10. Fr. Wie machten es die Israeliten unter der Regierung dieser Könige?

A. Insgemein thaten sie, was GOtt dem HErrn übel gefiel, so wohl in Juda als Israel; so

*) Nämlich mit der gottlosen Königinn Athalia, deren schreckliche Tyrannei der fromme und entschlossene Priester Jojada mit ihrem Leben ein Ende machte. S. 2. Kön. 11. A. d. R.

so daß Hurerei, Zauberei, Mord, Abgötterei und allerlei Uebel, unter Königen, Priestern, und unter dem gemeinen Volk im Schwange ging.

11. Fr. Waren aber nicht noch einige, selbst unter den Königen, die fromm waren?

A. Ja, wie schon berühret worden, noch einige wenige unter den Königen Juda; sonderlich Assa, Josaphat, Hiskias und Josias.

12. Fr. Waren nicht auch unter dem übrigen Volke noch einige Gottesfürchtige?

A. Ja. GOtt hatte allezeit noch die Seinigen hie und da übrig (a). Unter vielen andern kommen sonderlich zu bemerken vor die Propheten, die Kinder der Propheten, und die Rechabiten, unter welchen beiden letztern ohne Zweifel auch viele GOtt gefürchtet haben.

(a) Röm. 11, 4. Ich habe mir laßen überbleiben sieben tausend Mann, die nicht haben ihre Kniee gebeuget vor dem Baal *). Vergl. 1 Kön. 19, 18.

13. Fr.

*) Da diese Zahl in dem so tief durch Abgötterei herab gesunkenen Königreiche Israel übrig geblieben war; so darf man glauben, daß im Königreiche Juda sich eine nach Verhältniß größere Zahl wahrer GOttes-Verehrer fand. — Wie tröstlich, wenn es in einem Lande doch noch mehr Fromme gibt, als man vermuthen könnte: denn um ihrer willen bleibt dasselbe noch vor dem gänzlichen Verderben verschonet. S. 1 B. Mose 18.

A. d. R.

13. Fr. Welche waren Propheten?

A. Es waren Menschen, die mit dem Geiste GOttes erfüllet, und von ihm sonderlich erwecket wurden, dem Volke seine Sünden vor Augen zu stellen, und es zum rechten Gottesdienst anzumahnen, und davon zu unterrichten; auch weissageten sie vielmals von der Zukunft, von dem Leben, Leiden und der Herrlichkeit des Messias, und seines Volkes.

14. Fr. Was waren die Kinder der Propheten?

A. Es waren Kinder oder junge Leute, die viel mit den Propheten umgingen; ihr Leben und ihren Wandel sahen, ihren Reden zuhörten, und begierig waren, in ihren Lehren, die nichts anders als den Willen GOttes in sich hielten, unterwiesen, und zum rechten Verstande des göttlichen Wortes angeleitet zu werden. 2 B. d. Kön. 6, 1.

15. Fr. Welche waren die Rechabiten?

A. Es waren Nachkommen von Jethro, dem Schwiegervater Mosis, die nach dem Befehl ihres Vorfahren Jonadab, des Sohns Rechab (2 B. d. Kön. 10, 15.) eine ganz einfältige und mäßige Lebensart führten; so daß sie keinen Wein tranken, keine Häuser baueten, keinen Acker besäeten, keinen Weinberg pflanzten noch besaßen; sondern mit ihren Weibern, Söhnen und Töchtern nur in Hütten wohneten; nicht,

als

als wenn sie hierin den wahren Gottesdienst hätten stellen wollen, sondern denselben nur durch diese Mittel zu befördern; wie auch vornehmlich, sich dadurch zu erinnern, wie sie nur Fremdlinge wären auf Erden, und sie ein besseres Vaterland und Erbe, als Kanaan war, suchen müßten. S. Jer. 35, 1. u. f. Ebr. 11, 13.

16. Fr. Wie viel Propheten hat GOtt dem Volke Israel gesandt?

A. Von sechszehnen haben wir die Weissagungen noch besonders in der Bibel; wiewohl er ihnen auch noch viele andere, von Zeit zu Zeit, gesandt (2 B. d. Chron. Kap. 12, 16, 19, 20. u. a. m.), unter welche hauptsächlich mitzurechnen sind die zween großen Wunderpropheten Elias und Elisa, die unter der Regierung des Königes Ahab gelebt haben *).

17. Fr. Wie nahmen die Israeliten diese ihnen von GOtt gesandten Propheten auf?

A. Bisweilen gaben sie ihnen in ein und anderem Gehör; durchgehends aber wurden dieselben von ihnen verspottet, gehasset, verfolget, übel behandelt, und auch wohl gar getödtet.

*) Die Geschichten dieser zween Heiligen können den Kindern mit Nutzen erzählt, oder von ihnen selber nachgeschlagen werden, vom 1 B. d. Kön. Kap. 17. bis 2 B. d. Kön. 13, 20.

Anmerk. des Verfassers.

18. Fr. Wie erging es aber endlich diesem hartnäckigen Volke?

A. Da seine Sünden und Bosheiten, unangesehen aller Vermahnungen und Drohungen GOttes durch seine Knechte, die Propheten, immer zunahmen; so hat GOtt ihre Monarchie, Stadt und Tempel zerstören, und sie von ihren Feinden gefänglich wegführen laßen.

19. Fr. Um welche Zeit ist solches geschehen?

A. Nachdem sie ungefähr 857 Jahre im Lande Kanaan gewohnet, ward Juda, nebst seinem Könige Jechonia, von Nebucadnezar gefangen nach Babel geführt; und hernach, unter dem folgenden letzten Könige Zedekia, ward Jerusalem eingenommen, und der Tempel zerstört: die zehn Stämme aber, welche das Königreich Israel ausmachten, waren schon damals, vor mehr als hundert Jahren, durch Salmanasser, nach Assyrien, in die Gefangenschaft weggeführet worden.

20. Fr. Besserte sich aber das Volk nicht in seiner Gefangenschaft?

A. Nein; sondern es ward im Gegentheil durch die Verführung zur Abgötterei und andere Sünden, größten Theils noch täglich ärger, wie die Propheten klagen, Ezech. 20. u. f. Doch aber hatte GOtt noch einige übrig, als: Baruch, Mardochai, Esther, Esra, u. a. m. wie auch die Propheten, Esaias, Jeremias, Daniel, Ezechiel, welche das

Volk

Volk warneten, und sie zum Gebeth, zum heimlichen Gottesdienste, zur Lesung der H. Schrift, u. s. f. antrieben. Dan. 6, 10. 11. Kap. 9, 2. 3. Jerem. 29, 3. u. f. Ezechiel 8, 1. u. f.

21. Fr. Erzähle doch einige der merkwürdigsten Geschichten, die sich, während der Zeit dieser Gefangenschaft, in Ansehung des Volks zugetragen haben, und wie sie dem Bibelleser zu Nutz und Lehre dienen können.

A. 1) Nebucadnezars Traum und dessen Auslegung durch Daniel. Dan. Kap. 2.

Wem Weisheit mangelt, der bitte sie von GOtt. Jacobi 1, 5.

2) Der drei Gesellen Daniels Standhaftigkeit und Rettung im Feuerofen. Kap. 3.

Durch den Glauben haben sie des Feuers Kraft ausgelöscht. Ebr. 11, 34.

3) Nebucadnezars zweiter Traum, sammt Deutung und Erfüllung. Kap. 4.

4) Daniels Erlösung aus der Löwengrube, unter Dario. Kap. 6.

Durch den Glauben haben sie der Löwen Rachen verstopft. Ebr. 11, 33.

5) Begebenheit mit Mardochai und Esther. Siehe das Buch Esther.

*) Wirf dein Anliegen auf den HErrn; der wird dich versorgen, und wird den Ge-

 rechten

rechten nicht ewiglich in Unruhe laßen. Ps. 55, 23. (Zusatz der Red.)

6) Manassis Buße.

Ich begehre nicht den Tod des Sünders, sondern daß er sich bekehre und lebe. Ezech. 33, 11.

22. Fr. Wie lange sind die Kinder Israel in der Babilonischen Gefängniß geblieben?

A. Siebenzig Jahre, nach welcher Zeit sie vom Könige Cores oder Cyrus (nach der Weissagung des Propheten Esaia, Kap. 44. 45.) frei gelaßen wurden, und die Erlaubniß bekamen, den Tempel wieder zu erbauen. Doch ist der Bau noch unterschiedliche Male gehemmet worden, bis er endlich im sechsten Jahre des Königes Darius Nothus (gegen das Jahr der Welt 3533) unter der Direction Esra des Schriftgelehrten, Josua des Hohenpriesters, Serubabels des Fürsten, und Nehemia, des Königs Artastasa Schenken, vollendet und eingeweihet ward. Und also wurden der Tempel, die Stadt und die Republik wieder hergestellet.

23. Fr. Wie lange war es noch vor der Zukunft Christi, da die Juden erlöset wurden?

A. Noch siebenzig prophetische Jahrwochen, das ist: Vierhundert neunzig Jahre, von der Zeit an gerechnet, da der Befehl von Erbauung der Stadt ausging. Dan. 9, 24.

24. Fr. Unter welcher Art der Regierung sind die Juden, während dieser Zeit, gewesen?

A. Erstlich sind sie von Fürsten und Hohenpriestern regieret worden; hernach von den Maccabäern oder Hasmondern, welche Hohepriester und Fürsten zugleich waren; und endlich ward Herodes, ein Edomiter, ihr König, unter welchem unser Heiland JEsus Christus geboren ist.

25. Fr. Kannst du mir noch etwas mehr von dem Zustande und Verhalten der Juden, nach der Babilonischen Gefängniß, sagen?

A. Ihr Zustand, so wohl in- als auswendig, wurde täglich mehr und mehr elend und verderbt unter allen Ständen, sonderlich unter den Priestern, die von Zank, Tyrannei, von Geld- und Ehrgeiz ganz beherrschet wurden, ja endlich das Hohenpriesteramt in eine eitele, weltliche Herrschaft verkehrten, und sich dasselbe mit Geld, Mord, List und Betrug von den Tyrannen zuwege brachten, woraus durch das ganze Land nichts als Aergerniß und der tiefste Verfall in alle Bosheit erfolgte. Dieser Verfall und jämmerliche Zustand nahm täglich zu, und ward — wegen der Zerrüttung, welche durch so viele Secten, durch blutige Kriege, Mord und Tyrannei von auswärtigen Königen her und unter sich selbst entstand, — nur immer mehr verschlimmert.

26. Fr. Welche Anmerkungen hast du noch überhaupt über das, was nun von dem Volke Israel vorgestellt worden ist, zu machen?

A. 1) Hat man insgemein in den Wegen GOttes mit diesem Volk immerwährend Ursache, sich zu verwundern über seine Weisheit, Güte und Langmuth gegen sie.

2) Haben wir uns zu hüten, daß wir unsere Herzen gegen GOtt nicht verhärten, nicht undankbar sind gegen seine Wohlthaten, noch wider ihn murren, womit sich die Juden so oft versündigt haben (a).

3) Daß wir auch nicht an äußerlichen, gottesdienstlichen Pflichten, Taufe, Kirch- und Abendmahl-gehen, Lesen, Hören, Reden, u. s. w. hangen bleiben, in Meynung — wenn wir diese in der Christlichen Kirche angeordneten, an sich selbst gute und nützliche Dinge wahrnähmen, so dieneten wir GOtt, und wären seine Bundsgenossen und wahre Christen, wie es die Juden auch machten, und ihren Gottesdienst in das äußere gethane Werk setzten (b): sondern wir sollen ihm dienen von ganzem Herzen, im Geiste und in der Wahrheit, Joh. 4, 24. Und endlich

4) Daß wir alle diese Geschichten, Handlungen, Ceremonien, u. s. w. nicht als bloß äußerliche und nur einmal geschehene Dinge ansehen; sondern als Vorbilder der Wege GOttes über die Kirche Neuen Testaments, deren Zustand insgemein, und einer jeden gläu-

gläubigen Seele insbesonder. Denn, wie Israel, müßen wir noch (geistlicher Weise) aus Aegypten, durchs rothe Meer, durch die Wüste und den Jordan, von Sinai nach Jerusalem und Zion geführet werden. Ebr. 12, 18—24. Im Grunde unserer Seele muß GOtt ein Tempel und Heiligthum aufgebauet werden, worin er will wohnen, und wo wir ihn unaufhörlich als seine Priester anbethen (c), und ihm allerlei Opfer bringen müßen (d).

(a) Psalm 95, 7. 11. Heute, so ihr seine Stimme höret, so verstocket euer Herz nicht, wie zu Meriba geschah, wie zu Massa in der Wüste. Da mich eure Väter versuchten, fühleten und sahen mein Werk: daß ich vierzig Jahr Mühe hatte mit diesem Volke, und sprach: Es sind Leute, deren Herz immer den Irrweg will, und die meine Wege nicht lernen wollen; daß ich schwur in meinem Zorn: Sie sollen nicht zu meiner Ruhe kommen!

(b) Marc. 7, 6. Dieß Volk ehret mich mit den Lippen, aber ihr Herz ist ferne von mir. Vergl. Jesaia 29, 13. und Matth. 15, 8.

(c) Offenb. 1, 6. Und hat uns zu Königen und Priestern gemacht vor GOtt und seinem Vater; demselbigen sey Ehre und Gewalt, von Ewigkeit zu Ewigkeit. Amen.

(d) 1 Corinth. 3, 16. Wisset ihr nicht, daß ihr GOttes Tempel seyd, und der Geist GOttes in euch wohnet.

Ebr. 10, 19. 22. So wir denn nun haben, lieben Brüder! die Freudigkeit zum Eingang in das Heilige durch das Blut JEsu; so lasset uns hinzu gehen. (S. a. Kap. 6, 19.)

Offenb. 5, 8. Und da es das Buch nahm, da fielen die vier Thiere, und die vier und zwanzig Aeltesten vor das Lamm, und hatten ein jeglicher Harfen und goldene Schalen voll Rauchwerks, welches sind die Gebethe der Heiligen.

Röm. 12, 1. Ich ermahne euch, lieben Brüder, durch die Barmherzigkeit GOttes, daß ihr eure Leiber begebet zum Opfer, das da lebendig, heilig, und GOtt wohlgefällig sey, welches sey euer vernünftiger Gottesdienst. (S. auch droben Kap. 1. Fr. 16.)

Un=

Unparteiischer Abriß
Christlicher Grundwahrheiten.

Zweiter Theil.

Erstes Kapitel.

Von unserem Heilande JEsu Christo, und zwar insonderheit von seiner Menschwerdung und Geburt.

1. Fr. Zu welcher Zeit ist der Heiland JEsus Christus in diese Welt gekommen?

A. In der Fülle der Zeit (a), das ist 1) zu der Zeit, welche in GOttes Rathschlusse bestimmt, 2) von den Propheten geweissaget, oder vorher verkündiget, und welche auch 3) die bequemste und füglichste war.

(a) Gal. 4, 4. Da aber die Zeit erfüllet ward, sandte GOtt seinen Sohn, geboren von einem Weibe.

2. Fr. Warum war diese Zeit die bequemste Zeit?

A. Weil es die Zeit war, da 1) die Welt unter Juden und Heiden in der größesten

Finsterniß, Blindheit, Elenden und Sünden, wie versunken, lag; und 2) weil der Erlöser von den noch übrigen wenigen Gläubigen am heftigsten verlanget, und am sehnlichsten erwartet wurde (Luc. 2, 25. 38. Marci 15, 43.). 3) War es ungefähr vier Tausend Jahr nach Erschaffung der Welt, und also fast in der Mitte der Jahre dieses Weltlaufs.

3. Fr. Wo findet man die Dinge, die uns von Christo, von seiner Menschwerdung, Leben, Leiden und allem, was uns von ihm zu wissen nöthig ist, aufgezeichnet sind?

A. In dem Neuen Testamente: da finden wir alles das erfüllet, was im Alten Testamente von ihm geweissagt und vorgebildet worden ist.

4. Fr. Was kommt uns hauptsächlich von unserem Erlöser zu betrachten vor?

A. 1) Seine Menschwerdung und Geburt; 2) seine Person; 3) seine Namen und Aemter; 4) die beiden Stände seiner Erniedrigung und Erhöhung; und 5) die Güter und Früchte derselben *).

5. Fr. Welcher Person hat sich GOtt bedienen wollen, um uns durch dieselbige seinen Sohn, mit

*) Diese Stücke machen den eigentlichen Inhalt des Evangeliums — und folglich auch des Christlichen Lehrbegriffs aus. Sie sind der Grund unseres positiven Glaubens und aller unserer Pflichten.

Anm. d. Red.

mit unserer schwachen Natur bekleidet, zu schenken?

A. Einer Jungfrau, mit Namen Maria, eine sehr heilige Tochter aus dem Stamme Juda und dem Geschlechte Davids, die GOtt hiezu mit außerordentlich großer Heiligkeit, Demuth, Glauben, Unschuld, Reinigkeit, Liebe, Weisheit, Stärke und andern Tugenden ausgerüstet und bequem gemacht hatte. S. Luc. 1, 28. 38. u. f.

6. Fr. Was ging Merkwürdiges vor der Menschwerdung JEsu Christi her?

A. GOtt hatte es durch seine heilige Vorsehung gefügt, daß die Jungfrau Maria vertrauet war einem gleichfalls gottesfürchtigen Manne, Namens Joseph, aus dem Geschlechte Davids, welcher ein Zimmermann, und also in den Augen der Welt gering, in GOttes Augen aber hoch geachtet war (Matth. 1. Luca 1, 27.); ohne Zweifel darum, daß dadurch dieß Geheimniß vor den Augen der Vernunft und des Fleisches fein bedecket bleiben, und auch Joseph der Maria und des Kindes JEsu in ihren Nothdürftigkeiten pflegen möchte.

7. Fr. Was ging noch mehr Merkwürdiges vorher?

A. GOtt sandte seinen Engel Gabriel zu dem Priester Zacharias, da er im Tempel opferte, ihm zu verkündigen, daß sein frommes Weib, Elisabeth, welche unfruchtbar und betaget war, ihm einen Sohn gebären würde, den er Johannes nennen sollte; welcher, vom Mutterleibe an, mit dem Heiligen Geist würde erfüllet seyn, und vor dem Heilande hergehen im Geist und in der Kraft Eliä, und der viele von den Kindern Israel bekehren sollte zu dem HErrn ihrem GOtt. Luca 1, 5. u. f.

8. Fr. Was noch weiter?

A. Sechs Monate hernach sandte GOtt eben diesen Engel Gabriel gen Nazareth, zu der Jungfrau Maria, um ihr, nachdem er sie gegrüßet, bekannt zu machen, daß GOtt sie ersehen habe, eine Mutter des Messias zu seyn; daß zu dem Ende der Heilige Geist über sie kommen, und die Kraft des Höchsten sie überschatten würde, und daß der Name des Kindes, das aus ihr geboren werden würde, JEsus heißen sollte. Luca 1, 26. u. f.

9. Fr. Was sagte die Jungfrau Maria dazu?

A. Nachdem sie die Hand und den Willen GOttes in diesem Werk erkannt hatte, sprach sie: Siehe, ich bin des HErrn Magd; mir geschehe nach deinem Wort. Luc. 1, 38.

10. Fr. Worin bestehet die Menschwerdung des Sohnes GOttes?

A. Darin, daß der ewige Sohn GOttes, in dem Leibe der Jungfrau Maria, eine wahre Menschen-Natur angenommen, und mit sich vereiniget hat, in Einigkeit der Person.

Joh.

Joh. 1, 14. Und das Wort ward Fleisch, und wohnete unter uns.

1 Timoth. 3, 16. Und kündlich groß ist das gottselige Geheimniß: GOtt ist geoffenbaret im Fleisch. S. a. Ebr. 2, 14. und Esaia 7, 14.

11. Fr. Was wird noch weiter von der Jungfrau Maria erzählt?

A. Daß sie, nachdem der Engel von ihr geschieden war, aufgestanden, und nach der Elisabeth, ihrer Verwandtinn, gegangen sey; wie sie dorthin gekommen, und die Elisabeth gegrüßet habe, sey das Kindlein in dem Leibe der Elisabeth aufgehüpfet; worauf sie beide, mit dem Heiligen Geist erfüllet, angefangen haben zu weissagen, und GOtt zu verherrlichen, auch beide bei drei Monate beisammen geblieben seyen. S. Luck 1, 41—56.

12. Fr. So wurde dann auch GOttes Verheissung an der Elisabeth erfüllet?

A. Ja; denn, nachdem Maria von ihr gegangen, gebar sie einen Sohn. Als nun, wegen dessen Beschneidung, alle ihre Verwandten bei einander waren, und Zacharias kaum mit einer Schrift bekannt gemacht hatte, daß das Kind Johannes heissen sollte; so bekam er alsbald seine Sprache wieder, (deren er vorhin war beraubt worden, weil er nicht gleich dem Worte des Engels geglaubet hatte,) und lobte GOtt, und weissagete von dem Messia. Luck 1, 59—79.

13. Fr. Wo ist endlich der Messias geboren?

A. Zu Bethlehem, im Jüdischen Lande, nach der Weissagung und Verheißung GOttes, durch den Propheten Micha.

Micha 5, 1. Und du Bethlehem Ephrata, die du klein bist unter den Tausenden in Juda, aus dir soll mir der kommen, der in Israel HErr sey; welches Ausgang von Anfang und von Ewigkeit her gewesen ist.

14. Fr. Wie konnte solches geschehen, da doch Joseph und Maria zu Nazareth wohnten?

A. Es geschah durch eine sonderbare Schickung GOttes, indem der Kaiser Augustus zu der Zeit ein Gebot mußte ausgehen laßen, daß ein jeder in seiner Stadt sich aufschreiben laßen sollte; weßwegen Joseph und Maria, die vom Geschlechte Davids waren, auch mußten hinauf gehen gen Bethlehem, der Stadt Davids, worunter sie gehöreten. Als sie nun daselbst waren, kam ihre Zeit, daß sie gebären mußte. Luc. 2.

15. Fr. An was für einem Orte ward der Heiland zu Bethlehem geboren?

A. In einem Stalle, wovon wir die Geschichte und Umstände Luc. 2, 6—20. beschrieben finden.

16. Fr. Warum und zu welchem Ende ist der Heiland JEsus in diese Welt gekommen?

A. 1) „Daß er dem Menschen in seinem „Gehorsam und Leiden einen neuen und lebendigen Weg eröffnete ins verschlossene

„Hei-

„Heiligthum, oder in das Herz, die liebe
„und innersten Eingeweide des Vaters, daß
„dieselbe wiederum gegen ihn (den Menschen)
„offen stehen möchten (a). 2) Daß wir ein
„sichtbares Vorbild, Muster und Exemplar
„an ihm haben möchten, nach welchem wir
„müßen neu gebildet werden, und er uns
„also, in seinem leben und leiden, den Weg
„zeigte, und solchen als der erste Durchbre-
„cher selber bahnete, und uns vorginge (b).
„3) Daß er uns auch eben dazu die nöthigen
„Kräfte und den Geist erwerben möchte;
„und uns dergestalt wiederum mit GOtt, sei-
„nem Vater, versöhnete, und endlich wirk-
„lich mit ihm vereinigte, oder eins mit ihm
„machte" (c).

(a) Ebr. 10, 19—22. So wir denn nun haben, lieben Brüder, die Freudigkeit zum Eingang in das Heilige, durch das Blut JEsu, welchen er uns zubereitet hat zum neuen und lebendigen Wege, durch den Vorhang, das ist, durch sein Fleisch; — — so laßet uns hinzu gehen.

(b) Joh. 13, 15. Ein Beispiel habe ich euch gegeben, daß Ihr thut, wie Ich euch gethan habe. — 1 Petr. 2, 21. Denn dazu seyd ihr berufen; sintemal auch Christus gelitten hat für uns, und uns ein Vorbild gelaßen, daß ihr sollt nachfolgen seinen Fußstapfen.

(c) Joh. 11, 51. 52. JEsus sollte sterben für das Volk, — daß er die Kinder GOttes, die zerstreuet waren, zusammen brächte. Kap. 17, 22. 23. Ich habe ihnen gegeben die Herrlichkeit, die Du (o Vater!) mir gegeben hast, daß

sie

sie Eins seyen, gleichwie Wir Eins sind: Ich in ihnen, und Du in mir, auf daß sie vollkommen seyn in Eins.

17. Fr. So höre ich wohl, daß die Menschwerdung und Geburt des Sohnes GOttes ein wichtiges und großes Werk sey?

A. Freilich ja! kündlich groß ist dieses Geheimniß der Gottseligkeit, daß GOtt im Fleisch geoffenbaret ist (1 Tim. 3, 16.). Groß ist es 1) an sich selbst, daß GOtt Mensch geworden *), der Ewige in die Zeit gekommen; daß der Unsichtbare (Col. 1, 15. Kap. 2, 9.) gleichsam sichtbar und leiblich; der

*) Bei GOtt, dem höchst-vollkommenen, ewig-unwandelbaren und unveränderlichen Wesen, wenn er in seiner Einheit, und als Vater betrachtet wird, ist kein Wechsel noch Veränderung denkbar; denn er ist von aller Ewigkeit her und immer derselbige (Jac. 1, 17. Ebr. 1, 11. 12.): und in diesem Sinne kann man also nicht sagen: GOtt ist Mensch geworden. — Betrachten wir ihn aber, so wie er sich in seinem Worte geoffenbaret hat, — als dreieinig; so heißt es von der zweiten Person, dieser hochgelobten GOttheit und Dreieinheit: Im Anfang war das Wort, und das Wort war bei GOtt, und GOtt war das Wort. Dieses Wort ward Fleisch, und wohnete unter uns, und wir sahen seine Herrlichkeit, eine Herrlichkeit als des eingebornen Sohnes vom Vater, voller Gnade und Wahrheit (Joh. 1, 1 und 14.). So wie die Kinder Fleisch und Blut haben, ist Er es gleicher Maßen theilhaftig geworden (Ebr. 2, 14.). Er äußerte sich selbst, und nahm Knechts-Gestalt an, ward gleich wie ein anderer Mensch, und an Gebärden als ein Mensch erfunden (Phil. 2, 7.). — Dieses Wort, Christus, ist GOtt über alles, gelobet in Ewigkeit (Röm. 9, 5.). Ja, er ist der wahrhaftige GOtt, und das ewige

der Allmächtige und Allgenugsame, ein schwaches, dürftiges, armes Kindlein geworden ist, u. s. w. 2) Groß ist es auch in Ansehung seines Endzwecks; daß nämlich Er, als die ewige Weisheit und das Wort, und als der, so zu reden, natürliche Sohn, und das ausgedrückte Bild des unsichtbaren GOttes (Ebr. 1, 3.), dessen Bild wir in Adam verloren haben, gekommen ist, um uns ausgeartete Kinder und verdorbene Kreaturen wieder zu erneuern, nach dem Bilde deß, der uns geschaffen hat. Eph. 4, 24. Col. 3, 10.

18. Fr. Was siehest du noch weiter in der Menschwerdung des Sohnes GOttes?

A. 1) GOttes unbeschränkte Macht und Kraft, daß er den so gar weit abgeirreten, und so tief ins Elend, Verderben und Finsterniß gesunkenen Menschen wieder hat aufhelfen, und sie zurecht bringen können. 2) Seine unendliche Weisheit, daß er ein Mittel gewußt hat, ohne Kränkung seiner Heiligkeit, Gerechtigkeit und Herrlichkeit, den Gottlosen heilig, gerecht und herrlich zu machen. 3) Die unbegreifliche Liebe, Güte und Barmherzigkeit GOttes, daß er uns zuerst geliebet, da wir noch seine Feinde wa-

ewige Leben (1 Joh. 5, 20.). — In diesem Sinne kann man also, der Schriftlehre gemäß, sagen: GOtt ist Mensch geworden. — Da es aber ein so kündlich großes Geheimniß der Gottseligkeit ist: so grüble nicht, o Mensch, sondern bethe an!

A. d. R.

waren (Röm. 5, 10. Eph. 2, 2. 1 Joh. 4, 19.), und zwar also, daß er uns, als solchen, muthwillig von ihm ab- und hinaus gewandten und gewanderten Menschenkindern, durch seinen, in unser armes Fleisch und Blut verkleideten Sohn, hat nachgehen, uns zurück rufen, und wiederholen wollen.

Joh. 3, 16. Also hat GOtt die Welt geliebet, daß er seinen eingebornen Sohn gab, auf daß alle, die an ihn glauben, nicht verloren werden, sondern das ewige Leben haben. S. a. Eph. 3, 18. 19.

19. Fr. Was ist sonderlich unsere Pflicht, bei Betrachtung und Beschauung dieses großen Geheimnisses?

A. 1) Daß wir mit den Engeln (Ebr. 1, 6.), Hirten, Maria und Joseph, im Geiste vor diesem GOtt-Kinde niederfallen, demselben mit ihnen lobsingen, es bewundern, anbethen, verehren, und als unsern GOtt, Schöpfer, Erlöser, Meister und König annehmen, Ihm huldigen, und uns demselben mit Leib, Seele und Geist ganz aufopfern, da er sich uns ganz giebet. 2) Soll es uns vermögen, von seiner Krippe an, ihn zu beschauen, und auf ihn, als auf unser Muster und Vorbild, zu sehen (Ebr. 12, 2.), und von ihm (Matth. 11, 29.) zu lernen die Demuth; da er, ob er wohl in göttlicher Gestalt war, sich dennoch selbst ausgeleeret, und Knechtsgestalt an sich genommen

hat

bar (Philipp. 2, 5. u. f.); die Stille, da das ewige Wort stumm in der Krippe lieget; die Verläugnung des Reichthums, der Wohllust und Gemächlichkeit, da der große Schöpfer und HErr Himmels und der Erde, als das ärmste Bettelkind auf dem Stroh, in einem kalten Stall und einer harten Krippe darnieder lieget, da er doch wohl hätte können und ohne zu sündigen, mögen Freude haben im Himmel und auf Erden (Ebr. 12, 2.). Deßwegen ist es auch 3) unsere Pflicht, bei Betrachtung dieses Geheimnisses der Geburt Christi, daß wir GOtt herzlich anflehen, daß Christus auch in uns möge geboren werden, und eine Gestalt gewinnen (2 Cor. 13, 5. Gal. 4, 19. Eph. 3, 17.), damit wir also seiner göttlichen Natur theilhaftig werden mögen, so wie er unserer menschlichen theilhaftig worden ist. 2 Petri 1, 4. Ebräer 2, 14.

20. Fr. Wird nicht Christus gleich anfangs, bei der ersten Rührung, Ueberzeugung, Buße und Veränderung, in uns geboren?

A. Eigentlich nicht; sondern erst alsdann, wenn wir vorher 1) in der Buße und unter dem Gesetz *) einen recht lebendigen Eindruck, Gefühl und Erfahrung bekommen haben, von der Größe unserer Sünden, unseres Elen-

*) Siehe von diesem Stande unten Kap. 7. Fr. 21. 22. und Kap. 8. Fr. 1. 2.

Elendes und unserer tiefen Verdorbenheit (a), und von unserer gänzlichen Ohnmacht, uns selbst zu retten und zu helfen, völlig überzeugt sind. Wenn wir dann demnächst 2) durch das Gesetz, als einen strengen Zuchtmeister, gedrungen werden (b), mit innigstsehnlichem Glaubens-Verlangen, auszusehen, zu schreien und zu warten nach der Hülfe aus Zion (Psalm 14; 7.), zu unserer Erlösung, welche wir dann so unumgänglich nöthig erkennen: so ist alsdann die Zeit seiner Zukunft nahe. Vergl. oben Fr. 2.

(a) Röm. 5, 20. Das Gesetz aber ist neben eingekommen, auf daß die Sünde mächtiger würde. S. a. Kap. 7, 13.

(b) Gal. 3, 24. Also ist das Gesetz unser Zuchtmeister gewesen auf Christum. S. a. Kap. 4, 1—4.

Zweites Kapitel.

Von der Heiligen Person JEsu Christi, daß er ist der wahre Messias, GOtt und Mensch in Einer Person.

1. Fr. Ist denn unser JEsus von Nazareth sicherlich derjenige, der da kommen sollte; oder müßen wir noch eines andern warten?

A. Ganz gewiß ist er es allein; weil alle Vorbilder und Weissagungen von dem Messias in Ihm erfüllet sind.

2. Fr.

2. Fr. Benenne mir derselben einige?

A. 1) Der Messias sollte von einer Jungfrau geboren werden (Esa 7, 14.); dieses ist in JEsu erfüllet (Matth. 1, 23.). 2) Er sollte aus Bethlehem kommen, Er, dessen Ausgang von Anfang und von Ewigkeit ist (Micha 5, 1.); dieser ist JEsus, der von Ewigkeit vom Vater — und in der Zeit zu Bethlehem geboren ist (Luc. 2,). 3) Er sollte aus dem Stamme Juda (1 B. Mose 49, 8. u. f.), und zwar aus dem Geschlechte Davids seyn (Esa 11, 1. 10.); wie der HErr JEsus auch war (Ebr. 7, 14. Matth. 1, 1. Luc. 18, 38. 39.). 4) Er sollte kommen zur Zeit des zweiten Tempels (Mal. 3, 1.), welchen er mit seiner Gegenwart herrlich machen sollte (Hagg. 2), welches auch in Christo erfüllet ist. Luc. 2, 22.

3. Fr. Hast du noch mehrere Weissagungen vom Messias, die in JEsu erfüllet sind?

A. 5) Der Messias sollte kommen, von der Weissagung Daniels an, nach siebenzig Jahr-Wochen, das ist, nach vier hundert und neunzig Jahren (Dan. 9, 24.), welches eben die Zeit ist, da JEsus in die Welt kam. 6) Er sollte kommen, ehe noch der Zepter völlig von Juda gewichen, und der Gesetzgeber von seinem beständigen Ort (1 B. Mose 49, 10.); welches auch genau mit dem HErrn JEsu eingetroffen ist: weil ja der große Rath oder Sanhedrin zu seiner Zeit noch bestand. 7) Bald nach der Ausrottung des Messias sollte die Stadt und das Heiligthum zerstöret, und der Opferdienst abgeschaffet werden (Dan. 9, 27.), welches ebenfalls genau mit der Zeit unseres JEsu eingetroffen ist: da ungefähr 36 Jahr nach seinem Kreuztode, die Stadt Jerusalem und das Heiligthum jämmerlich zerstört worden ist, und das Opfer aufgehört hat. 8) Dem Schilo, oder dem Messias, sollten die Völker anhangen, und die Heiden zu ihm bekehret werden (1 B. Mose 49, 10. Esa 11, 10.); welches auch wiederum an unserem JEsu erfüllet ist. (Siehe auch Jer. 31, 15. Vergl. Matth. 2. und Zach. 9, 9. Vergl. Matth. 21. und Ps. 41, 10. Vergl. Joh. 13, 26. und Ps. 22, 17. 18. 19. Vergl. Luca 23, 23. 24. 25. u. Zach. 11, 12. Vergl. Matth. 26, 14. 15. u. s. w.)

4. Fr. Sollten aber eben diese Umstände und Weissagungen nicht auch noch künftighin in und mit einem andern können erfüllet werden?

A. Nein, solches ist durchaus unmöglich; denn die siebenzig Jahr-Wochen Daniels sind verlaufen; der Zepter ist schon über 1700 Jahre von Juda gewichen; der zweite Tempel, zu dem der Messias kommen mußte, ist zerstöret; nnd das rechte Bethlehem nicht mehr zu finden, noch der Stamm Juda oder das Geschlecht Davids mehr von den andern Stämmen und Geschlechtern zu unterscheiden, u. s. w.

5. Fr. Wodurch kann man am kräftigsten überzeuget, und unzweifelbar vergewissert werden, daß unser JEsus der wahre Messias sey?

A. Dadurch, wenn man gewahr wird und empfindet, daß er mit seiner innerlich, kräftig wirkenden Erlösungskraft, Gnade und Geist in uns kommt, uns wirklich erlöset von den Stricken und der Sclaverei des Satans, und daß er dessen Werke in uns zerstöret (a).

(a) 1 Joh. 3, 5. u. 8. Ihr wisset, daß er ist erschienen, auf daß er unsere Sünden wegnehme. — Wer Sünde thut, der ist vom Teufel; denn der Teufel sündiget von Anfang. Dazu ist erschienen der Sohn GOttes, daß er die Werke des Teufels zerstöre *).

6. Fr. Was ist der Messias und Mittler JEsus für einer?

A. Er ist ein wahrer und gerechter Mensch, und zugleich wahrer GOtt in Einer Person.

Röm. 9, 5. Welcher auch sind die Väter, aus welchen Christus herkommt nach dem Fleisch, der da ist GOtt über alles, gelobet in Ewigkeit.

7. Fr. Warum mußte er wahrer Mensch seyn?

A. 1) Weil der Mensch gesündigt hatte, so erfoderte es auch die Gerechtigkeit GOttes,

*) Beiläufig ist hier zu bemerken, daß man unter den Werken des Teufels eben nicht so sehr und allein das Wesen des Aberglaubens außer uns, als vielmehr die Sünde oder das Böse in uns verstehen müße. Der erste Theil des 8ten V. wird durch den zweiten Theil erkläret.

Anm. d. Red.

daß der Mensch bezahlen mußte (Röm. 5, 12. 15. 19.). 2) Mußte sich der Erlöser dem Gesetz unterwerfen können, in allem versucht werden, leiden und sterben, um also ein Söhnopfer (Ebr. 9, 15. 16. 22. und Kap. 2, 14. 15.) und barmherziger Hoherpriester zu seyn (eb. das. V. 17.). 3) Mußte er als ein Mensch, uns in allem gleich, dem Menschen darthun können, daß es, durch seine Gnade, möglich sey, ihm nachzufolgen.

8. Fr. Mußte er auch ein **gerechter Mensch** seyn?

A. Ja; einen solchen Hohenpriester mußten wir haben, der da wäre heilig, unschuldig, unbefleckt, von den Sündern abgesondert; dem nicht noth wäre für seine eigene Sünde zu opfern. Ebr. 7, 26. 27. S. a. Joh. 8, 46.

9. Fr. Warum mußte er **wahrer GOtt** seyn?

A. 1) Damit die unendliche Hoheit seiner Person — seinem Gehorsam und Versöhnung eine unendliche Würdigkeit und Verdienst zubringen möchte (a). 2) Daß er die Last des Zorns GOttes wider die Sünden des ganzen menschlichen Geschlechts, und das daraus entstehende schwere Leiden, ertragen könnte (b). 3) Daß er den Tod und die Hölle zu überwinden, und durch seine göttliche Gewalt, ihnen ihre Gewalt zu benehmen vermöchte (c). 4) Daß er im Stande wäre, seine Erlöseten zu bewahren und zu schützen wider alle Feinde,

und

und sie ihm, als ihrem GOtt, anhangen, danken und ihn ehren könnten, welches keiner Kreatur gebühret (d).

(a) Ap. Gesch. 20, 28. — Zu weiden die Gemeine GOttes, welche er durch sein eigenes Blut erworben hat. — Ebr. 9, 14. Wie viel mehr wird das Blut Christi, der sich selbst ohne allen Wandel durch den Heiligen Geist GOtt geopfert hat, unser Gewissen reinigen von den todten Werken, zu dienen dem lebendigen GOtt.

(b) Esaias 63. — Wer ist der — so einher tritt in seiner großen Kraft? Ich bin es, der Gerechtigkeit lehret, und ein Meister bin zu helfen. — Ich trete die Kelter allein, und ist niemand unter den Völkern mit mir. — Ich sah mich um, und da war kein Helfer; und ich war im Schrecken, und niemand enthielt mich: sondern mein Arm mußte mir helfen, u. s. w. — Joh. 10, 17. 18. Darum liebet mich mein Vater, daß ich mein Leben laße, auf daß ich es wieder nehme. Niemand nimmt es von mir, sondern Ich laße es von mir selber. Ich habe Macht es zu laßen, und habe Macht, es wieder zu nehmen.

(c) Ebr. 2, 14. — Daß er durch den Tod die Macht nähme dem, der des Todes Gewalt hatte, das ist, dem Teufel. — 2 Tim. 1, 10. JEsus Christus hat dem Tode die Macht genommen, und das Leben und ein unvergängliches Wesen an das Licht gebracht, durch das Evangelium. S. a. 1 Cor. 15, 54—57.

(d) Röm. 14, 9—11. Denn dazu ist Christus auch gestorben, und auferstanden, und wieder lebendig geworden, daß er über Todte und Lebendige HErr sey, u. s. w. — Phil. 2, 9—11.

Darum hat ihn GOtt auch erhöhet, und hat ihm einen Namen gegeben, der über alle Namen ist: daß in dem Namen JEsu sich beugen sollen alle derer Kniee, die im Himmel, und auf Erden, und unter der Erde sind; und alle Zungen bekennen sollen, daß JEsus Christus der HErr sey, zur Ehre GOttes des Vaters *). Offenb. 5, 13. Und alle Kreatur, die im Himmel ist, und auf Erden, und unter der Erde, und im Meer, und alles, was darinnen ist, hörete ich sagen zu dem, der auf dem Stuhl saß, und zu dem Lamme: Lob, und Ehre, und Preis und Gewalt von Ewigkeit zu Ewigkeit **)!

10. Fr. Ist nun unser Heiland JEsus auch ein **wahrer Mensch** gewesen?

A. Ja; weil die Kindlein Fleisch und Blut haben, ist er es gleichermaßen theilhaftig (Ebr. 2, 14.) und uns in allem gleich geworden (ebendas. Vers 17.). Er wird deßwegen genannt der Same Abrahams (1 B. Mose 22, 18.); die Wurzel Jesse (Röm. 15, 12. Ap. Gesch. 13, 23. Röm. 1, 3.); die Frucht des Leibes Mariä (Luc. 1,

35.

*) Welch ein tröstlich- und aufmunterndes Zeugniß für die treuen Verehrer und Nachfolger JEsu! — Aber wie wird es denn auch einst aussehen für seine Feinde, die ihn hier verkannten — herabwürdigten — sich seiner schämten, — und nicht wollten, daß Er über sie herrschte?! A. d. R.

**) Wenn es einmal dahin kommt, so wird es auf ewig entschieden seyn, daß dem Lamm GOttes, das hier die Sünden der Welt trug, mit dem Vater, Ehre und Anbethung von Ewigkeit zu Ewigkeit gebühre! A. d. R.

35. 42.); aus den Vätern nach dem Fleisch (Röm. 5, 9.); wie eben darum sein Geschlechtregister auch zweimal aufgeschrieben ist. Matth. 1. und Luca 3 *).

11. Fr. Woraus ist solches noch mehr zu erweisen?

A. Daraus, daß er dem Hunger (Matth. 4, 2. Kap. 21, 18.), dem Durst (Joh. 4, 7. Kap. 19, 28.), der Müdigkeit (Joh. 4, 6.), dem Schlaf (Matth. 8, 24.), und allen andern leiblichen Nothdürftigkeiten, in seinem Wandel hier auf Erden ist unterworfen gewesen; so wie er auch, der Seele nach, fähig gewesen ist der Traurigkeit (Matth. 26, 37. 38. Joh. 12, 27.), der Freude (Luca 10, 21. Joh. 11, 15.), der Angst (Luca 22, 44.), der Furcht (Marci 14, 33. 34.), des Mitleidens (Luca 19, 41. u. f.) und anderer menschlichen Gemüthsbewegungen (Joh. 11, 33. 35. 38. Marci 3, 5. u. f.), aber in vollkommener Unschuld und Heiligkeit.

12. Fr. Ist unser Heiland JEsus auch wahrer GOtt? **)

A. Ja freilich, mit dem Vater, und dem Hei-

*) Eine fromme und erleuchtete Seele sagt von diesen beiden Geschlechtregistern sehr schön: „Matthäus steige von dem Menschen hinauf bis zu Christo, und Lucas von Christo (dem Mittler) hinauf biß zu GOtt.“ — Uebrigens ist zu merken, daß die Worte Luc. 3, 23: „welcher war ein Sohn Eli“ so zu verstehen sind: welcher, nämlich JESUS, war ein Sohn Eli, des Vaters der Maria. A. d. R.

**) Wer nur noch einen Funken Glaubens, an das Aller-

Heiligen Geist, ist er GOtt über alles, gepriesen in Ewigkeit Röm. 9, 5. S. auch 1 Joh. 5, 20. Joh. 1, 1. u. f.

13. Fr. Beweise dieses kürzlich?

A. 1) Werden ihm, wie auch dem Vater, zugeschrieben göttliche Namen, als der Name Jehova (a); 2) göttliche Eigenschaften, als die Ewigkeit (b), die Allwissenheit (c), die Allmacht (d); 3) göttliche Werke, als die Erschaffung (e), die Erhaltung (f) und Erlösung (g); 4) göttliche Ehre, eben wie dem Vater selbst (h).

(a) Jer. 23, 6. Und dieß wird sein Name seyn, daß man ihn nennen wird: Jehova unsere Gerechtigkeit. S. a. Jes. 6. vergl. Joh. 12, 40. Jes. 40, 3. Matth. 3, 3. Jes. 44, 6.

(b) Jes. 9, 6. Man hat seinen Namen genennet: Vater der Ewigkeit. — Offenb. Joh. 1, 8. 11. 17. Ich bin das A und das O, der Anfang und das Ende, spricht der HErr, der da ist, und der da war, und der da kommt, der Allmächtige, u. s. w. S. a. Micha 5, 2. Ebr. 7, 3.

(c)

Allerglaubwürdigste, das Evangelium JEsu Christi, oder das Zeugniß GOttes von seinem Sohn im Neuen Testamente, hat, der muß auf allen Blättern desselben überzeugt werden, daß dieser nicht nur der erhabenste Mensch, sondern auch der wahrhaftige GOtt und das ewige Leben sey! — Mit diesem Glauben oder Nicht-Glauben steht oder fällt die ganze Christliche Religion, für welche, seit beinah 1800 Jahren, so viel tausend Märtyrer, und die Reformatoren unserer Kirche, Gut und Blut, Leben und Alles aufopferten.

Anm. d. Red.

(c) Joh. 21, 17. HErr, du weißest alle Dinge, du weißest, daß ich dich lieb habe. S. a. Kap. 2, 24. 25, Ebr. 4, 12.

(d) Joh. 5, 19. 21. Was der Sohn siehet den Vater thun, daß thut gleich auch der Sohn. — Wie der Vater die Todten auferwecket, und macht sie lebendig; also auch der Sohn macht lebendig, welche er will. — Phil. 3, 21. Er, der Heiland JEsus Christus, — wird unseren nichtigen Leib verklären, daß er ähnlich werde seinem verklärten Leibe, nach der Wirkung, womit er kann auch alle Dinge ihm unterthänig machen.

(e) Joh. 1, 3. Alle Dinge sind durch das Wort gemacht, und ohne dasselbige ist nichts gemacht, was gemacht ist. — Col. 1, 16. Denn durch ihn, den Sohn GOttes, ist alles geschaffen, das im Himmel und auf Erden ist, das Sichtbare und Unsichtbare, beide die Thronen und Herrschaften, und Fürstenthümer und Obrigkeiten; es ist alles durch ihn und zu ihm geschaffen. S. a. 1 Cor. 8, 6.

(f) Col. 1, 17. Es bestehet alles in Ihm. — Ebr. 1, 3. Er trägt alle Dinge mit seinem kräftigen Wort.

(g) Matth. 1, 21. Er wird sein Volk selig machen von ihren Sünden.

(h) Joh. 5, 23. Sie sollen alle den Sohn ehren, wie sie den Vater ehren. Wer den Sohn nicht ehret, der ehret den Vater nicht, der ihn gesandt hat. — Ebr. 1, 6. Es sollen ihn alle Engel GOttes anbethen. S. a. Phil. 2, 10. Off. Joh. 5, 13.

14. Fr. Ist die GOttheit und Menschheit in Christo auch genau vereinigt?

A. Ja; in Einigkeit der Person viel genauer, als eine Seele mit dem Leibe vereinigt seyn kann; so daß er ist Immanuel, der GOtt-Mensch, oder GOtt mit uns (Matth. 1, 23.): weßwegen alles Thun und Leiden seiner Menschheit eine unendliche Kraft, Gültigkeit und Würdigkeit von der GOttheit bekommen hat; so daß auch die Heil. Schrift, wegen dieses genauen Bandes zwischen der göttlichen und menschlichen Natur in Christo, sagt: **GOtt habe sich eine Gemeine mit seinem eigenen Blut erkauft.** Ap. Gesch. 20, 28.

15. Fr. Welchen Trost können Kinder GOttes daraus haben, daß ihr Erlöser ein wahrer Mensch ist?

A. Daß er 1) nun aus eigener Erfahrung weiß, welch ein Gemächte sie sind, und also Mitleiden mit ihren Schwachheiten haben kann, weil er auch selbst, in allen Stücken, versuchet ist, gleichwie sie, doch ohne Sünde (Ebr. 2, 17. Kap. 4, 15.). — 2) Daß er nun ihr Bruder und ihr Erlöser — also nicht ein Fremder, sondern ihr nächster Verwandter und Goel ist (Hiob 19, 25—27.); welcher demnach, Kraft der Liebe des Nächsten, verpflichtet ist, sie zu erlösen von allem Fluch, Sünde, Gefahr und Verdammniß.

16. Fr.

16. Fr. Welchen Trost haben Kinder GOttes daraus, daß er wahrer GOtt ist?

A. 1) Daß er, als ein Allwissender, alles ihr Anliegen kennet, und siehet, wo es ihnen, so wohl innerlich als äußerlich, fehlet. 2) Daß sie an ihm einen bleibenden Erlöser haben; nicht einen solchen, der etwa zu Zeiten abwesend sey, der ihnen nicht an allen Orten sollte helfen und sie retten können; sondern einen Erlöser, der allgegenwärtig und ihnen allezeit nahe ist; so daß sie ihm überall ihre Noth klagen, und ihr Herz vor ihm ausschütten können. 3) Daß er auch allmächtig ist, und darum das Werk ihrer Erlösung nicht darf stecken laßen; sondern welcher sie — unangesehen der Menge ihren Sünden und ihres erschrecklich tiefen Elendes und Verderbens, auch ungeachtet alles Gegenstandes und Gefahr, womit sie durch ihre mächtige Feinde, den Satan, die Welt und ihre eigene verderbte Art, umgeben sind — dennoch, durch seinen allmächtigen Arm, aus diesem allem erlösen, und durch seine GOttes-Macht zur Seligkeit bewahren kann (1 Petri 1, 5.); so daß Niemand sie aus seiner Hand reißen kann (Joh. 10, 28. 29.), noch er etwas verlieren wird von dem, das ihm der Vater gegeben hat (Joh. 6, 39.): denn, wenn dieser GOtt-Mensch mit uns ist, wer will dann wider uns seyn? Röm. 8, 31. u. f. 4) Daß, weil ihr Heiland lend GOtt ist, er darum auch ewig ist, und deßwegen seine Verheißungen, seine Treue, Gunst, Liebe und Gemeinschaft unveränderlich bleiben in Ewigkeit: nicht wie die Welt, die heute Freund aber morgen Feind ist, und in Noth und Tod ihre Freunde stecken läßet; nein! Christus ist und bleibt gestern, heute und auch in alle Ewigkeit derselbige. Ebr. 13, 8.

17. Fr. Was kann uns die genaue Vereinigung der göttlichen und menschlichen Natur abbilden, und vor Augen stellen?

A. Das innige Band der Vereinigung der Gläubigen mit Christo und unter einander, wodurch sie in Christo sind, und Christus in ihnen ist: gleichwie der Vater in Christo, und Christus in dem Vater ist; wodurch sie denn auch in Christo unter einander eins sind, wie Christus und der Vater eins sind.

Joh. 17, 21. 22. 23. Auf daß sie alle eines seyn, gleichwie du, Vater, in mir, und ich in dir, daß auch sie in uns eines seyn, auf daß die Welt glaube, du habest mich gesandt. Und ich habe ihnen die Herrlichkeit gegeben, die du mir gegeben hast, daß sie eines seyn, gleichwie wir eines sind. Ich in ihnen, und du in mir, auf daß sie vollkommen seyn in eines, und die Welt erkenne, daß du mich gesandt hast; und liebest sie, gleichwie du mich liebest. S. a. Kap. 14, 20.

18. Fr. So höre ich wohl, daß diese Vereinigung der Gläubigen mit Christo etwas Wesentliches sey?

A. Allerdings; und besteht dieselbe nicht in

selbst

selbst gemachten süßen Gedanken, oder eigenmächtiger Zueignung; sondern sie ist lauter Wahrheit und Wesen; so daß Christus, nachdem sie ihm durch wahren Glauben einverleibet sind, der Grund und das Leben ihres Lebens wird, und sie darum auch nur allein für ihn leben und sterben (Röm. 14, 7—9. Gal. 2, 20.), und alle ihre gute Gedanken, Begierden, Worte und Werke — alle ihre Heiligkeit und ganzes Christenthum allein aus Christo hervor fließen, wie er selber sagt: **Ich bin der Weinstock, ihr seyd die Reben. Wer in mir bleibet, und ich in ihm, der trägt viele Frucht; gleichwie die Rebe nicht kann von ihr selbst Frucht bringen, wenn sie nicht im Weinstock bleibet; also auch ihr nicht, wenn ihr nicht in mir bleibet.** Joh. 15, 6. 7.

Drittes Kapitel.

Von den Namen und Aemtern des Heilandes JEsu.

1. Fr. Welche Namen hat dieser theure Erlöser und Mittler?

A. Er heißt, sonderlich nach seiner Menschwerdung, JESUS CHRISTUS.

2. Fr. Aus welcher Sprache sind diese Namen?

A. JESUS ist ein Name der Ebräer

oder Juden, CHRISTUS aber der Griechen oder Heiden; anzudeuten, daß er ein Heiland sey, beides der Juden und der Griechen, und zwar der Juden zuerst, und dann auch der Heiden. Röm. 1, 16.

3. Fr. Was bedeutet der Name JESUS?

A. Ein Seligmacher, oder Jehova der Seligmacher, weil er sein Volk erlöset und selig macht von ihren Sünden (Matth. 2, 21.); ja, weil er der einige und vollkommene Seligmacher ist, außer welchem kein Heil, und auch kein anderer Name unter dem Himmel den Menschen gegeben ist, darin wir sollen selig werden. Ap. Gesch. 4, 12.

4. Fr. Wanneh ist dem Heilande dieser Name gegeben?

A. Am achten Tage (da er beschnitten wurde), nach dem Befehl GOttes durch den Engel Gabriel.

5. Fr. Woran mögen wir uns bei Erklärung dieses Namens, zu unserem Nutzen, erinnern?

A. Daß es uns nicht genug seyn müße, zu wissen, daß ein solcher JEsus oder Seligmacher sey; sondern, daß wir nicht ruhen müßen, bis wir wissen, daß er auch unser Seligmacher sey, der uns, und einen jeden unter uns insbesonder, auch wirklich von, und aus allen unsern Sünden erlöset habe.

6. Fr. Was heißt der Name CHRISTUS?

A. Ein Gesalbter; eben das, was der Name Meßias bedeutet.

7. Fr.

7. Fr. Was ist es gesagt, daß der Heiland Christus oder Gesalbter genannt wird?

A. Daß er das wahre Original und Gegenbild von allen Dingen und Personen sey, welche unter der Haushaltung des A. T. vorbildender Weise gesalbet wurden.

8. Fr. Welche Personen wurden damals gesalbt?

A. Könige, 1 B. Sam. 10, 1. Kap. 16, 12. 13.; Priester, 3 B. Mose 8, 2. 12. 30.; und Propheten, 1 B. d. Kön. 19, 15. 16.

9. Fr. Was versiegelte ihnen diese Salbung?

A. Daß sie von GOtt zu ihren Aemtern verordnet waren, und durch den H. Geist dazu sollten tüchtig gemacht werden.

10. Fr. Was bedeutet demnach die Salbung Christi?

A. Daß er von GOtt, seinem himmlischen Vater, von Ewigkeit her zum Könige, Priester und Propheten verordnet, durch den H. Geist dazu tüchtig gemacht, und dafür erkläret sey.

Esa. 61, 1. Der Geist des HErrn, HErrn, ist über mir, darum hat mich der HErr gesalbet. Er hat mich gesandt, den Elenden zu predigen, die zerbrochenen Herzen zu verbinden; zu predigen den Gefangenen eine Erledigung, den Gebundenen eine Oeffnung. S. a. Ps. 45, 8. Prov. 8, 23. Ps. 2, 6.

11. Fr. Was ist ein Prophet?

A. Einer, der aus Befehl GOttes, und

also von GOttes wegen, und durch GOttes Geist getrieben, zu den Menschen redet.

12. Fr. Worin erweiset demnach Christus sein prophetisches Amt?

A. Aeußerlich und insgemein darin: daß er uns Menschen den Weg zur Seligkeit, und den ganzen Rath und Willen GOttes gelehret und geoffenbaret hat; und zwar zuerst mündlich und in hoher Person selbst, hernach schriftlich im Evangelio; und nachher auch noch durch die Verkündigung seiner treuen Dienstknechte und Zeugen.

Joh. 1, 18. Niemand hat GOtt je gesehen, der eingeborne Sohn, der in des Vaters Schooß ist, der hat es uns verkündiget.

Joh. 17, 6. Ich habe deinen Namen geoffenbaret den Menschen, die du mir von der Welt gegeben hast.

5 B. Mose 18, 15. Einen Propheten, wie mich, wird der HErr, dein GOtt, dir erwecken, aus dir und aus deinen Brüdern: dem sollt ihr gehorchen. S. a. Ebr. 1, 1.

13. Fr. Verwaltet der liebe Heiland nicht auch noch jetzt, auf eine andere Weise, dieß sein prophetisches Amt?

A. Ja freilich; und zwar innerlich und insbesonder, wenn er uns durch seinen züchtigenden und überzeugenden Geist, in unseren Herzen abmahnet vom Bösen, und anweiset zum Guten (a); und dann ferner erleuchtet (b), und GOttes Geheimnisse, Rath und

Willen

Willen den Gläubigen innerlich offenbaret, und sie davon belehrt auf eine lebendige, kräftige und gesalbte Weise (c).

(a) Tit. 2, 11. 12. Denn es ist erschienen die heilsame Gnade GOttes allen Menschen; und züchtiget uns, daß wir sollen verläugnen das ungöttliche Wesen, und die weltlichen Lüste, und züchtig, gerecht und gottselig leben in dieser Welt.

(b) Eph. 1, 17—19. Der GOtt unseres HErrn JEsu Christi, der Vater der Herrlichkeit, gebe euch den Geist der Weisheit und der Offenbarung, zu seiner selbst Erkenntniß; und erleuchtete Augen eures Verständnisses, daß ihr erkennen möget, welche da sey die Hoffnung eures Berufs, und welcher da sey der Reichthum seines herrlichen Erbes an seinen Heiligen; und welche da sey die überschwängliche Größe seiner Kraft an uns, die wir glauben, nach der Wirkung seiner mächtigen Stärke.

(c) Eph. 4, 20. 21. Ihr aber habt Christum nicht also (wie es von denjenigen heißt, die in den vorher gehenden Versen beschrieben worden,) gelernet; die ihr in ihm gelehret seyd, wie in JEsu ein rechtschaffenes Wesen ist.

14. Fr. Was muß uns diese Vorstellung des prophetischen Amts Christi lehren?

A. Daß wir in Verläugnung aller unserer eigenen Kunst, Weisheit und Willen, wie unmündige, lernbegierige Kinder, mit Maria uns zu seinen Füßen, in Demuth, Stille und Einfalt; niedersetzen, diesem mächtigen Propheten, nach dem Befehl Mosis (a) und

GOttes selbst (b), inwendig in unseren Herzen zuzuhören (c), von ihm erleuchtet, gelehret, und in alle Wahrheit geleitet zu werden (d).

(a) 5 B. Mose 18, 19. Und wer meine Worte nicht hören wird, die er in meinem Namen reden wird, von dem will ichs fodern.

(b) Matth. 17, 5. . . . Und siehe, eine Stimme aus der Wolke sprach: Dieß ist mein lieber Sohn, an welchem ich Wohlgefallen habe, den sollt ihr hören.

(c) Psalm 85, 9. Ach, daß ich hören sollte, daß GOtt der HErr redete; daß Er Friede zusagte seinem Volk, und seinen Heiligen, auf daß sie nicht auf eine Thorheit gerathen.

(d) Matth. 11, 25—27. . . . . Ich preise dich, Vater und HErr Himmels und der Erde, daß du solches den Weisen und Klugen verborgen hast, und hast es den Unmündigen geoffenbaret. Ja, Vater, denn es ist also wohlgefällig gewesen vor dir. Alle Dinge sind mir übergeben von meinem Vater. Und niemand kennet den Sohn, denn nur der Vater; und niemand kennet den Vater, denn nur der Sohn, und wem es der Sohn will offenbaren.

15. Fr. Was war das Werk der Priester unter dem alten Testamente?

A. 1) Zu opfern; 2) für das Volk zu bitten, und 3) das Volk zu segnen. 5 B. Mose 21, 5.

16. Fr. Hat Christus dieß auch verrichtet?

A. Ja, und zwar 1) insgemein, indem

er

er sich selbst, durch den ewigen Geist, GOtte aufgeopfert hat (Ebr. 9, 14.), und dadurch eine Versöhnung geworden ist für unsere und der ganzen Welt Sünde (1 Joh. 2, 12.); 2) da er, nach seinem Sterben, auch auferwecket, und gesessen ist zur Rechten GOttes, und uns daselbst vertritt (Röm. 8, 34. Joh. 17, 9.); auch 3) in ihm und durch ihn, als den wahren Samen Abrahams, alle Völker der Erde gesegnet worden, 1 B. Mose 22, 18.

17. Fr. Wie führt Christus sein priesterliches Amt inwendig und insbesonder in den Herzen der Gläubigen?

A. 1) Dadurch, daß dieselben durch das Blut Christi besprenget, und ihre Gewissen gereinigt werden von den todten Werken, zu dienen dem lebendigen GOtt (Ebr. 9, 14. Kap. 10, 22.); 2) indem er ihre, der Heiligen Gebethe vor GOtt bringet (Off. Joh. 8, 3. 4.), und sie die Kraft und den Nachdruck seiner Fürbitte in ihren Herzen empfinden läßt (Hiob 33, 23. 24.), so, daß sie wissen können, daß er für sie, als die ihm vom Vater gegeben sind, bitte (Joh. 17, 9. 11. 13. 15. 17. 20. u. f.), und für sie erwerbe alles, was ihnen zum Leben und göttlichen Wandel dienet (2 Petr. 1, 3.); 3) indem sie wirklich und insonderheit durch ihn gesegnet werden mit allem geistlichen Segen, in himmlischen Gütern, Eph. 1, 3.

18. Fr. Was lehret dich die Betrachtung des priesterlichen Amts Christi?

A. 1) Daß, wenn mich die Last meiner Sündenschulden drückt, und GOttes Zorn darüber im Gewissen rege wird, ich dann in wahrem Glauben zu ihm, als dem Versöhner und Gnadenthron, meine Zuflucht nehme (a); und 2) wenn ich aus Unwissenheit, Schwachheit und Uebereilung sündige, ich dann nicht zu sehr in Kleinmüthigkeit niedersinke, und liegen bleibe, sondern denke, daß wir einen Fürsprecher haben bei dem Vater, 1 Joh. 2, 1.

(a) Ebr. 4, 16. Darum laßet uns hinzu treten mit Freudigkeit zu dem Gnadenstuhl: auf daß wir Barmherzigkeit empfahen, und Gnade finden, auf die Zeit, wann uns Hülfe noth seyn wird.

19. Fr. Welches ist das dritte Amt, wozu Christus gesalbet ist?

A. Das königliche.

20. Fr. Ist denn Christus wahrlich ein König?

A. Ja, dazu hat ihn GOtt gesalbet, und verordnet von Ewigkeit (Psalm 2. Spr. Sal. 8, 23.), dazu ist er geboren (Joh. 18. 37.), ja, dazu ist er gestorben und auferstanden, daß er über Todte und Lebendige HErr und König sey (Röm. 14, 9.), und als ein solcher sitzet er jetzt zur Rechten seines Vaters, in höchster Glorie und Majestät, über alle Fürstenthümer, Gewalt,

Macht, Herrschaft, und alles was genannt mag werden, nicht allein in dieser Welt, sondern auch in der zukünftigen, und sind ihm alle Dinge vom Vater unter seine Füße gethan u. s. w. (Eph. 1, 21. 22.); sonderlich wird er 2) am Ende der Tage als ein König der Könige, und HErr aller HErren hervor treten, die Heiden mit dem Schwert seines Mundes zu schlagen (Off. Joh. 19, 11. 15. 16.): da dann alle Könige ihn werden anbethen, und alle Heiden ihm dienen, und wo er herrschen wird von einem Meer bis ans andere (Psalm 72, ganz); und so wird alsdann erfüllet werden, was geschrieben steht Offenb. Joh. 11, 15.: **Es sind die Reiche der Welt unsers HErrn, und seines Gesalbten oder Christus geworden, und er wird als König regieren in die Ewigkeit der Ewigkeiten, ja Amen.**

21. Fr. Wie führet aber Christus dieß sein königliches Amt innerlich und insbesonder aus?

A. Nachdem er in uns seine Feinde, nämlich alle Widerspenstigkeit des Herzens gegen Ihn und sein sanftes Gesetz und Joch, durch seine Gnade überwunden, und zu dem Schemel seiner Füße niedergelegt hat; so ziehet er dann, als der König der Ehren, in unsere Herzen ein (Psalm 24, 7. 8. f.), und richtet in denselben seinen königlichen Thronsitz auf; schreibet uns Gesetze vor, beherrschet und beschützet uns, und wir dienen ihm, als ein freiwilliges Volk, im Glaubens- und Liebes-Gehorsam (Ps. 110, 3. Luca 1, 74. 75.), und sind also dann versetzet aus dem Reich der Finsterniß in das Reich des Lichts und der Liebe JEsu Christi. Col. 1, 13. 1 Petri 2, 9.

22. Fr. Was sind wir demnach dem HErrn Christo, als König, schuldig?

A. Uns, als sein freiwilliges Volk, ihm zu unterwerfen (Psalm 110 ganz), und ihm zu huldigen (a), unter seiner Fahne, wider seine Feinde in uns zu streiten; seinen Gesetzen und Befehlen zu gehorchen (Luca 6, 46.), und immer dahin zu trachten, daß sein Königreich in uns und außer uns erweitert werde.

(a) Psalm 2, 12. Küsset den Sohn, daß er nicht zürne, und ihr umkommet auf dem Wege; denn sein Zorn wird bald anbrennen: aber wohl allen, die auf ihn trauen.

23. Fr. Wie werden aber die Gläubigen im neuen Testamente nach ihrem Heilande Christo, und nach dessen Namen genannt?

A. Christen; welchen Namen sie zuerst zu Antiochia empfangen haben (Ap. Gesch. 11, 26.); vorhin hießen sie Jünger des HErrn.

24. Fr. Was will das sagen: ein Christ seyn?

A. 1) Daß man solche Beziehung auf Christum habe, daß man mit Recht nach seinem Namen genannt werden möge. 2) Daß man ein

ein Gesalbter, das ist, ein solcher sey, welcher der Salbung Christi mit theilhaftig geworden ist.

1 Joh. 2, 20. Ihr habt die Salbung von dem, der heilig ist, und wisset alles.

25. Fr. Welche Beziehung müßen wir auf Christum haben, um mit Recht nach seinem Namen genannt zu werden?

A. 1) Müßen wir seine **Jünger**, und, als solche, von ihm gelehret seyn und werden (a); seine **Diener**, und ihn ehren (b); 3) seine **Kriegsknechte**, und unter seiner Fahne streiten wider seine Feinde: den Satan, die Welt und unsere eigene Verdorbenheit (c); 4) seine **Kinder**, und ihm aus Liebe gehorchen (d); 5) seine **Braut**, und mit ihm verlobet, vermählet, und auf die genaueste und innigste Weise mit ihm vereiniget, und eines seyn (e).

(a) Jes. 54, 13. Alle deine Kinder gelehret vom HErrn, und großen Frieden deinen Kindern! Joh. 6, 45. Sie werden alle von GOtt gelehret seyn.

(b) Jes. 44, 5. Dieser wird sagen: Ich bin des HErrn, und jener wird genannt werden mit dem Namen Jacob; und dieser wird sich mit seiner Hand dem HErrn zuschreiben, und wird mit dem Namen Israel genannt werden. — Ap. Gesch. 27, 23. Diese Nacht ist bei mir gestanden der Engel GOttes, deß ich bin, und dem ich diene.

(c) 2 Tim. 2, 3. 4. Leide dich, als ein guter

Streiter JEsu Christi. Kein Kriegsmann flicht sich in Händel der Nahrung, auf daß er gefalle dem, der ihn angenommen hat.

(d) Jes. 43, 6. Bringe meine Söhne von ferne her, und meine Töchter von der Welt Ende.

(e) Hos. 2, 19. 20. Ich will mich mit dir verloben in Ewigkeit; ich will mich mit dir vertrauen in Gerechtigkeit und Gericht, in Gnade und Barmherzigkeit; ja im Glauben will ich mich mit dir verloben; und du wirst den HErrn erkennen. — 1 Cor. 6, 17. Wer aber dem HErrn anhanget, der ist Ein Geist mit ihm.

26. Fr. Was hat es wohl auf sich, daß die Gläubigen Gesalbte, und der Salbung Christi theilhaftig sind?

A. Daß sie, nach ihrem Maße, auch verordnet, und durch den Heiligen Geist tüchtig gemacht sind, zu eben denselben Aemtern, wie auch Christus, ihr Haupt: nämlich zu Propheten, Priestern und Königen.

Offenb. 1, 6. Er hat uns zu Königen und Priestern gemacht vor GOtt und seinem Vater. S. a. Kap. 5, 10. 1 Petr. 2, 5. 9.

27. Fr. Worin bestehet ihr prophetisches Amt?

A. Darin, daß sie durch die Salbung von GOtt selbst gelehret werden in allen Dingen (a), folglich auch tüchtig sind, ein jeder nach seinem Maß und Gabe, auch andern den Rath und Willen GOttes bekannt zu machen, und dessen Tugenden zu verkündigen (b).

(a)

(a) 1 Joh. 2, 20. 27. Ihr habt die Salbung von dem, der heilig ist, und wisset alles. Und die Salbung, die ihr von ihm empfangen habt, bleibt bei euch; und dürfet nicht, daß euch jemand lehre: sondern wie euch die Salbung allerlei lehret, so ist es wahr, und ist keine Lüge; und wie sie euch gelehret hat, so bleibet bei demselbigen.

(b) 1 Petr. 2, 9. Ihr seyd das auserwählte Geschlecht, das königliche Priesterthum, das heilige Volk, das Volk des Eigenthums, daß ihr verkündigen sollt die Tugenden deß, der euch berufen hat von der Finsterniß zu seinem wunderbaren Licht. S. a. Jes. 43, 21.

28. Fr. Worin bestehet der wahren Christen priesterliches Amt?

A. Darin, 1) daß sie zu GOtt ins Heiligthum (a), inwendig in ihren Herzen mit Freimüthigkeit, hinzu treten dürfen, und auch aufopfern Gebether und Danksagung (b); ihren alten Menschen und sich selbst ganz, mit Geist, Seele und Leib, und alles, was sie sind und haben, GOtt zum wohlgefälligen Opfer (c). 2) Darin, daß sie Bitte, Gebeth, Fürbitte und Danksagung thun für alle Menschen, 1 Tim. 2, 1. 3) Darin, daß sie auch allen Menschen von Herzen Gutes wünschen, und selbst diejenigen segnen, die sie verfolgen, schelten und ihnen fluchen. Luca 6, 28. Röm. 12, 14.

(a) Ebr. 6, 19. Welche (Hoffnung) wir haben, als einen sichern und festen Anker unserer Seele, der auch hinein geht in das Inwendige des

Vor=

Vorhangs. — Kap. 10, 19. Wir haben die Freudigkeit zum Eingang in das Heilige, durch das Blut JEsu.

(b) Offenb. 5, 8. Sie hatten ein jeglicher Harfen und goldene Schalen voll Rauchwerks, welches sind die Gebethe der Heiligen.

(c) Röm. 12, 1. Ich ermahne euch, lieben Brüder, durch die Barmherzigkeit GOttes, daß ihr eure Leiber begebet zum Opfer, das da lebendig, heilig und GOtt wohlgefällig sey, welches sey euer vernünftiger Gottesdienst.

29. Fr. Warum werden sie Könige genannt?

A. 1) Wegen ihres edelmüthigen und königlichen Geistes, in und durch welchen sie bestreiten und beherrschen Satan, Welt, Sünde, und sich selbst. Und dann werden sie 2) auch noch einmal mit Christo als Könige regieren auf Erden. Offenb. 5, 10. Kap. 20, 6.

30. Fr. Gehöret so viel dazu, um mit Recht ein Christ, das ist, ein Gesalbter, genannt zu werden: so sind auch die wohl nicht alle Christen, die heut, zu Tage also genannt werden?

A. Keineswegs; sondern die meisten von den so genannten Christen tragen den Namen mit Unrecht, indem sie im Grunde nur getaufte Heiden sind.

31. Fr. Was hast du bei dieser Betrachtung noch hauptsächlich zu beobachten?

A. Mich genau zu erforschen, ob ich das auch in mir finde, was der Name eines Chri-

Christen in sich hat, damit ich mich desselben nicht vergeblich rühme, noch mich gegen denjenigen ungeziemend betrage, nach welchem ich genannt werde.

Viertes Kapitel.

Von den Ständen des HErrn JEsu insgemein, und von seinem verborgenen Leben insbesonder.

1. Fr. Wie viel Stände hat unser Erlöser Christus JEsus durchgegangen?

A. Man kann ihrer füglich zween unterscheiden; nämlich den Stand seiner Erniedrigung und des Leidens, und den Stand seiner Erhöhung, oder Verherrlichung; welche beide Stände die heiligen Propheten und Apostel manchmal zusammen fügen, und unterscheiden. S. Esa. 53. Luca 24, 7. 26. 1 Petri 1, 11.

2. Fr. Was gehöret zu dem Stande seiner Erniedrigung?

A. Man kann denselben in drei Theile abtheilen: 1) in sein verborgenes, stilles oder Privat-Leben; 2) in sein offenbares Leben; und 3) in sein Leiden und Sterben.

3. Fr. Welche Dinge kommen uns zu betrachten vor

vor in dem verborgenen Leben JEsu, als dem ersten Theil des Standes seiner Erniedrigung?

A. Seine Menschwerdung, seine arme Geburt und schmerzliche Beschneidung.

4. Fr. Und was weiter?

A. Daß 40 Tage nach seiner Geburt, da die Zeit der Reinigung Mariä gekommen war, sie nebst Joseph, seinem Pflegvater, das theure JEsulein nach Jerusalem in den Tempel trugen, woselbst es dem HErrn dargestellt und übergeben wurde; bei welcher Gelegenheit es Simeon, ein heiliger und gerechter Mann, der den Trost Israels erwartete, auf die Armen nahm, und GOtt lobete. Siehe die Geschichte Lucä 2, 25. u. f.

5. Fr. Ward er noch von jemanden mehr im Tempel erkannt?

A. Ja, von Hanna, einer heiligen Wittwe und Prophetinn. Diese war bei 84 Jahre alt, und wich nicht von dem Tempel, und dienete GOtt Tag und Nacht mit Fasten und Bethen: welche nun auch herzu trat, und von dem HErrn JEsu redete zu allen, die zu Jerusalem auf die Erlösung warteten. S. Lucä 2, 36. u. f.

6. Fr. Was kann man noch mehr aus der Kindheit JEsu anmerken?

A. Daß Weisen aus dem Morgenlande kamen, die das Kind JEsum anbetheten, und ihm Gold, Weihrauch und Myrrhen schenkten. Siehe die Geschichte Matth. 2, 1. u. f.

7. Fr.

7. Fr. Ist nicht vermuthlich unter den dreien Gaben, die sie ihm schenkten, ein Geheimniß verborgen?

A. Dieß ist wohl glaublich; und so könnte das Gold, des HErrn JEsu königliches Amt, der Weihrauch sein priesterliches, die Myrrhen aber sein prophetisches Amt vorgestellet haben; oder etwa auch der Weihrauch seine Gottheit; das Gold seine heilige Seele, und die Myrrhen seinen mit bittern leiden belegten, doch unverweslichen Leib ꝛc. *).

8. Fr. Zu welchem Ende mag man vermuthen, daß GOtt diese Weisen aus so fernen Landen habe kommen laßen?

A. Daß er gleich anfangs seinen Sohn den Hirten offenbaret, welche Juden, und einfältige leute waren; und nun auch den Weisen, welche Heiden waren; dieß kann eine Anzeige seyn, daß erstlich den Juden, hernach aber auch den Heiden das Evangelium sollte verkündiget werden; daß aber auch die menschliche und heidnische Weisheit, unter den

*) Das Gold kann auch den Glauben und die Liebe; der Weihrauch das Gebeth; die Myrrhen aber die Leiden bedeuten **).

Anm. d. Verf.

**) Nebst dieser geistlichen Bedeutung ist es überdem aber auch noch besonders merkwürdig, daß in diesem reichen Geschenke zugleich das Reisegeld für die armen Aeltern JEsu zu ihrer Flucht nach Aegypten, und das Mittel enthalten war, während ihrem Aufenthalte daselbst sich zu ernähren.

A. d. R.

den Gehorsam des Glaubens, gefangen genommen werden sollte.

9. Fr. Zu welchen merkwürdigen Geschichten gab die Ankunft der Weisen aus Morgenland weiter Anlaß?

A. Zu den folgenden: daß — weil der König Herodes das Kind JEsum suchte zu tödten — GOtt durch einen Engel den Joseph im Traum ermahnte, mit dem Kindlein und seiner Mutter in Aegypten zu fliehen. — Ferner, daß Herodes auf eine grausame Weise alle Kinder zu Bethlehem, und an dessen ganzen Gränze, von zwei Jahren und drunter, ermorden ließ, nach der Weissagung des Propheten Jeremia 31, 15. — Darauf, und zwar nach dem Tode Herodis, kehret Joseph auf Befehl des Engels, mit dem Kindlein und seiner Mutter, wieder nach dem Lande Israel zurück, daß erfüllet würde die Weissagung des Propheten Hoseas 11, 1. Weil aber Archelaus, der Sohn Herodis, König geworden war, so wendet sich Joseph — der sich deßwegen fürchtete — auf göttlichen Befehl gen Nazareth; wodurch abermal die Weissagung erfüllet wurde: er soll Nazarenus heißen. Esaia 11, 1. u. a. m.

10. Fr. Was findet sich noch mehr von der Kindheit JEsu in den Evangelisten aufgezeichnet?

A. Da er zwölf Jahr alt war, ging er mit Joseph und Maria nach Jerusalem aufs Fest, und blieb daselbst zurück, indem sie meynten,

er

er folge ihnen, oder er sey mit unter den Gefreundten. Drei Tage nach einander kam er in den Tempel, und saß unter den Lehrern, fragte sie, und hörete ihnen zu; so, daß alle, die ihn höreten, sich über seinen Verstand und seine Antworten verwunderten. Luca 2, 42. u. f.

11. Fr. Warum mag wohl da stehen, daß das liebe Kind JEsus die Lehrer gefragt und ihnen zugehöret habe, da er doch ohne Zweifel mehr Licht und Weisheit hatte, als sie?

A. 1) Um uns dadurch zu zeigen, daß wir nicht so bald sollen Lehrer und Meister seyn wollen, oder uns dünken laßen, wir wüßten schon genug; sondern daß wir uns gern zu anderer Füßen in Demuth niedersetzen sollen. 2) Hat er sonderlich dadurch den Kindern (sowohl in der Natur als in der Gnade) ein Vorbild geben wollen, daß, wenn sie mit ihm wollen an Weisheit, Alter und Gnade bei GOtt und Menschen zunehmen, sie dann auch begierig seyn müßen zu fragen, und andern erleuchteten Seelen zuzuhören.

12. Fr. Was wird noch hinzu gethan?

A. Daß, wie Joseph und Maria ihn endlich mit Verwunderung im Tempel wiedergefunden, er mit ihnen nach Nazareth gegangen, und ihnen gehorsam und unterthan geworden sey; worin er abermal den Kindern ein Exempel hat geben wollen.

13. Fr. Wird weiter nichts Merkwürdiges von dem verborgenen Leben JEsu angemerkt?

A. Es wird noch gesagt: daß er gewachsen sey an **Weisheit, Alter und Gnade bei GOtt und den Menschen.** Luc. 2, 52.

14. Fr. Was kann dieß Zeugniß von dem Kinde JEsus uns, und sonderlich die Kinder lehren?

A. Daß sie zuzusehen und zu sorgen haben, wie sie nicht nur anwachsen mögen in der äußern Natur und an Alter (denn man siehet leider! gewöhnlich keine andere Frucht davon, als daß mit den Jahren die Sünde nur größer wird, und mächtiger ausbricht); sondern, daß sie vornehmlich, wie das Kind JEsus, auch stark werden mögen im Geist, und anwachsen in Weisheit und Gnade bei GOtt und Menschen, durch vieles und andächtiges Bethen, und durch einen züchtigen, stillen, frommen und eingezogenen Wandel.

15. Fr. Was wird endlich noch mehr von dem verborgenen Leben JEsu in dem Evangelio gesagt?

A. Da er etwas älter war, hat er seinem Pflegvater Joseph, der ein Zimmermann war, in seiner Arbeit geholfen; um dadurch die menschliche Aufgeblasenheit zu beschämen, und uns ein Vorbild zu geben der Armuth, der Niedrigkeit, des Gehorsams und der Arbeitsamkeit; sonderlich, um auch die Kinder damit zu lehren, sich in ihrer Jugend nicht an den Müßiggang zu gewöhnen.

16. Fr. Ist JEsus in diesem seinem verborgenen Leben auch schon in dem Versöhnungs- und Erlösungswerk beschäfftigt gewesen?

A. Ja freilich war er schon damals in dem, das seines Vaters war, Luc. 2, 49; von dem an hat er sich schon erniedriget, sich seinem Vater aufgeopfert, sich selbst verläugnet, und wie vernichtiget um unsert willen. Wie wird er nicht unsere Sünden beweinet und gebüßet, und GOtt um Vergebung derselben unaufhörlich angerufen haben! —

17. Fr. Was haben wir bei seinem 30jährigen verborgenen Leben noch überhaupt wahrzunehmen?

A. 1) Uns zu verwundern über diese große, beständige und langwierige Erniedrigung; über das busfertige, arme, arbeitsame, unansehnliche Leben des GOttmenschen; und über das geheimnißvolle Stillschweigen des ewigen Worts des Vaters. 2) Uns zu befleißigen, solches Leben uns, als ein stätes Bild und Muster, vor die Augen unseres Gemüths zu stellen; ihm darin ähnlich zu werden (a), damit auch unser Leben der Welt abgestorben, und mit Christo verborgen sey in GOtt (Col. 3, 4.); indem wir äußerlich trachten, gern abgeschieden, und als vergessen und unbekannt in dieser Welt zu leben, so lang uns GOtt nicht sonderlich ruft zu einem offenbaren Leben, zum Dienst des Nächsten, wozu keiner tüchtig ist, als der vorher mit dem Heiland und dessen Vorläufer Johannes auch verborgen gewesen ist, und erst selbst gethan hat, was er andere lehren soll.

(a) Philipp. 2, 5—8. Ein jeglicher sey gesinnet, wie JEsus Christus auch war; welcher, ob er wohl in göttlicher Gestalt war, hielt er's nicht für einen Raub, GOtte gleich seyn: sondern äußerte sich selbst, und nahm Knechtsgestalt an, ward gleich wie ein anderer Mensch, und an Gebärden als ein Mensch erfunden. Er erniedrigte sich selbst, und ward gehorsam bis zum Tode, ja zum Tode am Kreuz.

18. Fr. So hat denn Johannes auch verborgen gelebt?

A. Ja, diese ganze Zeit über hat er sich in der Wüste und Einsamkeit aufgehalten, und ein strenges Bußleben geführt, indem er ein rauhes Camelhärenes Kleid und einen ledernen Gürtel um seine Lenden trug, und Heuschrecken und wilden Honig aß *), bis er, ungefähr im dreißigsten Jahre, auf GOttes Befehl, öffentlich anfing zu predigen. Matth. 3, 4. S. a. Lucä 1, 80. Kap. 3, 2.

19. Fr. Was war der Inhalt seiner Predigt?

A. Er verkündigte, der Messias, der wahre König Israels, sey nahe herbei gekommen; da-

*) Es gab im Lande Kanaan eine große Gattung Heuschrecken, die eßbar waren; und der Honig floß daselbst häufig in Feld und Wald. S. 1 Sam. 14, 25. 26. B. d. Richter 14, 8. 2 B. Mose 3, 8.
A. d. R.

darum sollten sie durch wahre Buße ihm den Weg bereiten, daß er in ihre Herzen mit seinem Königreiche einziehen könnte; alsdann würde er sie mit dem H. Geist und mit Feuer taufen: würden sie aber nicht rechtschaffene Früchte der Bekehrung bringen; so wäre GOtt auch nahe (sagte er), sie mit seinen Gerichten zu vertilgen, und als unfruchtbare Bäume abzuhauen, und ins Feuer zu werfen. Die nun ihre Sünden bekannten, die taufte er im Jordan. S. Matth. 3.

20. Fr. Ist nicht auch JEsus selbst von Johannes getauft worden?

A. Ja; so tief hat dieß unschuldige und unbefleckte Lamm GOttes sich erniedriget, weil es der Welt Sünde trug, daß es sich, als wenn es unrein gewesen wäre, auch taufen ließ.

21. Fr. Kannte ihn denn Johannes auch?

A. Von Person zwar, und in seiner übergroßen Heiligkeit kannte er ihn allerdings; weßwegen er ihn auch anfangs nicht taufen wollte, sondern zu ihm sprach: **Ich habe nöthig von Dir getauft zu werden, und Du kommest zu mir?** Wie er ihn aber wirklich taufte, nachdem ihm JEsus geantwortet hatte: **laß es jezt also geschehen, damit wir alle Gerechtigkeit erfüllen** (Matth. 3, 14. 15.); so lernte er ihn, durch die Herabkunft des H. Geistes auf ihn, auch als den Messias kennen. Joh. 1, 31. 33. 34.

22. Fr. Was geschah Merkwürdiges bei dieser Taufe?

A. Da JEsus aus dem Wasser stieg, und bethete, that sich der Himmel auf, und der H. Geist stieg (wie gesagt) auf ihn herab, in der Gestalt einer Taube; und es kam zugleich eine Stimme vom Himmel, welche sprach: Du bist mein lieber Sohn, in welchem ich Wohlgefallen habe. Lucä 3, 21. 22.

23. Fr. Wo blieb JEsus, nachdem er getauft war?

A. Der H. Geist trieb ihn in die Wüste; woselbst er bei den Thieren war, und 40 Tage und 40 Nächte fastete, und nach der Zeit, da ihn anfing zu hungern, vom Teufel versucht wurde.

24. Fr. Mit welchen Versuchungen hat ihn der Teufel angefallen?

A. Es werden ihrer sonderlich drei im Evangelio gemeldet: 1) sollte er aus Steinen Brod machen; 2) sollte er sich von den Zinnen des Tempels stürzen, und 3) sollte er den Satan anbethen, wofür ihm derselbe die Reiche der Welt mit aller ihrer Herrlichkeit zu geben versprach. Siehe die Geschichte Matth. 4. und Lucä 4.

25. Fr. Hat man diese Versuchung des HErrn JEsu nur bloß als eine äußerliche und nur einmal geschehene Geschichte obenhin anzusehen?

A. Keineswegs; alle Worte und Thaten unseres Heilands sind voll von Geheimnissen; und

und darum, gleichwie er 1) durch solche Versuchungen und Kämpfe, als der oberste Anführer des Glaubens, den Feind für uns, das ist, uns zu Gute, am ersten angefallen, und als der rechte Perez oder Durchbrecher, dergestalt den härtesten Streich ausgestanden, des Feindes Macht geschwächet, und uns so den Weg gebahnet hat: so hat er 2) auch vor uns, das ist, uns zum Vorbilde, gekämpft. Denn wie er, als unser Haupt, gestritten und gelitten hat, und also zu seiner Herrlichkeit eingegangen ist: so müßen auch wir, als seine Glieder, durch viele Trübsale und Anfechtungen (Ap. Gesch. 14, 22. 1 Petr. 1, 6. 7.) in das Reich GOttes eingehen. Und wie er 3) insbesonder nach der Taufe, in die Wüste geführet und versuchet wurde: also müßen auch Seelen, die in Wahrheit auf die Seite GOttes treten, und dessen Diener werden wollen, sich auch bald zur Anfechtung schicken. Sir. 2.

26. Fr. Mit welchen Versuchungen fällt der Feind die Glieder Christi wohl an?

A. Hauptsächlich mit eben denselben, womit er hier ihr Haupt anfiel: nämlich 1) mit Unglauben, Kleinmüthigkeit und Sorgen der Nahrung. 2) Mit Vermessenheit und Einbildung; und 3) mit Vorstellung und Anbietung der Herrlichkeit und Wohllüste dieser Welt, um sie in dieselbe wieder einzuflechten.

27. Fr. Wie soll man es bei dergleichen Versuchungen machen?

A. Eben so, wie es hier JEsus, unser Vorbild, machte, welcher dem Satan widerstand mit dem Worte der Wahrheit, und durch keinerlei Vorstellung und List sich von dem Vertrauen auf GOtt, seinen Vater, von der Abhänglichkeit von ihm, und der reinen Liebe zu ihm abbringen ließ, und dergestalt den Feind auch überwand, so daß er weichen mußte; die Engel aber im Gegentheil herzukamen, und ihm dieneten: also sollen auch wir, in allen Versuchungen, mit unserer ganzen Liebe an GOtt kleben bleiben, und so dem Teufel im Glauben widerstehen: worauf er wohl wird von uns weichen müßen (Jacobi 4, 7.); die Engel aber uns darauf zu Dienste kommen, so daß für Traurigkeit und Unruhe uns Freude, Trost und Friede, und für böse Gedanken gute werden gegeben werden.

Fünftes

Fünftes Kapitel.

Von dem offenbaren Leben JEsu; wie auch von seiner Nachfolge und Lehre.

1. Fr. Was geschah mit unserem Heilande nach diesen Versuchungen?

A. Von da an trat er sein offenbares Leben und Amt an; wählete vor und nach zwölf Jünger oder Apostel, und fing an auszurufen: thut Buße, und glaubet an das Evangelium; denn das Himmelreich ist nahe herbei gekommen. Marci 1, 15.

2. Fr. Was kann man bei dem offenbaren Leben JEsu unterscheiden?

A. 1) Sein heiliges Leben und Wandel an und für sich selbst; 2) seine göttliche Lehre; welche er 3) mit vielen Wundern bekräftigte.

3. Fr. Wie hat er sein Leben und Wandel geführet; und zwar erstlich gegen GOtt seinen himmlischen Vater?

A. Gegen GOtt führte er seinen Wandel 1) in größter Ehrfurcht und heiliger Abgeschiedenheit, und war darum allezeit ernsthaft, und fern von allem Scherz oder lachen (Ebr. 5, 7.); 2) in tiefster Demuth und Verläugnung seiner selbst, und alles eigenen Vortheils, aller Ehre, Freude, Gemächlichkeit

 und

und Selbstgefälligkeit (a); 3) in kindlichem Glauben, Hoffnung und Vertrauen zu seinem GOtt und Vater (b); 4) in brünstiger Liebe, und willigem Gehorsam gegen GOtt und seinen Willen (c); 5) in der größten Geduld und Gelaßenheit in allem in- und äußerlichen schweren Leiden, Spott, Verfolgung, Tod, u. s. w. Wie ein Lamm, das zur Schlachtbank geführet wird, also that er seinen Mund nicht auf (Esa. 53, 7). Er schalt nicht wieder, da er gescholten ward; und dräuete nicht, da er litte. (1 Petr. 2, 23.), sondern bat für seine Feinde. 6) In stätem Gebeth; indem er nicht allein den HErrn allezeit vor Augen hatte (Ps. 16, 8.), und also überall bethete; sondern auch manchmal ganze Nächte in der Stille allein auf dem Felde, oder den Bergen im Gebeth zubrachte. S. Matth. 14, 23. Ebr. 5, 7.

(a) Röm. 15, 3. Denn auch Christus nicht an ihm selber Gefallen hatte, sondern wie geschrieben steht: Die Schmach derer, die dich schmähen, sind über mich gefallen. S. a. Ebr. 12, 2. Joh. 6, 15.

(b) Marci 14, 36. . . . Abba, mein Vater, es ist dir alles möglich, überhebe mich dieses Kelchs; doch nicht, was ich will, sondern was du willst. S. a. Ps. 31, 1. 15. Esa. 50, 7—9. Ps. 16, 8. 9. vergl. m. Ap. Gesch. 2, 26—28.

(c) Joh. 14, 31. Aber auf daß die Welt erkenne, daß ich den Vater liebe, und ich also thue, wie mir

mir der Vater geboten hat. S. a. Ps. 40, 8. 9. Joh. 5, 30. Philipp. 2, 8. Esa 50, 4. 5.

4. Fr. Wie führte er seinen Wandel gegen den Nächsten?

A. 1) In wahrer Aufrichtigkeit und Herzens-Einfalt, ohne Ansehen der Person, oder einige fleischliche Absicht (a); dabei aber 2) in Unterwerfung unter den Befehl der Obrigkeit in äußerlichen Dingen und Schuldigkeiten (Matth. 17, 24–27.); wie auch in Unterthänigkeit gegen den Willen seiner Aeltern, Luca 2, 51.; 3) in ungemeiner Liebe, Mitleiden und Freundlichkeit, sonderlich gegen Geringe, Arme, Elende, Kranke, u. a. Marci 8, 3.; 4) in großer Sanftmuth, Stille und Geduld gegen seine ärgsten Feinde und Verfolger, wenn es seine Person betraf (Matth. 26, 50. Kap. 12, 19.); doch auch 5) in heiligem Eifer, wenn es die Ehre GOttes betraf, Joh. 2, 17. 6) In Demuth gegen jedermann, auch die Geringsten (b).

(a) Matth. 22, 16. Und sandten zu ihm ihre Jünger, sammt Herodis Dienern, und sprachen: Meister, wir wissen, daß du wahrhaftig bist, und lehrest den Weg GOttes recht, und du fragest nach niemanden; denn du achtest nicht das Ansehen der Menschen.

(b) Joh. 13, 14. So nun ich, euer HErr und Meister, euch die Füße gewaschen habe, so sollet ihr auch euch unter einander die Füße waschen.

5. Fr.

5. Fr. Wollte der liebe JEsus auch wohl mit Kindern zu thun haben?

A. Freilich ja! er rief sie selbst bisweilen zu sich (Matth. 18, 2.), und nahm sie ein andermal auf seine Arme, küssete sie, legte ihnen die Hände auf, und segnete sie. Marci 10, 16.

6. Fr. Wie führte er endlich seinen Wandel in Ansehung seiner eigenen Person?

A. 1) In Wachen, 2) in Mäßigkeit im Essen und Trinken u. d. gl., 3) in Keuschheit und Enthaltung.

7. Fr. Welchen Nutzen ziehen wir aus diesem heiligen Leben und Wandel des HErrn JEsu?

A. 1) Hat er mit demselben für unser unheiliges Leben gebüßet; 2) in seinem Bilde und Exempel unser, in Adam verlornes, Bild der Unschuld und Heiligkeit uns wieder vorzeichnen wollen, damit wir in demselben, als in einem Spiegel, sehen möchten, was wir gewesen sind in Adam, was wir nun sind in uns selbst, und was wir wieder werden sollen in Christo. Wir sollen uns deswegen 3) nun auch bestreben zu wandeln, wie Er gewandelt hat (1 Joh. 2, 6. 1 Petri 2, 21. Joh. 13, 15.); welches er 4) durch eben diesen seinen Wandel als möglich bewiesen hat; welche Möglichkeit er uns durch seine erworbene Gnade, Kraft und Geist mittheilen will.

8. Fr. Müßen auch Kinder diesem Vorbilde JEsu und seinen Tugenden nachzuahmen trachten?

A. Freilich! schon frühzeitig müßen sie sich dieses heilige Vorbild vor Augen stellen; und untersuchen, wie viel ihnen noch an der Gleichförmigkeit mit ihm fehle *).

9. Fr. Was haben alle unbekehrte Menschen, und sonderlich auch Kinder, wohl an sich, das der Demuth des HErrn JEsu zuwider ist?

A. Daß sie insgemein große Gedanken und Einbildung von sich selber haben; gern gelobet sind, und oben an sitzen, und nicht gern sehen, daß man andere höher achtet als sie; wie sie dann auch an köstlichen, schönen Sachen, Häusern, Kleidern u. d. gl. großen Gefallen haben, und sich darüber freuen.

10. Fr. Was haben sie an sich, das wider seine Sanftmuth streitet?

A. Daß sie oft eifrig, böse und zornig sind, sich auch unter einander bisweilen zanken, streiten und schlagen.

11. Fr.

*) Es würde ohne Zweifel viel mehr auf die Herzen der Kinder wirken, wenn Christliche Aeltern ihr besonderes Werk daraus machten, ihnen dieß vollkommenste Tugendmuster in seinem Leben und Wandel recht anschaulich zu machen, als die — oft erdichteten — Historien von tugendhaften Kindern, woran sie um sich her kein Beispiel sehen; obschon man übrigens denselben ihren Nutzen nicht absprechen will. Die folgenden Fragen und Antw. (9—17) sind für Kinder besonders der Beherzigung werth.

A. d. R.

11. Fr. Was haben sie wohl an sich, das seiner Geduld zuwider ist?

A. Daß sie oft nicht zufrieden noch stille sind, wann ihnen Widerwärtigkeiten, Schmerzen, Krankheiten, oder andere Elenden von GOtt zugeschickt werden; daß sie auch oft ungeduldig und verdrießlich sind, wann andere es nicht nach ihrem Sinne machen oder reden.

12. Fr. Was haben sie an sich, das dem liebreichen Sinne und der Freundlichkeit JEsu zuwider ist?

A. Daß sie manchmal mürrisch, eigensinnig, störrig und gehässig, oder auch spitzig und beschimpfend in ihren Reden sind, und sich wohl gern zu rächen suchen, wann andere ihnen etwas zuwider gethan haben.

13. Fr. Was haben Kinder manchmal an sich, das dem Gehorsam JEsu zuwider ist?

A. Daß sie eigenwillig, ungehorsam und widerspenstig sind gegen ihre Aeltern und Vorgesetzten; und insgemein eines über das andere so gern herrschen will.

14. Fr. Was haben sie wohl an sich, das seiner Eingezogenheit oder Ernsthaftigkeit zuwider ist?

A. Daß sie manchmal wild, wüst und unbändig sind, zu viel reden und spielen; auch wohl laufen, springen, scherzen und lachen.

15. Fr. Was haben sie wohl an sich, das gegen seine Mäßigkeit streitet?

A. Daß sie manchmal zu viel schlafen, essen

essen und trinken, und nicht mit wenigem und dem Geringsten vergnügt sind; sondern das, was köstlich, angenehm und wohlschmäckend ist, auswählen *).

16. Fr. Was haben sie manchmal an sich, das dem Mitleiden des HErrn JEsu zuwider ist?

A. Die große Sünde, daß sie bisweilen mit armen, elenden und gebrechlichen Menschen spotten, oder dieselben doch gering achten; wie auch, daß sie wohl unbarmherzig mit unvernünftigen Thieren umgehen. Spr. 12, 10.

17. Fr. Was hat der HErr JEsus wohl gethan, woraus man sein mitleidendes Herz sehen kann?

A. Außer, daß seine Menschwerdung, Geburt, Leben und Leiden nichts anders als Früchte seines innigsten Erbarmens und Mitleidens über die unsterblichen Seelen der Menschen waren: so hat er sein Mitleiden auch sichtbarlich in den Tagen seiner Erniedrigung dadurch gezeigt, daß er hin und her gegangen ist, und Guts gethan hat (Ap. Gesch. 10, 38.) an Armen, Blinden, Lahmen, Kranken, Besessenen, welche er alle heilete, so viele nur zu ihm kamen. Er hat auch geweint über der Menschen Elend, sonderlich

*) Man könnte hinzu setzen: daß sie sich leicht ans Naschen gewöhnen, und — um ihrer Naschhaftigkeit ein Genüge zu thun — zur Verschwendung, Lügen und Dieberey verführet werden.

A. d. R.

lich über die Blindheit und Härtigkeit ihrer Herzen; weil sie nicht an ihn und seine heilsame Lehre glauben wollten, damit ihre Seelen vom ewigen Verderben möchten errettet werden.

Lucä 19, 41. 42. Und als er nahe hinzu kam, sah er die Stadt an, und weinete über sie. Und sprach: Wenn du es wüßtest, so würdest du auch bedenken, zu dieser deiner Zeit, was zu deinem Frieden dienet: aber nun ist es vor deinen Augen verborgen.

18. Fr. Sage mir einen kurzen Inhalt der Lehre JEsu?

A. Alles, was er selbst vorhin gethan hatte, das hat er auch hernach gelehret (Ap. Gesch. 1, 1, Lucä 24, 19.), wovon sonderlich ein kurzer Begriff kann gesehen werden in seiner Bergpredigt, Matth. 5. 6. 7. — Der Inhalt der Lehre JEsu ist demnach: 1) Wahre Buße und Verläugnung seiner selbst, seines eigenen Willens, Verstandes, Nutzens, seiner eigenen Ehre, Kräfte, Verdienste und aller Dinge; 2) Glaube, oder herzliche Einergebung und Uebergabe an JEsum und an seine Gnade, Geist und Willen, um durch ihn versöhnt, geheiligt und selig gemacht zu werden.

Marci 1, 14. 15. JEsus predigte das Evangelium vom Reiche GOttes, und sprach: Die Zeit ist erfüllet, und das Reich GOttes ist herbei gekommen. Thut Buße, und glaubet an das Evangelium.

Matth.

Matth. 16, 24. Will mir jemand nachfolgen, der verläugne sich selbst, und nehme sein Kreuz auf sich, und folge mir.

19. Fr. Was ist aus der Betrachtung des Lebens und der Lehre JEsu noch überhaupt zu ersehen?

A. Daß beide dem alten Leben unserer angebornen, verderbten Natur schnurstracks zuwider sind, und deßwegen nothwendig eine ungemein große Veränderung und Umkehr bei dem Menschen vorgehen müße, wenn er durch einen, der Natur so gar widrigen Weg wieder zurecht gebracht werden soll.

20. Fr. Womit hat der HErr JEsus seine Lehre versiegelt und bekräftigt?

A. Mit sehr vielen göttlichen Wunderwerken; wie auch mit seinem Leiden und Tode.

21. Fr. Was hat er wohl für Wunderwerke gethan?

A. Er hat Lahme und Krüppel gesund gemacht (a), Blinden ihr Gesicht (b), Tauben ihr Gehör (c) und Stummen ihre Sprache (d) wieder gegeben; Aussätzige hat er gereiniget (e), allerhand (f) und langwierig Kranke (g) gesund gemacht; viele, die mit unreinen Geistern besessen waren, davon befreiet (h); Todte auferwecket (i), mit wenig Brodten viel Tausend Menschen gespeiset (k), Wind und Meer mit einem bloßen Worte gestillet (l), außer vielen andern Wunderthaten (m), die nicht alle haben können beschrieben werden (n).

(a) Matth. 15, 30. Luc. 5, 18. Kap. 6, 6. Matth. 8, 5. (b) Joh. 9. ganz. Matth. 20, 30. (c) Marci 9, 25. (d) Matth. 12, 22. (e) Matth. 8, 2. Luc. 17, 11. u. f. (f) Joh. 4, 46. u. f. Luc. 4, 38. Kap. 14, 2. (g) Joh. 5, 1. u. s. w. (h) Luc. 4, 33. Matth. 8, 28. u. s. f. Kap. 15, 22. (i) Luc. 7, 11. Matth. 9, 18. Joh. 11. (k) Matth. 14, 19. Kap. 15, 36. 37. (l) Matth. 8, 23. (m) Joh. 2. Luc. 5, 4. u. f. Joh. 21, 6. Kap. 6, 19. u. f. (n) Joh. 20, 30. Kap. 21, 25.

Sechstes Kapitel.

Von dem Leiden, Sterben, Begräbniß, Auferstehung und Himmelfahrt JEsu.

1. Fr. Was ist der dritte Theil des Standes der Erniedrigung des HErrn JEsu?

A. Sein leiden, Sterben und Begräbniß.

2. Fr. So hat denn der liebe Heiland auch leiden müßen?

A. Ja; schon von seiner Geburt an, und sonst die ganze Zeit seines lebens auf Erden, hat er allerlei Kreuz und Trübsal erlitten, mehr als wir insgemein davon lesen, hören und begreifen können. Von innen allerlei Versuchungen und Anfechtungen; von außen Hohn, Spott, böse Nachreden, lästerung, Verstoßung und Verfolgung; — der Seele nach, unausdenkliche Traurigkeit, Verlaßung und

und Höllenangst; dem Leibe nach, Krankheiten und Schmerzen, Armuth und Mangel, und endlich den bittern und schmählichen Tod des Kreuzes.

3. Fr. Welche Leiden waren wohl seine größten?

A. Die große Traurigkeit seiner Seele; der Schrecken über alle Sündenlast der ganzen Welt, die dieses Lamm GOttes trug; die grausame Wut des Satans, in entsetzlichen Anfechtungen und Versuchungen dieses höllischen Drachen, und der ganzen Macht der Finsterniß, die ihm, sonderlich am Ende seines Lebens, stark zusetzte: das schwerste von allen Leiden aber war ihm das durch die Sünde erzürnte Angesicht seines lieben himmlischen Vaters zu empfinden.

4. Fr. Was vermehrte dieses Leiden noch?

A. Die Hoheit und Heiligkeit seiner Person; da er in solcher Majestät und Herrlichkeit bei seinem Vater, vor Grundlegung der Welt war, daß er es nicht für einen Raub achtete, GOtt gleich seyn. Philipp. 2, 6. Er war des Vaters allerliebstes Lustspiel und Schooßkind (Spr. Sal. 8, 30.), fern von aller Sünde, und von den Sündern abgesondert (Ebr. 7, 26.); gleichwohl wand er sich nun, und winselte wie der ärmste Wurm auf der Erde, in größter Seelenangst und Traurigkeit; und ward, zum Schauspiel der ganzen Welt, an ein Kreuzholz gehenkt. Er

 fühlte

fühlte den grausamen Zorn dessen, der kurz vorher von ihm gesagt hatte: Dieß ist mein lieber Sohn (Matth. 17, 5.), und lag gleichsam in der tiefsten Pfütze der allergarstigsten Sünden; und mußte derselben abscheuliche Vorstellungen, Bilder und Reizungen, in seinem reinen, keuschen und zarten Herzen und Gedanken sehen und fühlen.

5. Fr. Welch eine Auswirkung hatte dieses Leiden auf unsern Mittler, sonderlich am Ende seines Lebens, da es am heftigsten war?

A. Keine Kreatur kann das eigentlich wissen, begreifen noch beschreiben; nur, daß im Evangelio von ihm steht: daß er anfing zu zittern und zu zagen, traurig und heftig beängstigt zu werden; ja, daß er selbst gesagt habe: Meine Seele ist mit Traurigkeit umgeben bis zum Tode zu; und zu seinem Vater zu dreien Malen, auf der Erde liegend, gebethet: Vater, ist es möglich, so überhebe mich dieses Kelchs; doch nicht mein, sondern dein Wille geschehe. Es wird noch gesagt, daß ein Engel vom Himmel gekommen sey, und ihn gestärkt habe; daß er mit dem Tode gerungen, und heftig gebethet habe, so daß ihm auch der Ernst und Zorn GOttes Blutschweiß abgedrungen; und daß er endlich noch am Kreuze ausgerufen habe: Mein GOtt! mein GOtt! warum hast du mich verlassen! O unbegreifliches Wunder und

Tiefe!!! — — — „Vernunft sey still, die See ist viel zu breit" u. s. w. S. a. Matth. 26, 37. 38. Marci 14, 33. Lucä 22, 42—44.

6. Fr. Kannst du mir noch einige äußerliche Umstände dieses letzten Leidens des HErrn JEsu erzählen?

A. Besiehe darüber die Passionsgeschichte Matth. 26 und 27. Marci 14 u. 15. Lucä 22 u. 23. Joh. 18 u. 19.

7. Fr. Warum wollte und mußte unser Heiland eben des Kreuztodes sterben?

A. 1) Um uns durch diesen schmählichen, schmerzlichen und verfluchten Tod von der ewigen Schmach, Pein und Fluch zu erlösen, weil der Tod des Kreuzes von GOtt verfluchet war. Gal. 3, 13. 2) Um dadurch so viele Weissagungen des alten Testaments zu erfüllen (a), wie auch die Vorbilder z. B. des Isaacs (1 B. Mose 22.), der ehernen Schlange (4 B. Mose 21.), und aller Opfer, die in die Höhe gehoben und aufs Holz geleget wurden. 3 B. Mose 7. Kap. 1, 8.

(a) Psalm 22, 17—19. Denn Hunde haben mich umgeben, und der Bösen Rotte hat sich um mich gemacht: sie haben meine Hände und Füße durchgraben. Ich möchte alle meine Gebeine zählen: sie aber schauen, und sehen ihre Lust an mir. Sie theilen meine Kleider unter sich, und werfen das Loos um mein Gewand.

8. Fr. Was haben wir, bei Betrachtung dieses allertraurigsten Schauspiels des Leidens und

 Ster-

Sterbens Christi, zu unserem Nutzen zu bemerken?

A. 1) GOttes unendlich große Menschenliebe und Mitleiden, daß er die Welt also geliebet hat, daß er seinen eingebornen Sohn, und allerliebstes Schooßkind, in die allergrausamste Marter und Tod dahin gab, auf daß alle, die an ihn glauben, nicht verloren werden, sondern das ewige Leben haben möchten. Joh. 3, 16 (a). 2) Seine unveränderliche Gerechtigkeit, welche die Sünde nicht kann ungestraft laßen. 3) Die unaussprechliche Barmherzigkeit und das Mitleiden JEsu Christi, welcher uns so hoch geliebet hat, daß er den Thron seiner Majestät und seine göttliche Freuden, ja das allerliebste Angesicht seines himmlischen Vaters hat verlaßen und entbehren wollen, und hingegen Knechtsgestalt an sich genommen, und so unzählig und unbegreiflich viel und schweres Leiden und Marter ausgestanden, und sich in einen so schmerzlichen und schmählichen Tod gegeben hat, alles aus lauter Liebe gegen uns (b). 4) Haben wir auch hiebei zu bedenken, was die Sünde für ein gräuliches, abscheuliches und schreckliches Ungeheuer und Uebel seyn müße, daß dieselbe nicht hat können versöhnt werden, als durch den bittern Tod des Sohnes GOttes selber. 5) Geschiehet dieß am grünen Holz, was will am dürren werden? Wenn das, in sich selbst unschuldige und unbefleckte Lamm GOttes,

tes, nur weil es fremde Sünden auf sich genommen, solch eine Angst, Trauren, Zittern und Zagen hat ausstehen müßen: was werden dann die Verdammten für eine Hölle, nach diesem Leben auszustehen haben (c)!

(a) 1 Joh. 4, 9. 10. Daran ist erschienen die Liebe GOttes gegen uns, daß GOtt seinen eingebornen Sohn gesandt hat in die Welt, daß wir durch ihn leben sollen. Darinnen steht die Liebe: nicht daß Wir GOtt geliebet haben; sondern daß Er uns geliebet hat, und gesandt seinen Sohn zur Versöhnung für unsere Sünden.

(b) 1 Joh. 3, 16. Daran haben wir erkannt die Liebe, daß Er sein Leben für uns gelaßen hat. Ephes. 5, 2. Christus hat uns geliebet, und sich selbst dargegeben für uns, zur Gabe und Opfer, GOtt zu einem süßen Geruch. S.a.v.26.

(c) Ebr. 10, 26. 27. So wir muthwillig sündigen, nachdem wir die Erkenntniß der Wahrheit empfangen haben, haben wir forthin kein anderes Opfer mehr für die Sünde; sondern ein schrecklich Warten des Gerichts und des Feuereifers, der die Widerwärtigen verzehren wird.

9. Fr. Was für ein Geheimniß lehret uns Christi Kreuz und Leiden noch insonderheit?

A. Es stellet uns, als in einem Spiegel und Vorbild vor, den ganzen Prozeß, welchen alle seine Glieder, ein jegliches in seinem Theil und Maß, durchzugehen haben. Wir haben also daraus zu lernen: 1) daß, wie auf Christum erstlich die Leiden, und die Herrlichlichkeit nach denselben gekommen sind (1 Pet. 1, 11. s. a. Ebr. 2, 10.), also auch wir, durch viele Trübsal ins Reich GOttes eingehen müßen (Apostelg. 14, 22.); und so wie er ist verworfen und verfolget worden; also auch alle sollen und werden verfolget werden, die in ihm und mit ihm gottselig leben wollen (2 Tim. 3, 12.). 2) Daß, so wie Er unsre Sünden an seinem Leib und Fleisch auf's Holz getragen hat, und da er gestorben, der Sünde gestorben ist (1 Pet. 2, 24. Röm. 6, 10.); also auch wir unser Fleisch, und den alten Menschen, sammt seinen Lüsten und Begierden tödten, und am Kreuz sterben laßen sollen, auf daß der Leib der Sünde und des Todes aufhöre, und wir gottselig leben mögen. S. Röm. 6, 5—11. Gal. 5, 25. Joh. 15, 20. 1 Pet. 2, 21. Kap. 4, 1.

10. Fr. Welches ist der andre Stand Christi?

A. Der Stand der Erhöhung.

11. Fr. Was begreift derselbe in sich?

A. Seine Auferstehung, Himmelfahrt, Sitzen zur Rechten GOttes, und seine herrliche Wiederkunft zum Gericht.

12. Fr. Wie lange ist der HErr JEsus im Grabe geblieben?

A. Bis an den dritten Tag, nach seiner eigenen Weissagung (a), da er dann des Morgens früh siegreich auferstanden ist.

(a)

(a) Joh. 2, 19. JEsus antwortete, und sprach zu ihnen: Brechet diesen Tempel, und am dritten Tage will ich ihn aufrichten.

13. Fr. Mußte Christus nothwendig vom Tode auferstehen?

A. Ja, um verschiedener Ursachen willen. 1) Wollte sein Vater dadurch zeigen, daß sein Sohn ihn nun gleichsam völlig befriedigt, und die Schulden, für welche er sich verbürget hatte, bezahlet habe, daß gefolglich der Tod, als der Sünden Sold, ihn nicht länger halten könne; Apostelg. 2, 24. (a). 2) Sollte er uns durch die Kraft seiner Auferstehung, aus dem Tode der Sünden, mit sich erwecken zum göttlichen leben (b); und 3) durch eben diese Kraft, am jüngsten Tage auch unsre Leiber aufwecken, ewig verherrlichen, und seinem verklärten Leibe ähnlich machen (Phil. 3, 21.) (c).

(a) Röm. 4, 25. Welcher ist um unserer Sünde willen dahin gegeben, und um unserer Gerechtigkeit willen auferwecket.

(b) Ephes. 2, 6. GOtt hat uns sammt ihm auferwecket, und sammt ihm in das himmlische Wesen gesetzt in Christo JEsu. S. a. Röm. 6, 9—11. 1 Kor. 15, 13. u. f.

(c) Röm. 8, 11. So nun der Geist deß, der JEsum von den Todten auferwecket hat, in euch wohnet: so wird auch derselbige, der Christum von den Todten auferwecket hat, eure sterblichen Leiber lebendig machen, um deß willen, daß sein Geist in euch wohnet. S. a. 2 Kor. 4, 14.

14. Fr. Ist unser Heiland gewißlich auferstanden?

A. Freilich ja! solches zeugten seine Feinde selbst. Matth. 28, 11. ꝛc. — Und er ist erschienen vielen Weibern, den Aposteln mehrmalen, insbesonder Petro, Jacobo, Paulo und 500 Brüdern auf einmal, von welchen viele, wo nicht die meisten, seine Auferstehung mit ihrem Blut und Tode versiegelt haben (a).

(a) 1 Kor. 15, 4—8. Christus ist auferstanden am dritten Tage nach der Schrift; und ist gesehen worden von Kephas, darnach von den Zwölfen. Darnach ist er gesehen worden von mehr den fünf hundert Brüdern auf einmal, derer noch viele leben, etliche aber sind entschlafen. Darnach ist er gesehen worden von Jacobo; darnach von allen Aposteln. Am letzten nach allen ist er auch von mir, als einer unzeitigen Geburt, gesehen worden. S. a. Apostelg. 1, 3.

15. Fr. Ist er nach seiner Auferstehung alsbald gen Himmel gefahren?

A. Nein, erst nach 40 Tagen, da er seine Jünger hinaus führte gen Bethanien auf den Oelberg. Hier redete er noch mit ihnen, und gebot ihnen, daß sie zu Jerusalem bleiben sollten, und warten auf den H. Geist, der über sie kommen würde; und verkündigte ferner, daß die Apostel seine Zeugen seyn sollten, bis ans Ende der Erde. Darauf, nachdem er sie gesegnet hatte, ward er aufgehaben, daß sie zusahen, und eine Wolke nahm ihn auf vor ihren Augen weg. S. a. Ap. Gesch. 1, 10. ꝛc.

16. Fr.

16. Fr. Warum mußte Christus gen Himmel fahren?

A. Nicht allein 1) um die Vorbilder eines Enoch und Elia, und die Weissagungen zu erfüllen (nach Ps. 47. u. 68.); sondern auch 2) um, als der vollendete Hohepriester, ins Heiligthum einzugehen, für uns zu erscheinen vor dem Vater; und als ein Bedienen der wahrhaftigen Hütte, für uns zu bitten, und die jetzt erworbenen Gaben, Güter und Seligkeit für uns zu fodern (a); und 3) als ein Ausspender der heiligen Güter, uns dieselben, und sonderlich seinen H. Geist herab zu senden (b), durch dessen Kraft uns hinauf zu ziehen, und mit ihm ins himmlische Wesen zu versetzen. Eph. 2, 6.

(a) Ebr. 9, 24. Christus ist eingegangen in den Himmel selbst, um zu erscheinen vor dem Angesichte GOttes für uns. Kap. 7, 25. Daher er auch selig machen kann immerdar, die durch ihn zu GOtt kommen, und lebet immerdar, und bittet für sie. S. a. Joh. 17.

(b) Joh. 12, 32. Und Ich, wenn ich erhöhet werde von der Erde; so will ich sie alle zu mir ziehen. Ephes. 4, 8. Er ist aufgefahren in die Höhe, und hat das Gefängniß gefangen geführet, und hat den Menschen Gaben gegeben. Joh. 16, 7. So ich aber hingehe, so will ich ihn (den Tröster) zu euch senden. S. a. Col. 3, 1.

17. Fr. Was will es sagen, daß Christus zur Rechten des Vaters sitzet?

A. Daß dieser GOttmensch, mit der höch-

höchsten, ja mit einer unbegreiflichen Ehre und Herrlichkeit vom Vater gekrönet sey (Ebr. 2, 9.), so, daß sich in dem Namen JEsu beugen sollen alle derer Knie, die im Himmel, auf Erden, und unter der Erde sind (Phil. 2, 9.); und er alle Gewalt hat, im Himmel und auf Erden (Matth. 28, 18.), und erhaben ist über Engel und Menschen (Eph. 1, 20. 21.), bis er alle seine Feinde zum Schemel seiner Füße gelegt hat (Ps. 110, 1. Ebr. 2, 8.). Sonderlich schließt sein Sitzen zur Rechten GOttes in sich, daß er, als das Haupt seiner Gemeine, sie nun schützen, regieren, und alle nöthige Gnadengaben, auf sie, als seinen Leib, herab fließen laßen soll (Eph. 4, 8, 10—16.), bis sie auch mit ihm, nach der Ueberwindung, auf seinem Thron sitzen würden. Offenb. 3, 21.

18. Fr. So können denn die Gläubigen ihren Heiland und Bräutigam, nachdem er gen Himmel gefahren ist, nicht mehr so nahe haben in dieser Welt?

A. Freilich doch! nach so vielen theuren Verheißungen die er gegeben hat: daß er die Seinen nicht wollte Waisen laßen (Joh. 14, 18.), sondern wieder zu ihnen kommen, und in ihren Herzen Wohnung machen (V. 19—23.). Und da er wollte gen Himmel fahren, sprach er: **Siehe, ich bin bei euch alle Tage, bis an der Welt Ende.** Matth. 28, 20. — S. a. Röm. 10, 6—8.

Sie-

Siebentes Kapitel.

Von den herrlichen Früchten der Menschwerdung, des Lebens, Leidens, Sterbens, der Auferstehung und Himmelfahrt JEsu Christi.

1. Fr. Welches sind nun die Früchte, die aus JEsu Menschwerdung, Leiden, Sterben und Auferstehung hervor wachsen? Oder: worin bestehet eigentlich das grosse Werk unserer Erlösung, welches er ausgeführet hat?

A. Kurz zu sagen, hat er, da wir von GOtt, und aller Seligkeit entfernt, in den Stricken des Satans und der Hölle, ohne Hoffnung auf ewig gefangen lagen, 1) die Hölle ausgelöscht; 2) uns die Seligkeit erworben; 3) den Weg dazu gezeiget; 4) denselben gebahnet, und ist uns darauf vorgegangen; 5) hat er uns Kraft erworben, ihm folgen zu können; 6) die, so uns gefangen hielten, überwunden. Und nun will er uns 7) bei der Hand nehmen; 8) uns von unseren Stricken und Banden befreien; 9) uns selber auf diesem Wege leiten; 10) wann wir straucheln und fallen, oder irre gehen, will er uns wieder aufrichten und zurecht bringen; 11) vor aller Gefahr schützen und bewahren, und uns endlich 12) unfehlbar und glücklich in den Besitz der erworbenen Seligkeit einführen.

1. Genugthuung JEsu Christi.

2. Fr. Sage mir solches von Stück zu Stück etwas deutlicher, und zwar erstlich: Wie hat er für uns die Hölle ausgelöscht?

A. Indem er die Strafe, die wir mit unsern Sünden verdient hatten, auf sich genommen und für uns ausgestanden, und die grausamen Pfeile des Zorns und der Gerechtigkeit GOttes, die uns würden getroffen haben, auf sich anlaufen laßen (a), und also der Gerechtigkeit GOttes, die den Tod des Sünders foderte, ein völliges Gnügen gethan hat (b).

(a) Esa. 53, 5—7. Aber er ist um unserer Missethat willen verwundet, und um unserer Sünde willen zerschlagen. Die Strafe liegt auf ihm, auf daß wir Friede hätten: und durch seine Wunden sind wir geheilet. Wir gingen alle in der Irre wie Schafe, ein Jeglicher sah auf seinen Weg: aber der HErr warf unser aller Sünde auf ihn. Da er gestraft und gemartert ward, that er seinen Mund nicht auf; wie ein Lamm, das zur Schlachtbank geführet wird; und wie ein Schaf, das verstummet vor seinem Scherer, und seinen Mund nicht aufthut. S. a. Lucä 22, 44. Matth. 27, 46.

(b) Matth. 20, 28. Gleichwie des Menschen Sohn nicht gekommen ist, daß er ihm dienen laße, sondern daß er diene, und gebe sein Leben zu einer Erlösung für Viele. S. a. Kap. 26, 28. Röm. 4, 25. 1 Tim. 2, 6. Ebr. 9, 12.

2. Ver=

2. Verdienst JEsu Christi.

3. Fr. Wie hat er uns die Seligkeit erworben?

A. Indem er durch sein Erlösungswerk GOttes Herz, das ist, seine Gnade, Licht, Liebe, Gunst und Gewogenheit, dem gefallenen Sünder wieder eröffnet hat; so daß GOtt die Sünden nicht mehr zurechnet, sondern alle Schätze seiner Seligkeit und Allgenugsamkeit dem Sünder, in Christo wieder offen stellet. Und dieß war eben der Inhalt des Evangeliums *): daß nun wiederum **Leben und unvergängliches Wesen ans Licht gebracht sey** (2 Tim. 1, 10.); welche fröhliche Botschaft der Erlöser darum alsbald durch die ganze Welt ausrufen ließ: **Thut Buße, denn das Himmelreich ist nahe herbei gekommen.** Marci 1, 15. S. a. Röm. 5, 17. Kap. 6, 23.

3. Lehre JEsu Christi.

4. Fr. Hat uns JEsus auch den Weg zur erworbenen Seligkeit gezeigt?

A. Ja; weil wir so gar auf den Irrweg und in die Finsterniß gerathen sind, so hat er uns denselben entdeckt, und zwar theils **auswendig**, im Evangelio und andern gottseligen Büchern schriftlich, und durch seine, und sei-

*) Dieß widerspricht der Anmerkung Seite 184 keinesweges; denn die Person JEsu Christi ist der Grund des Lebens und unvergänglichen Wesens.
A. d. R.

seiner treuen Gesandten Verkündigung münd-lich; theils zeigt er ihn auch inwendig, in-dem er durch das bestrafende, züchtigende und überzeugende Licht seines Geistes, dem Men-schen in seinem Herzen und Gewissen anzeigt, was er thun und laßen soll.

4. Vorbild JEsu Christi.

5. Fr. Was hat der liebe Heiland noch weiter für uns gethan?

A. Er ist durch sein heiliges Leben und Wandel, Kampf und Verläugnung uns sel-ber auf diesem Wege vorgegangen; so daß wir nur auf diesen obersten Anführer zur Se-ligkeit zu sehen, und in seine Fußstapfen zu treten haben, um richtig und ohne Anstoß zu wandeln. Er hat auch durch das Alles, als der rechte Perez oder Durchbrecher, den Weg vor uns her gebahnet und geöffnet; hat sich gleichsam an die schärffte Spitze gestellt, und den härtesten Streich ausgestanden, so daß es nun seinen Nachfolgern eben darum lange so schwer nicht mehr fällt.

5. Erworbene Kraft JEsu Christi.

6. Fr. Wir sind aber ja untüchtig zu einigem Guten, kraftlos, und vermögen nichts?

A. Nichts vermögen wir außer und ohne JEsum; er aber hat uns allerlei göttliche Kraft, was zum Leben und göttlichen Wandel dienet, zuwege gebracht (2 Petri 1, 3.), so daß wir in ihm nun Alles vermögen,

wann

wann er uns innerlich kräftig macht (Phil. 4, 13.), und auf dem Wege nach Zion, alsdann in der Macht seiner Stärke, von Kraft zu Kraft getrost fortwandeln können.

Esa 40, 29—31. Er gibt den Müden Kraft, und Stärke genug den Unvermögenden. Die Knaben werden müde und matt, und die Jünglinge fallen. Aber die auf den HErrn harren, kriegen neue Kraft, daß sie auffahren mit Flügeln wie Adler, daß sie laufen und nicht matt werden, daß sie wandeln, und nicht müde werden. S. a. Ps. 84, 6. 8. Eph. 2, 10. Kap. 3. 16—20. 1. Joh. 5, 3.

6. Sieg JEsu Christi über den Teufel.

7. Fr. Wir sind aber von Natur gefangene Sclaven des Satans, der durch den Sündenfall Recht und Macht über uns bekommen hat?

A. Auch diesen Starken hat JEsus durch den Tod des Kreuzes gebunden, überwunden, und einen Triumph aus ihm gemacht (Col. 2, 15.), und ihm sein Recht und Macht, so er über uns hatte, benommen (Ebr. 2, 14. 15.), und uns im Gegentheil durch sein theures Blut, sich zum Eigenthum erkauft; so daß jetzt nicht mehr Satanas, sondern dieser Goel Recht, Macht und Anspruch an uns hat. S. 1 B. Mose 3, 15. 1 Cor. 15, 55. 57. Eph. 4, 8.

8. Fr. Will der theure Heiland es nun dabei bewenden laßen, daß er das Werk unserer Erlö-

sung, wie gesagt ist, außer und für uns vollbracht hat?

A. Keineswegs; und wir müßen es auch dabei nicht wollen bewenden laßen, wo wir anders die Frucht seiner Erlösung, den Frieden und die Seligkeit unseres Geistes wirklich genießen wollen; vielmehr müßen wir uns ihm gänzlich ergeben, und ihn bitten, daß er dieses große Werk, gleichwie er solches für uns verrichtet hat, also auch in uns ausführen wolle.

7. Buße und Bekehrung.

9. Fr. Wie will er denn das Werk der Erlösung in uns ausführen?

A. Er will uns, wie oben gesagt ist, selbst bei der Hand nehmen (Psalm 73, 23. 24.), welches geschiehet, wann er uns durch das überzeugende Licht seines Geistes, und durch seine überwindende Gnadenkraft (a), kräftiglich berufet, ziehet und bekehret.

(a) Jer. 20, 7. HErr, du hast mich überredet, und ich habe mich überreden laßen; du bist mir zu stark gewesen, und hast gewonnen: aber ich bin darüber zum Spott geworden täglich, und jedermann verlachet mich.

8. Heiligung.

10. Fr. Was verrichtet er sodann weiter in uns?

A. Er macht uns auch wirklich, durch die göttliche Kraft seiner Liebe und seines Heiligen Geistes, los und frei von allen Fesseln und Ban-

Banden, von so unzählig vielen verkehrten Lüsten, Begierden, Affecten, von Eigenliebe, Eigenwillen, bösen Gewohnheiten und Sünden, womit wir an der Welt und an uns selbst gekettet liegen.

Titum 2, 12. Die heilsame Gnade GOttes züchtiget uns, daß wir sollen verläugnen das ungöttliche Wesen, und die weltlichen Lüste, und züchtig, gerecht und gottselig leben in dieser Welt. S. a. 2 Petr. 1, 4. Joh. 15, 19. Gal. 1, 4. Eph. 2, 2 u. 5.

9. Erleuchtung durch den H. Geist.

11. Fr. Wie will uns JEsus auf den Weg zur Seligkeit leiten?

A. Durch seinen H. Geist, den er uns erworben und mitzutheilen verheißen hat, wenn wir ihn um denselben bitten (Luc. 11, 13.), durch welchen er der Gläubigen Herzen erleuchtet (Eph. 1, 17. 18.), und ihnen seine Wege und Willen bekannt macht (a), sie gleichsam bei der Hand leitet, beweget (b), und ihnen anweiset, wie sie sich im Thun und Laßen, Reden und Schweigen zu verhalten haben (c). Er, der H. Geist, treibt sie an zum Gebeth, und wirket dasselbe in ihnen (d), sammt allen andern Tugenden, welche — wann derselbe wirklich und wesentlich Besitz von dem Herzen genommen hat, — von selbst, und ohne Gesetz und Zwang, aus dieser Quelle fließen (e).

(a) Joh. 16, 13. 14. Wann aber jener, der Geist

der Wahrheit, kommen wird, der wird euch in alle Wahrheit leiten. Denn er wird nicht von ihm selber reden, sondern was er hören wird, das wird er reden, und was zukünftig ist, wird er euch verkündigen. Derselbige wird mich verklären; denn von dem Meinen wird er's nehmen, und euch verkündigen. S. a. Kap. 14, 26. Kap. 15, 26.

(b) Röm. 8, 14. Denn welche der Geist GOttes treibet, die sind GOttes Kinder.

(c) Ap. Gesch. 16, 6. 7. Da sie aber durch Phrygiam und das Land Galatiam zogen, ward ihnen gewehret von dem H. Geiste, zu reden das Wort in Asia. Als sie aber kamen an Mysiam, versuchten sie durch Bithyniam zu reisen; und der Geist ließ es ihnen nicht zu.— Röm. 15, 18. Denn ich dürfte nicht etwas reden, wo dasselbige Christus nicht durch mich wirkete, die Heiden zum Gehorsam zu bringen, durch Wort und Werk. S. a. 1 Cor. 12, 8. u. s. w.

(d) Röm. 8, 15. Denn ihr habt nicht einen knechtlichen Geist empfangen, daß ihr euch abermal fürchten müßet, sondern ihr habt einen kindlichen Geist empfangen, durch welchen wir rufen: Abba, lieber Vater!

Vers 26. 27. Desselbigen gleichen auch der Geist hilft unserer Schwachheit auf. Denn wir wissen nicht, was wir bethen sollen, wie sichs gebühret; sondern der Geist selbst vertritt uns aufs beste, mit unaussprechlichem Seufzen. Der aber die Herzen forschet, der weiß, was des Geistes Sinn sey; denn er vertritt die Heiligen nach dem, das GOtt gefället.

(e) Gal. 5, 18. Regieret euch aber der Geist, so

seyd ihr nicht unter dem Gesetz. — Vers 22, 23. Die Frucht aber des Geistes ist Liebe, Freude, Friede, Geduld, Freundlichkeit, Gütigkeit, Glaube, Sanftmuth, Keuschheit. Wider solche ist das Gesetz nicht. S. a. Eph. 5, 9.

10. Fürbitte und Zurechtweisung.

12. Fr. Wie will JEsus, wenn wir irre gehen, straucheln und fallen möchten, uns wieder aufhelfen und zurecht weisen?

A. Wenn Gläubige, aus Schwachheit, Unwissenheit, Unbedachtsamkeit, Benebelung des Verstandes, oder aus Uebereilung sündigen (Jacobi 3, 2.): so ist er selber unser Fürsprecher bei dem Vater (1 Joh. 2, 1. S. a. Ebr. 7, 25. Röm. 8, 34.), und erwirbt uns, kraft seiner einmal vollbrachten Versöhnung, die Vergebung unserer Sünden, zumalen da Er auch selbst in allem versucht ist, doch ohne Sünde, und darum Mitleiden hat mit unsern Schwachheiten. Ebr. 2, 17. 18. Kap. 4, 15. 16. — Er züchtiget und bestrafet uns (Tit. 2, 12.), und weiset uns auch wieder zurecht, durch seinen theuern Geist, wo wir es irgend versehen haben.

11. Bewahrung bis ans Ende.

13. Fr. Wir sind aber in diesem elenden Leben allerseits in großer Gefahr, und möchten also leichtlich unsern Feinden wieder in die Hände fallen?

A. Allerdings; aber unser Erlöser ist nicht weit (Matth. 28, 20.), er hat ein genaues Auge auf die Seinigen; er schützet und be-

bewahret sie wie seinen Augapfel, und bedecket sie mit den Flügeln seiner Macht und Güte (Psalm 91 ganz. 1 Petri 3, 12. 13.), daß der Arge sie nicht antasten kann. Dem Leibe nach kann nicht ein Haar von ihrem Haupte fallen, ohne seinen Willen (Matth. 10, 28. 29.); und der Seele nach hat er, als der gute Hirte, seine Schafe auch in seiner Hand, so daß sie in Ewigkeit nicht werden verloren gehen (Joh. 10, 28. 29.), sondern alle Dinge ihnen dienen und mitwirken müßen zur Seligkeit (Röm. 8, 28—39.). — Selbst alles leiden, alle Versuchungen, Strauchelungen, Sünden und sogar den Satan (Matth. 16, 18.), weiß dieser treue Erlöser und Herzog der Seligkeit wunderbarlich zu ihrer Beförderung in der läuterung, Heiligung und Vereinigung mit GOtt zu lenken und zu gebrauchen. Und so werden sie unter allen Gefahren und Feinden durch seine, und seines Vaters Macht, wie durch eine Besatzung zur Seligkeit bewahret (1 Pet. 1, 5.), befestiget und versiegelt. 2 Cor. 1, 20—22. Eph. 1, 13. 1 Theß. 5, 23. 24. Röm. 16, 25.

12. Ewige Seligkeit.

14. Fr. Wie führet er die Seinen endlich in den wirklichen und vollkommenen Besitz der erworbenen Seligkeit?

A. Durch die gänzliche Befreiung von dem leibe des Todes, und allem Elend, leiden,

Streit,

Streit, Gefahr und Versuchungen, durch einen seligen Tod, welchem der Heiland durch seinen Tod den Stachel weggenommen hat (a), so daß ihnen derselbe nicht mehr schrecklich, sondern erwünscht vorkommt, da sie ihn nicht anders ansehen können, als eine Thür zum ewigen leben (b); weil sie wissen, daß er auch ihre sterblichen Leiber am jüngsten Tage erwecken (Joh. 6, 40. Röm. 8, 11.), verklären (Phil. 3, 21.), und wieder mit der Seele vereinigen, und sie sodann auf ewig bei und zu sich nehmen werde (1 Thess. 4, 13. u. f.), seine Herrlichkeit zu schauen (Joh. 17, 24.), und zu besitzen das Reich der ewigen Glorie und Seligkeit, das ihnen bereitet ist, und welches er ihnen durch seine Menschwerdung, sein leiden und Sterben so theuer erworben hat; worauf sie mit ewigem Dank und Lob das neue Lied werden anstimmen: **Das Lamm, das erwürget ist, ist würdig zu nehmen Kraft, und Reichthum, und Weisheit, und Stärke, und Ehre, und Preis, und Lob, und Gewalt von Ewigkeit zu Ewigkeit!** Offenb. 5, 9–13.

(a) Esa. 25, 8. Denn er wird den Tod verschlingen ewiglich. Und der HErr, HErr wird die Thränen von allen Angesichtern abwischen, und wird aufheben die Schmach seines Volks in allen Landen; denn der HErr hat es gesagt. S. a. 1 Cor. 15, 54 u. f. 2 Tim. 1, 10.

(b) Phil. 1, 21. Denn Christus ist mein Leben,

und Sterben ist mein Gewinn. — Vers 23. Denn es lieget mir beides hart an, ich habe Lust abzuscheiden, und bei Christo zu seyn: welches auch viel besser wäre. — S. a. Röm. 8, 23. 2 Cor. 5, 1—7. Joh. 5, 24.

15. Fr. Was merkest du bei der Betrachtung aller dieser, durch JEsum uns erworbenen Heilsgüter und Seligkeiten an?

A. 1) Die unaussprechlich große Liebe, Güte und Treue unseres Erlösers. (S. Kap. 6. Fr. 8.). 2) Das, was David im 33. Psalm sagt: **Wohl dem Volk, deß der HErr ein GOtt ist, dem Volk, das er sich zum Erbe erwählet hat.** 3) Wie wir bei dem ganzen Werke der Erlösung und Seligkeit gleichwohl von unserer Seite so gar wenig thun und beitragen, und JEsus und sein Geist es allein für uns und in uns anfängt, fortsetzt und vollendet; weßwegen also die Seligkeit mit Recht ein Gnadengeschenk (a), und dieser neue Bund ein Gnadenbund genannt wird.

(a) Röm. 6, 23. Denn der Tod ist der Sünden Sold; aber die Gabe GOttes ist das ewige Leben, in Christo JEsu, unserm HErrn.

Anhang von den so genannten Haushaltungen GOttes.

16. Fr. Der Bund GOttes unter der Verheißung und unter dem Gesetz, war der nicht auch ein Gnadenbund, und also mit diesem neuen Bunde ein und derselbe?

A. Ja, was seinen Grund und Wesen an-

angeht; allein in vielen äußerlichen, und nicht wesentlichen Dingen und Umständen sind diese Bündnisse merklich unterschieden: darum wird der letzte Bund in der H. Schrift mit Recht ein anderer, und neuer Bund genannt, zum Unterschied von dem vorigen.

Jer. 31, 31. Siehe, es kommt die Zeit, spricht der HErr, da will ich mit dem Hause Israel, und mit dem Hause Juda einen neuen Bund machen. S. a. Ebr. 8, 7—13.

17. Fr. Welches ist das Wesentliche, worin der Bund GOttes mit dem Menschen nach dem Fall, zu allen Zeiten Einer ist und bleibet?

A. **Die Verheißung an GOttes Seite:** nämlich: die Vergebung der Sünden, und ewige Seligkeit; nicht weniger die schuldige **Pflicht an des Menschen Seite:** nämlich, GOtt zu lieben von ganzem Herzen, und von ganzer Seele; oder Buße und Glauben, beides aber auf dem einigen Grunde und durch den einigen **Mittler des Bundes**, JEsum Christum und dessen Gnade und Verdienst. Dieß ist, nach dem Sündenfalle, unverändert eins und dasselbe geblieben, und wird bleiben bis ans Ende der Welt.

18. Fr. Was hat aber der neue Bund, der nach der Zukunft, dem Leiden und der Verherrlichung Christi errichtet ist, vor dem alten Bunde voraus?

A. 1) Daß der alte eingeschränkt war auf ein gewisses äußerliches Volk allein; dieser aber ganz allgemein ist, und sich ausbreitet, ohne Unterschied, auf alle Stände, Völker und Nationen (a); 2) daß der neue Bund viel freier ist, indem er entlastet ist von dem schweren Joch so vieler Satzungen und Ceremonien. 3) Waren auch unter dem alten Testament, so wohl die Foderungen als auch die Verheißungen GOttes, von JEsu Christo und dessen erworbenen Gütern und Seligkeiten, lange nicht in solchem Glanz und Klarheit offenbaret, sondern verdecket unter vielen dunkeln Räthseln, äußerlichen Bildern, Schatten und Ceremonien, woran die meisten, obgleich nicht alle, hangen blieben, und nicht durchdrangen auf den Kern, die Kraft, das Wesen und die Wahrheit dieser Dinge, welche erst in Christo werden sollte (b).

(a) Ephes. 3, 11. Nach dem Vorsatz von der Welt her, welche er bewiesen hat in Christo JEsu, unserm HErrn.

(b) Joh. 1, 17. Denn das Gesetz ist durch Mosen geben; die Gnade und Wahrheit ist durch JEsum Christum geworden?

19. Fr. Was willst du damit sagen, wann du sprichst: daß auch die Foderungen GOttes im Gnadenbund in dem alten Testamente nicht so klar vorgestellet sind, als im neuen?

A. Das alte Testament, oder Moses, oder das Amt und die Bedienung des Buchstabens und des Gesetzes, hatte nur einen dunklen Buchstaben von Glauben und Liebe, und stellte

stellte die Verläugnung vor, unter den Bildern und Schatten der Brandopfer und anderer Ceremonien; Christus aber, und seine Jünger, und das Amt oder die Bedienung des Geistes, drücken diese Pflichten mit ihrer lehre, ihren Schriften und ihrem lebendigen Exempel, viel deutlicher und weitläufiger aus.

20. Fr. Ist nicht noch ein 4tes Vorrecht des neuen Bundes vor dem alten?

A. Ja; und zwar das eigentlichste und vornehmste, nämlich dieses: daß zwar Moses das Gesetz gegeben hat, die Gnade, Geist, Kraft und Wahrheit aber erst durch Christum geworden ist. Joh. 1, 17.

21. Fr. Sage mir das etwas deutlicher; wie nämlich Moses zwar das Gesetz, nicht aber die Gnade, Kraft und den Geist gebe?

A. Moses, oder das Amt des Buchstabens hat zwar die Foderungen GOttes von außen angedrungen, und gesagt: Thue das, so wirst du leben; von innen aber keine Kraft, Geist, noch leben, lust und liebe gegeben, um es halten und erfüllen zu können, so wie es GOtt foderte: nämlich mit einem reinen, freudigen und freiwilligen Herzen; welches nicht das Gesetz, sondern der Glaube an Christum gibt. Im Gegentheil schlägt, treibet, ängstet, verwundet und tödtet es nur, machet Unwillen, und ein böses, anklagendes Gewissen, indem es beschuldiget und verdammet; und richtet diesemnach Zorn und

Un-

Unruhe an. S. 2 Cor. 3, 6. 13. 17. Matth. 5, 17. 20. 48. Röm. 3, 31. Kap. 6, 14.

22. Fr. Wenn dem aber also ist: so werden auch jetzt noch viel gute Seelen unter dem Gesetz, und noch nicht eigentlich unter der Gnade seyn?

A. Freilich ja; und vielleicht wohl die meisten unter den so genannten Frommen: Nämlich 1) alle diejenigen, die noch zu stark hangen an diesen oder jenen äußerlichen Gesetzen, Schranken, Pflichten, Ceremonien u. s. w., und darin fast das Wesen ihres Gottesdienstes stellen. 2) Diejenigen, welche die Gnade GOttes in Christo noch nicht an ihrem Herzen versiegelt bekommen haben; in welchen aber 3) das Gesetz GOttes im Gewissen aufgewacht ist, und sie mit seinem scharfen Fluch und Drohen treibet, seinen Foderungen ein Genüge zu thun, sie schrecket und ängstigt wann sie es versehen u. s. w., so daß sie stäts in Furcht des Todes, und Knechtschaft des Gesetzes, als arme Gefangene, und mit Stricken Gebundene stehen; welche aber 4) ohne Herzenslust und Liebe, wie auch ohne wesentliche Gotteskraft sind, und darum das Gesetz erfüllen zu können, ermangeln *).

23. Fr. Was heißt aber hingegen, unter der Gnade stehen?

A. 1) Die Gnade und Versöhnung GOttes

*) Siehe weiter von dieser Materie im 8. Kap. Fr. 15. und 16. Zusatz des Verf.

tes in Christo, in seinem Herzen und Gewissen erfahren; und darum 2) Friede mit GOtt haben (Röm. 5, 1. rc.), und von Furcht und Anklage frei gemacht werden (a). 3) Freude, Lust, Liebe, Willen und Kraft empfangen, GOttes Gesetz ohne Zwang und Joch zu erfüllen, wenn schon kein äußerliches Gesetz noch Strafe wäre (b); denn dieß sollte (laut der Weißagung Jeremiä Kap. 31, 31. rc.) der eigentliche Charakter des neuen Bundes seyn, daß GOtt sein Gesetz in das Inwendigste des Herzens seiner Bundsgenossen schreiben würde.

(a) Ebr. 10, 22. So laßet uns hinzu gehen, mit wahrhaftigem Herzen, in völligem Glauben, besprenget in unsern Herzen, und los von dem bösen Gewissen, und gewaschen am Leibe mit reinem Wasser. S. a. Kap. 12, 18. 24. Röm. 8, 33. 34.

(b) Gal. 5, 22. 23. Die Frucht aber des Geistes ist Liebe, Freude, Friede, Geduld, Freundlichkeit, Gütigkeit, Glaube, Sanftmuth, Keuschheit: Wider solche ist das Gesetz nicht. S. a. Röm. 6, 14. 18. 1 Cor. 9, 21. 1 Tim. 1, 8. 9.

24. Fr. Wer befreiet uns aber von dem Joche des Gesetzes, der Sünde und des Todes, und versetzt uns in den Stand der Gnaden?

A. Der Heiland JEsus Christus, durch seinen H. Geist; denn, welchen der Sohn frei machet, der ist recht frei; und wo der Geist des HErrn ist, da ist Freiheit. Joh. 8, 36. 2 Cor. 3, 17. S. a. Jes. 9, 4. Röm. 8, 1—4.

Achtes Kapitel.

Von dem Heiligen Geist, und dessen Wirkungen; und zwar insonderheit von den Ueberzeugungen und von der Buße.

1. Fr. Wann hat der HErr JEsus seinen verheissenen Geist über seine Jünger ausgegossen?

A. Zehn Tage nach seiner Himmelfahrt, auf den Tag der Pfingsten, da die Apostel und viel andere Gläubige einmüthig bei einander waren zu Jerusalem. Damals geschah schnell ein großes Brausen vom Himmel, als eines gewaltigen Windes, und erfüllete das Haus da sie saßen. Und sie wurden alle voll des H. Geistes, und fingen an zu reden mit andern Zungen, und die großen Thaten GOttes zu verkündigen. S. Apostelg. 2.

2. Fr. Mußte der H. Geist nothwendig über die Jünger ausgegossen werden?

A. Allerdings; denn 1) mußte durch denselben das Werk der Erlösung in ihnen ausgeführt, und sie durch ein sonderbares Maß des evangelischen Lichts, der Lauterkeit, Kraft, Freiheit und Liebe, die ihnen dieser Geist in's Herz brachte, zu rechten Kindern des neuen Bundes, oder zu wahren Christen gemacht wer-

werden. 2) Mußten insbesonder die Apostel durch die außerordentlichen Gaben des H. Geistes, die ihnen zugleich mitgetheilt wurden, tüchtig gemacht werden, das Evangelium von JEsu allen Völkern zu verkündigen, und durch diesen Geist, als den Reichs-Zepter seiner Stärke (Ps. 110.), sein Königreich auf dem Erdboden aufzurichten.

3. Fr. Ist aber dieser Geist denn auch uns nöthig?

A. Freilich ja; er muß, wie gesagt, die Erlösung, die Christus für uns erworben hat, nothwendig auch in uns ausführen, oder wir haben keinen Theil an dieser Erlösung, und sind keine Christen, d. i. Gesalbten: denn wer Christi Geist nicht hat, der ist nicht sein. Röm. 8. Vers 9. u. 5. S. a. Joh. 3, 6. 1 Cor. 12, 3. Röm. 8, 26. Joh. 16, 13.

4. Fr. Sollte denn ohne den H. Geist Niemand ein Christ seyn können? Man hört und siehet ja heut zu Tage so wenig von den göttlichen Wirkungen dieses Geistes in den Seelen.

A. Dem ist also; daß man aber so wenig davon höret und siehet, ist kein Wunder, weil man 1) die Christliche Religion, die sonst so gar geist- und göttlich ist, gestellet hat in Vernunftschlüsse, Ueberlieferungen, Gewohnheiten, bloß äußerliches Wissen, Bekennen, Zustimmen; in Ausübung einiger äußerlichen Pflichten und Ceremonien, und wenn's hoch kommt, in ein sittsames Bürgerleben: zu

wel-

welchem allem man den H. Geist noch nicht nöthig hat. Vornehmlich aber kommt es 2) daher, daß man in der Finsterniß ist, und das Licht des Geistes hasset, wodurch man seine Gräuel nicht entdeckt haben, nicht unruhig gemacht werden (Joh. 16, 8.), sondern lieber bleiben will, der man ist. Man will lieber des Fleisches Sinn und Trieb folgen, als von diesem reinen Geiste sich wider des Fleisches Sinn leiten laßen.

5. Fr. Wem schenkt der HErr JEsus seinen Geist? *)

A. Den bußfertigen (a), gläubig gehorsamen (b), herzlich bethenden, und auf ihn wartenden Seelen. S. a. Luc. 11, 13. Ap. Gesch. 2, 1.

(a) Apost. Gesch. 2, 38. Thut Buße, und laße sich ein jeglicher taufen auf den Namen JEsu Christi, zur Vergebung der Sünde, so werdet ihr empfahen die Gabe des H. Geistes.

(b) Apost. Gesch. 5, 32. — Der H. Geist, welchen GOtt gegeben hat denen, die ihm gehorchen.

6. Fr. An welchen Kennzeichen wird Christi Geist erkannt, und von andern unterschieden?

A. An seinen göttlichen Wirkungen und Früchten, die theils inwendig, theils auswendig sind. Inwendig ist 1) dieser Geist dem, der ihn empfähet, das allergewisseste Kenn-

*) Verstehe die tröstliche, erneuernde und heiligende Wirkungen des Geistes: denn mit den vorbereitenden kommt der HErr JEsus todten Sündern zuvor. Ezech. 37, 1. u. f. Anmerk. des Verfassers.

Kennzeichen; indem er selber Zeugniß gibt, daß Geist Wahrheit sey (1 Joh. 5, 6.); sonderlich nachdem er das Herz völlig in Besitz genommen hat. 2) Weil er ein friedsamer, freudenreicher, sanfter Geist ist: so sammlet er das Gemüth, und machet es einkehrend und andächtig zu GOtt: wogegen die Natur und ein fremder Geist auslockt, verstreuet, beunruhiget und zerstöret *). 3) Bringt dieser Geist Licht mit sich, wodurch dem Menschen alle Wahrheit entdecket wird (Joh. 16, 13. Kap. 14, 26.), sonderlich diese Grundwahrheit: daß GOtt Alles — alles andere aber außer ihm ein Nichts in sich selber sey; woraus 4) in der Seele entspringt eine, mit Abneigung verpaarte Geringachtung, und Verläugnung aller Kreaturen **), wie auch ihrer selbst; hin-

*) Ein sehr wichtiges Kennzeichen, welches sich erweckte, redliche Seelen wohl merken mögen, da sich ein fremder Geist, unter gutem Scheine — sonderlich bei Seelen von lebhaftem Charakter — so leicht einschleichen kann. A. d. R.

**) Man muß hier den sel. Autor nicht mißverstehen. Er verachtete ja nicht die Geschöpfe GOttes, als solche. Weil er aber gründlich einsah, daß sie in sich selbst nichts sind: so hatten sie auch in seinen Augen keinen Werth, als nur in so fern sie Beweise von der Güte, Allmacht und Weisheit ihres Schöpfers waren. Nur zu Ihm sollte aber auch die Betrachtung und der Genuß derselben das Herz aufleiten; so bald sie aber das Gegentheil bewirkten, Sinn und Herz zerstreueten, und durch ihren Reiz gefangen nähmen, folglich von GOtt abführeten (wie leider! so häufig geschieht): so müße man seine Neihingegen eine innige Hochachtung gegen diesen allgenugsamen GOtt, eine liebliche Zuneigung zu ihm, und Vereinigung mit ihm. Endlich bringt dieser Geist JEsu auswendig unfehlbar eben die Wirkungen und Früchte hervor in seinen Gliedern, die er auch in ihm, dem Haupte, gewirket hat: nämlich alle Tugenden, und das ganze Leben JEsu. S. 2 Cor. 4, 10. 12. auch oben Kap. 5. Fr. 3 – 7.

7. Fr. Benenne mir kürzlich die Hauptwirkungen dieses Geistes, wodurch er das Werk der Erlösung JEsu Christi in den Herzen der Gläubigen ausführet, und aus ihnen Kinder GOttes oder wahre Christen macht?

A. 1) Wirket er in ihnen Ueberzeugung (a); 2) Buße oder Sinnesänderung (b); 3) den Glauben an JEsum (c); 4) die Wiedergeburt (d); 5) derselben Fortsetzung in der täglichen Heiligung (e); und zwar 6) unter ernstem Kampf und stätem Gebeth (f); endlich wirkt er 7) die Beständigkeit im Gutesthun und Dulden, so wie die Versiegelung und Bewahrung bis ans Ende (g).

(a) Joh.

---

gung von allen Kreaturen, wie prächtig, wohlschmäckend, reizend und schön sie immerhin seyn möchten, gänzlich abziehen, und sie schlechterdings verläugnen ꝛc. — Uebrigens hat der sel. Verfasser seine Empfindungen bei der Beschauung der Geschöpfe GOttes hin und wieder in seinen Schriften — sonderlich im LXVII, XCI. und CIII. Liede des Blumengärtl. — ganz vortrefflich ausgedrückt, und überall den Kindern GOttes den eigentlichen, richtigen Gesichtspunct angegeben, wie sie die Kreaturen beschauen und betrachten sollen. A. d. R.

(a) Joh. 16, 8—11. Und wenn der Tröster kommt, der wird die Welt strafen, um die Sünde, und um die Gerechtigkeit, und um das Gericht. Um die Sünde, daß sie nicht glauben an mich. Um die Gerechtigkeit aber, daß ich zum Vater gehe, und ihr mich fort nicht sehet. Um das Gericht, daß der Fürst dieser Welt gerichtet ist.

(b) Zach. 12, 10. Aber über das Haus Davids, und über die Bürger zu Jerusalem will ich ausgießen den Geist der Gnaden und des Gebeths: Denn sie werden mich ansehen, welchen jene zerstochen haben; und werden ihn klagen, wie man klagt ein einiges Kind; und werden sich um ihn betrüben, wie man sich betrübet um ein erstes Kind. S. a. Apostelg. 11, 18. u. f.

(c) 2 Cor. 4, 13. Dieweil wir aber denselbigen Geist des Glaubens haben (nachdem geschrieben steht: Ich glaube, darum rede ich) so glauben wir auch, darum so reden wir auch. S. a. Phil. 3, 9.

(d) Joh. 3, 3. 5. Wahrlich, wahrlich, ich sage dir: Es sey denn, daß jemand von neuem geboren werde, aus dem Wasser und Geist, kann er das Reich GOttes nicht sehen. S. a. Tit. 3, 5.

(e) 1 Cor. 6, 11. Ihr seyd abgewaschen, ihr seyd geheiliget, ihr seyd gerecht geworden durch den Namen des HErrn JEsu, und durch den Geist unsers GOttes. S. a. 2 Cor. 3, 17, 18.

(f) Eph. 6, 17. 18. Und nehmet den Helm des Heils, und das Schwert des Geistes, welches ist das Wort GOttes. Und bethet stäts in allem Anliegen, mit Bitten und Flehen im Geist, und wachet dazu in allem Anhalten und

Flehen für alle Heiligen. S. a. Röm. 8, 15. und 26.

(g) 2 Cor. 1, 21. 22. GOtt ist es aber, der uns befestiget sammt euch in Christum, und uns gesalbet, und versiegelt, und in unsere Herzen das Pfand, den Geist, gegeben hat. S. a. Kap. 5, 5.

1. Ueberzeugung.

8. Fr. Welche ist demnach die erste Wirkung des Geistes GOttes in einer Seele?

A. Daß er bei ihr anklopft, sie rührt und überzeugt, entweder außer oder unter dem Gebrauch der Mittel; es sey durch das Lesen der h. Schrift, oder eines andern geistlichen Buchs; oder durch ein Wort der Wahrheit, so man von andern hört; oder durch Krankheit, Elend und Widerwärtigkeit; oder durch das Andenken des Todes, des Gerichts und der Ewigkeit; oder auch durch das wirkliche Sterben andrer Freunde und Bekannten; oder durch einige andre Schickung der göttlichen Vorsehung von außen: wobei er der Seele zugleich inwendig einigen Eindruck und Einsicht gibt: von der Nichtigkeit und Flüchtigkeit alles Sichtbaren; von dem elenden Zustande, in welchen sie durch die Sünde gerathen ist; wie auch von GOttes Gerechtigkeit und Heiligkeit, und wie sie, wenn er ihr mit seiner Gnade und Kraft nicht zuvor komme, sich ihrer erbarme, und sie verändere, ewig müße verloren gehen.

9. Fr.

9. Fr. Wer denn nun diese erste Ueberzeugung in seiner Seele gewahr wird, was hat der dabei in Acht zu nehmen?

A. 1) Daß er sich diesem Lichte nicht entziehe durch Zerstreuungen in Gesellschaften, Reisen, Lesen eitler Bücher *), oder durch welche Mittel es auch immer möchte geschehen können. 2) Daß er sein Gewissen, mit diesem oder jenem bloß äußerlich gethanen Werk, Pflicht, oder Ceremonien u. dgl. nicht zu stillen trachte. Auch 3) es beim bloßen Licht und Rührung nicht bewenden laße, in der betrüglichen Meynung, als wäre es schon gut, wenn man nur einige Ueberzeugung von GOtt, und einiges Nachdenken und Bekümmerniß über seinen Zustand, auch daher einige Neigung zum Guten und zu dem Umgang mit den Frommen bekommen habe, und unterdessen im Grunde derjenige bleibet der man allzeit gewesen ist. 4) Muß im Gegentheil eine überzeugte Seele dem züchtigenden und bestrafenden Lichte GOttes stille halten, und sich demselben in aller Wahrheit bloß geben, ohne einigen Rückhalt.

10. Fr. Wann nun der Mensch diesem überzeugenden Licht des Geistes JEsu sich bloß gibt, was wirkt derselbe dann ferner in der Seele?

A. Er gibt ihm noch viel lebendiger und

*) Ja auch selbst oft guter und sonst erbaulicher Bücher. Denn wann der H. Geist am Herzen anklopfet, müßen die Bücher geschlossen werden. Durch Fortlesen würde man seine Gnade verscherzen, die zu solcher Zeit allein durch stilles Aufmerken und Gebeth in der Seele zur Kraft werden kann. A. d. R.

der Mensch, der vorhin fleischlich und irdisch gesinnet war, nun geändert wird, und seinen Sinn, Begierden und Gedanken auf etwas Geistliches, Himmlisches und Ewiges zu richten anfängt.

12. Fr. Gibt es auch noch eine andere Buße?

A. Ja, diejenige, die nach dieser ersten Buße oder Sinnesänderung in den Gläubigen anhält und täglich fortgesetzt wird, und darin besteht: daß sie, so wohl wegen des Andenkens an ihre vorigen Sünden, als auch wegen den noch täglich sich offenbarenden Schwachheiten und Unvollkommenheiten, bei sich tragen eine demüthige, verwundete Herzensgestalt: die nicht mehr, wie insgemein vorhin, entspringt aus bloßer Furcht vor dem Zorne GOttes und der Verdammniß, sondern aus einer innig zarten Liebe, und tiefer Ehrfurcht gegen GOtt; welche darum auch selten eine solche Unruhe bei sich hat als die erste Buße. Und, in so weit die Buße eine Sinnesändrung ist, wird ihr Sinn täglich nicht allein beständiger, sondern auch lauterer und einfältiger auf GOtt in Christo gerichtet.

13. Fr. Sind aber die Wirkungen bei der oben beschriebenen anfänglichen Buße in allen Seelen einerlei?

A. Zumal nicht: denn bei einigen findet sich große Beängstigung und Schrecken, bei andern eben nicht; bei einigen große, und in Thränen ausbrechende Traurigkeit, b tiefer als vorhin einzusehen, seinen gefährlichen Zustand an der einen, und GOttes Gerechtigkeit und Heiligkeit an der andern Seite; woraus dann entspringt eine innige Herzenstraurigkeit, Beschämung und Demüthigung vor GOtt und allen Menschen über seine Sünden; eine offenherzige Bekenntniß derselben vor GOtt, und wo es nöthig und erbaulich ist, auch vor Menschen; ein aufrichtiger Haß und Abscheu gegen die Sünde; eine Geringachtung und Verläugnung der Welt und alles Sichtbaren; weil er fühlt, daß nichts von demselben seine Seele retten, und seinen aufgewachten Geisteshunger stillen kann. Er fängt nicht allein an einzusehen, wie er so unumgänglich nöthig habe, verändert zu werden; sondern er empfängt auch eine herzliche Begierde GOttes Willen zu wissen, um denselben zu thun (a); ja er fängt auch wirklich an, nach seiner Erkenntniß und Vermögen, das Böse zu laßen, und das Gute auszuüben.

(a) Apostgesch. 2, 37. Da sie aber das höreten, ging es ihnen durchs Herz, und sprachen zu Petro und zu den andern Aposteln: Ihr Männer, lieben Brüder, was sollen wir thun? Kap. 9, 6. Und er (Saulus) sprach mit Zittern und Zagen: Herr, was willst du, daß ich thun soll? S. a. Lucä 3, 10. und Apost. 16, 30.

11. Fr. Wie wird dieser Seelenstand in h. Schrift genannt?

A. Die Sinnesänderung oder die Buße von den todten Werken (Ebr. 6, 1), worin der

der Mensch, der vorhin fleischlich und irdisch gesinnet war, nun geändert wird, und seinen Sinn, Begierden und Gedanken auf etwas Geistliches, Himmlisches und Ewiges zu richten anfängt.

12. Fr. Gibt es auch noch eine andere Buße?

A. Ja, diejenige, die nach dieser ersten Buße oder Sinnesänderung in den Gläubigen anhält und täglich fortgesetzt wird, und darin besteht: daß sie, so wohl wegen des Andenkens an ihre vorigen Sünden, als auch wegen den noch täglich sich offenbarenden Schwachheiten und Unvollkommenheiten, bei sich tragen eine demüthige, verwundete Herzensgestalt: die nicht mehr, wie insgemein vorhin, entspringt aus bloßer Furcht vor dem Zorne GOttes und der Verdammniß, sondern aus einer innig zarten Liebe, und tiefer Ehrfurcht gegen GOtt; welche darum auch selten eine solche Unruhe bei sich hat als die erste Buße. Und, in so weit die Buße eine Sinnesändrung ist, wird ihr Sinn täglich nicht allein beständiger, sondern auch lauterer und einfältiger auf GOtt in Christo gerichtet.

13. Fr. Sind aber die Wirkungen bei der oben beschriebenen anfänglichen Buße in allen Seelen einerlei?

A. Zumal nicht: denn bei einigen findet sich große Beängstigung und Schrecken, bei andern eben nicht; bei einigen große, und in Thränen ausbrechende Traurigkeit, bei andern nur eine inwendige Herzenstraurigkeit und Zerknirschung; bei einigen ist die Traurigkeit dann und wann mit einigem Trost vermengt, andre werden Anfangs mit lauter Süßigkeit und Liebe gezogen. Noch andere wissen von nichts Außerordentlichem, als nur daß sie ein anderes Gesicht und einen andern Willen bekommen haben; einige kommen geschwind, und als in einem Augenblick zur Sinnesänderung, und werden wie ein Brand aus dem Feuer gerückt; bei andern geht es langsam und stufenweise fort, u. s. w. doch aber sind die oben beschriebene Eigenschaften nicht allein die allgemeinsten, sondern auch wohl die sichersten, und die sich fast bei allen mit finden werden.

14. Fr. Wofür hat sich eine bußfertige Seele sonderlich in acht zu nehmen?

A. An der einen Seite 1) daß sie sich nicht selbst gefalle in sinnlichen Rührungen, z. B. in Weinen, im Eifer, u. dgl. noch zu sehr sich darauf stütze und ruhe, oder zu viel daraus mache. 2) Daß sie sich nicht selbst tröste, noch von andern trösten laße, ehe und bevor es GOttes Geist thut. 3) Daß sie nicht allerhand ungegründete Kennzeichen hervorsuche, sich dadurch in ihrem Stande fest zu setzen. 4) Daß sie nicht meyne, weil sie dieß und jenes empfunden hat, sie sey schon über den Berg; und also nicht zur völligen Wiedergeburt durchbreche. — An der an-

anderen Seite hat sie sich in acht zu nehmen 5), daß sie sich nicht selbst eine Traurigkeit mache oder affectire, in der Meynung: sie müße eben eine so und so große ausbrechende Traurigkeit haben, als etwa dieser oder jener. 6) Daß sie in ihrem manchmal natürlich traurigen Temperamente nicht allzu tief niedersinke, und in dem bloßen Andenken an ihre Sünden und Elend, durch Unglauben und Muthlosigkeit liegen bleibe. 7) Hat sie sich zu hüten vor aller Heuchelei und Verstellung, in gemachter Traurigkeit, demüthig scheinenden Gebärden, lautem Gebeth, oder auch sonst in Reden, Kleidern, Gehen, offenbarem Fasten, und worin es auch immer sey; vielmehr muß sie Alles thun aus Grund des Herzens, in wahrer Einfalt und Demuth, GOtte und nicht den Menschen. 8) Muß sie die unzeitige Bekehrsucht und das schädliche Richten andrer vermeiden, wie auch alle unmäßige Zerstreuung der Leibes- und Seelenkräfte in äußerlichen Pflichten, als hören, lesen, reden, wachen, fasten u. dgl.

15. Fr.*) Was gehet denn nun weiter bei einer solchen bußfertigen Seele vor?

A. Insgemein pflegen die ersten Gnaden-

*) Was hier, bis zu Ende des 8. Kapitels noch folget, befindet sich im Original zu Anfange des 9. Kapitels unter der Rubrik: Zucht des Gesezes. Da es aber als eine Fortsetzung der nämlichen Materie kann angesehen werden, so setzen wir es noch zum Achten, um die eigentliche Abhandlung vom Glauben rc. im neunten Kap. folgen zu laßen.

kräfte der Seele mit der Zeit entzogen, oder vielmehr verdecket zu werden; und darauf die Lüste, Verdorbenheiten und Sünden — welche vorhin verborgen gelegen oder eingehalten wurden, aber noch nicht ertödtet waren — sich mächtiger als jemals wieder hervor zu thun. Außer dem zeigen sich noch eine unzählige Menge anderer Eigenheiten und Gebrechen, die sie vorhin nie erkannt hatte, welche ihr aber nun durch das lebendige und kräftige Wort GOttes, das ein Richter der Gedanken und Sinne des Herzens ist, auf eine scharf schneidende Weise, bis auf den innersten Grund entdecket werden. Ebr. 4, 12.

16. Fr. Welche Wirkungen bringt solches in der Seele hervor?

A. Wenn die Seele dem H. Geiste nicht aus der Schule läuft, sondern demjenigen, wovon Er sie überzeuget im Kleinen und Großen gern getreu bleiben will; so wird sie mit der Zeit die Wahrheit dessen in sich gewahr werden, was Paulus (Röm. 7.) sagt: daß das Gesetz geistlich sey, sie aber fleischlich und unter die Sünde verkauft; daß sie zwar das Wollen des Guten in sich gewahr werde, aber auch, daß das Vollbringen des Guten ihr fehle. — Sie findet also in sich diese vier Stücke: 1) Die Genauheit des Gesetzes GOttes; 2) ihr schrecklich tiefes Elend und Verderbniß; 3) ein aufrichtiges, sehnliches Wollen und Verlangen, GOtt mit Herzens-

lust

Lust und Liebe zu dienen; und 4) ihr gänzliches Unvermögen, sich selbst zu rathen und zu helfen. (S. oben 7. Kap. Fr. 22.)

17 Fr. Was wäre wohl einer solchen bußfertigen, in sich selbst ohnmächtigen Seele zu rathen?

A. Daß sie sich hüte vor Ungeduld, Murren, Muthlosigkeit und Rückgang, wenn es mit ihr nicht fort will, wie sie gern wollte; wie auch vor großer Beunruhigung und Wirksamkeit, oder Anstrengung in ihren eigenen Kräften: sondern, daß sie im Gegentheil GOtt die Ehre gebe, und seinem züchtigenden Geiste in ihr gründlich beipflichte, bekenne, und in Wahrheit glaube: 1) daß es höchst billig und recht sey, was GOttes Gesetz von ihr fodert; 2) daß sie gefangen sey unter dem Gesetz der Sünde und des Todes — d. i. daß sie durch und durch mit Eigenliebe, bösen Lüsten, falschem Willen, Blindheit, und allerhand Elend und Jammer angefüllt sey; 3) daß alle Kreaturen, sowohl als sie selbst ohnmächtig seyen, ihr zu helfen; daß sie vielmehr und im Gegentheil zu nichts anders tauge, als nur immer tiefer in diesem Elende zu fallen und sich darinnen zu verstricken. Kurz, daß sie in sich selbst, in ihrer Armuth und Nichtigkeit, ersinke, darin aber nicht liegen bleibe, sondern 4) durch ein sehnliches, doch gelaßenes, inniges Hungern und Dürsten und durch ein kindliches Vertrauen, aus allen Kreaturen und sich selbst in Wahrheit hinaus — und in JEsum ein- und übergehe; **glaubend**, daß Er allein ihr müße, könne und wolle helfen: dergestalt, daß sie in der Stille harre, warte und aussehe nach der Hülfe aus Zion. Ps. 14, 7. *)

Neuntes Kapitel.

Von dem Glauben, dessen Wirkungen und Früchten.

1. Fr. Was folget nun auf diese Ueberzeugungen in einer solchen Seele?

A. Was hierauf **) erfolget, kann keine Zunge recht aussprechen: GOtt gebe es uns allen recht zu erfahren! Denn, nachdem eine solche in sich selbst recht mühselig und beladen gewordene Seele, also in Wahrheit zu JEsu kommt (Matth. 11, 28.): so offenbaret sich dieser Siegesfürst ***) mit seiner GOttes-

*) Siehe hier schon, was Glaube sey. Glaubest du diese vier Stücke in Wahrheit, so hast du schon den wahren Glauben (dem Anfange nach), und wirst unfehlbar gerecht, heilig und selig werden. Anm. d. Verf.

**) Wenn die Seele nämlich im Bethen, Hungern und Verlangen nach der Hülfe des HErrn treulich aushält. A. d. R.

***) Bei Einem früher bei dem Andern später; bei etlichen langsam und allgemach, bei andern, als in einem Augenblick; auch bei einem empfindlicher und lebendiger als bei dem andern: welches alles wohl zu merken ist. Anm. d. Verf.

teskraft in dem Grunde der Seele, so, daß auf dessen Anblick alle Feinde — Welt, Sünde, Teufel, Furcht, Zweifel und Verdammung flüchtig werden und verschwinden. Er richtet nun seine Wohnung und Thronsitz in der Seele auf; Er befreiet sie, durch das Gesetz seines lebendig machenden Geistes, vom Gesetze der Sünde und des Todes (Röm. 8, 2.), indem er, durch eben diesen seinen Geist, derselben Licht, Liebe, Lust und Kraft mittheilet: ja, Er selbst in der Seele, wird ihre Weisheit, Gerechtigkeit, Heiligung und Erlösung (1 Korinth. 1, 30.). Und so wird auch in ihr Christus das Ende des Gesetzes (Röm. 10, 4.), unter welchem die Seele verwahret und verschlossen wurde auf den Glauben, der sodann in der Seele offenbaret wird. Galat. 3, 23. 25.

2. Fr. Wie sagst du aber, daß alsdann erst der Glaube offenbar werde? Hat denn nicht eine bußfertige Seele bald Anfangs schon den Glauben?

A. Zwar ja; derselbe mag aber vornehmlich ein Glaube an GOtt, den Vater, genannt werden (Ebr. 6, 1.), dieser aber ein Glaube an und in Christum (Gal. 2, 16. Röm. 3, 22.): jener ist noch mit viel Furcht, Zweifel, Unruhe u. dgl. verpaaret; dieser aber bringt ein kindliches Zutrauen, Festigkeit, Ruhe und Frieden in der Seele hervor. Und 2) wird dieser auch mit Nachdruck Glaube genannt, als gegen über stehend dem Gese-

setze,

setze, dem gesetzlichen Zustande, und den Werken des Gesetzes.

3. Fr. Was ist aber eigentlich glauben?

A. Solches ist oben (Kap. 8. Fr. 17.) schon einiger Maßen gesagt worden; zu mehrerer Deutlichkeit merke dir folgendes: Glauben ist: „wenn eine bußfertige Seele, nachdem sie auf besagte Weise in sich selbst mühselig und beladen gemacht ist, alsdann ihren ganzen Willen, ihren innigsten Seelenhunger und Begierde in den Heiland JEsum, mit völliger Aufrichtigkeit einkehret, ihm einergibt und an Ihn aufopfert; wodurch sie denn (nicht bloß in Gedanken und in der Einbildung, sondern) in der Wahrheit aus allen Kreaturen und sich selbst aus- und in JEsum ein- und übergehet, und sich Ihm also zum ewigen Eigenthum ergibt, anvertrauet und überläßt; um durch seine erworbene Gnade erhalten, und durch seinen erworbenen Geist geleitet und geheiliget zu werden, glaubend, daß Er mächtig, weise und willig sey, solches zu thun:" Ist es einer Seele also, dann glaubet sie in Wahrheit.

4. Fr. Warum setzest du hinzu, daß dieselbe dann in Wahrheit glaube?

A. 1) Weil einige den Glauben setzen in eine empfindliche Gewißheit ihres Antheils an JEsu, oder Versicherung der Seligkeit *).

2)

*) Siehe hievon unten Fr. 13. in diesem Kapitel.

2) Weil es auch einen bloß historischen Glauben gibt, worin sich so viele jämmerlich betriegen; denn sie stellen ihn in eine bloß von außen und obenhin erlernte Wissenschaft und Begriff der göttlichen Wahrheiten, derselben Bekenntniß und Beipflichtung. 3) Weil auch ein Wahnglaube ist, wo der Mensch meynet: wenn er sich in seinen eigenen Gedanken das so einprägte und applicirte, Christus sey für ihn gestorben; und dabei auch die gewöhnlichen äußern Ceremonien und Pflichten wahrnimmt, und eben nicht wüst in den Tag hinein lebet — so habe er schon den Glauben an Christum.

5. Fr. Wodurch kann der wahre Glaube von dem historischen und Wahnglauben am besten unterschieden werden?

A. Durch seine unausbleibliche, wesentliche, große Wirkungen und Früchte.

6. Fr. Nenne mir die vornehmsten Wirkungen des wahren Glaubens?

A. 1) Er vereiniget die Seele mit Christo (a); 2) er rechtfertiget die Seele (b); 3) er reiniget das Herz (c), und 4) überwindet er die Sünde, Welt und den Satan (d).

(a) Ephes. 3, 17. Und Christum zu wohnen durch den Glauben in eueren Herzen.

(b) Röm. 5, 1. Nun wir denn sind gerecht geworden durch den Glauben, so haben wir Friede mit GOtt, durch unsern HErrn JEsum Christum.

(c)

(c) Apostelg. 15, 9. Und (der H. Geist) machte keinen Unterschied zwischen uns und ihnen (den Heiden), und reinigte ihre Herzen durch den Glauben.

(d) 1 Joh. 5, 4. — — Unser Glaube ist der Sieg, der die Welt überwunden hat?

6. Fr. Welcher Gestalt wird die Seele durch den Glauben mit Christo vereiniget?

A. Wenn die Seele also völlig, mit ihrem innersten Willen, Herz und Liebe sich dem HErrn JEsu zum ewigen Eigenthum aufopfert, und in Ihm ihre Zuflucht nimmt: so wird sie, was ihren inwendigen Grund angehet, aus sich selbst aus- und in JEsum übergepflanzet; so wie etwa eine schon halb verdorrete Pflanze aus einem dürren und steinichten Orte weggenommen, und in ein gutes, fruchtbares Land übergepflanzet wird. Und wiederum: Wenn die Seele in Gelaßenheit gänzlich in ihrem Nichts, oder in dem Tode ihrer Selbstheit ersinket: so wird in ihr ein inniges Hungern ausgeboren, welches JEsum fasset und in sich einnimmt; wie etwa ein wilder Stamm — nachdem er erst abgehauen oder gestümpft worden — vermittelst der in ihn gemachten Spalte, ein köstliches Pfropfreislein fasset und einnimmt.

7. Fr. Wie rechtfertiget der Glaube?

A. Gleichwie der wilde Stamm, nach der Einpfropfung des köstlichen Reiseleins nicht mehr für wild, sondern für gut gehalten wird,

um

um des Pfropfreisleins willen, womit er eins ist: also wird auch eine solche gläubige in Christum gepflanzte, und Christum durch den Glauben in sich fassende Seele von GOtt aus Gnaden gerechtfertigt; ihr werden ihre Sünden vergeben, und sie wird vor GOtt nicht mehr also geachtet und angesehen, wie sie in ihrem wilden Natur=Stamme war, d. i. böse und ungerecht; sondern sie wird für gut und gerecht geachtet und angesehen, um Christi des Gerechten willen, in welchem sie stehet, und welcher durch den Glauben auch in ihr ist. Eine solche gläubige Seele nun hat Friede mit GOtt (Röm. 5, 1.), wird los vom bösen Gewissen (Ebr. 10, 22.), welches von dem Gesetze — statt durch all dessen Treiben, Opfern und Werke zu genesen — nur noch mehr verwundet wird. Ebr. 10, 1. 2.

8. Fr. Was wirket der Glaube weiter in der Seele?

A. Wie schon (Fr. 5.) gesagt worden, er reiniget das Herz, überwindet die Sünde, Welt und Satan, ist kräftig wirkend in der Liebe (a), und zeiget durch seine lebendige Werke, daß er kein todter Glaube sey (b); gleichwie obgemeldtes köstliches Reis= oder Zweiglein mit seinem guten Saft allgemach den wilden Stamm durchdringet, so daß der böse Saft sich verlieret, und der Stamm forthin nicht mehr wilde und böse, sondern lauter gute Früchte träget.

(a) Galat. 5, 6. In Christo JEsu gilt weder Beschneidung noch Vorhaut etwas; sondern der Glaube, der durch die Liebe thätig ist?

(b) Jacob. 2, 17. Der Glaube, wenn er nicht Werke hat, ist er todt an ihm selber.

9. Fr. Der Glaube wäre also keine so geringe Sache, als man ihn gemeinlich vorstellet?

A. Gar nicht! sondern er ist im Gegentheil ein sehr grosses — ja, bloß ein GOttes-Werk (a), wovon das ganze Christenthum sammt aller Heiligkeit und Seligkeit abhängt. Wer den Glauben nicht hat, kennet ihn nicht; und wer ihn hat, kann ihn nicht beschreiben noch ausdrücken, wenigstens so nicht, daß es die Vernunft fasset. Der ganze Mensch wird dadurch verändert und gleichsam umgekehret. Er versetzet ihn aus dem Reiche der Finsterniß in das Reich des Sohns seiner Liebe (Col. 1, 13.), und in sein wunderbares Licht (1 Petr. 2, 9.). Es ist ein Uebergehen aus dem Tod ins Leben (Joh. 5, 24.). Mit Einem Worte: der Glaube versetzet die Seele in Christum, und Christum in die Seele (Ephes. 3, 17.), so daß sie ein neues Geschöpf ist; das alte ist vergangen, siehe, es ist alles neu geworden. 2 Korinth. 5, 17.

(a) Joh. 6, 29. JEsus sprach zu ihnen (den Juden): Das ist GOttes Werk, daß ihr an den glaubet, den er gesandt hat.

10. Fr.

10. Fr. Was erhellet aus dieser Vorstellung vom wahren Glauben und dessen Wirkungen?

A. Die Wahrheit des Ausspruchs Christi, Joh. 15, 4. u. 5.: Bleibet in mir und ich in euch; gleichwie der Rebe keine Frucht bringen kann, wenn er nicht am Weinstock bleibet: also auch ihr nicht, wenn ihr nicht in mir bleibet. Ich bin der Weinstock, ihr seyd die Reben: wer in mir bleibet, und ich in ihm, der trägt viele Frucht; denn ohne mich könnet ihr gar nichts thun (oder nichts Gutes hervor bringen).

11. Fr. Was für Mißbräuche kann man noch, in Ansehung dieser Wahrheiten bemerken?

A. 1) Daß einige wollen fromm und heilig werden, ohne Christum also durch wahren Glauben anzuziehen, und darum hat ihr Thun keinen Bestand, oder (wenn sie so bleiben) fallen sie in Scheinheiligkeit, Heuchelei, geistliche Hoffart, oder in gesetzliche, eigene Gerechtigkeit; wodurch sie zwar bei ihnen selbst und bei Menschen, aber nicht bei GOtt Ruhm haben.

2) Betriegen sich andere, welche diese unzertrennliche Wirkungen des wahren Glaubens von einander trennen wollen: einige bilden sich einen Glauben an Christum, dessen Verdienst und zugerechnete Gerechtigkeit ein, ohne jemals ihre Herzen durch den Glauben reinigen zu laßen, und ohne dessen unausbleibliche Früchte in ihrem Leben und

Wandel zu zeigen. Andere aber fallen in das entgegen gesetzte Aeußerste, und wollen fast nichts von Christi Verdienst und Versöhnung für sie hören. Ein wahrer Glaube aber nimmt Christum ganz, wie Er ihm vom Vater gemacht ist: zur **Weisheit, Gerechtigkeit, Heiligung** und **Erlösung.**

12. Fr. Empfängt die gläubige Seele auch wohl eine Gewißheit und Versicherung, daß sie in Christo gerechtfertiget, und mit GOtt versöhnet sey?

A. Freilich ja; solches bestättigen die Exempel so vieler Heiligen aus vorigen und unsern Zeiten, wie auch so viele Zeugnisse der H. Schrift (a). Vornehmlich geschieht solches zu der Zeit, wann es dem HErrn beliebet, sie in seinem Lichte, mit gründlicher Unterscheidung einsehen zu laßen: wie **Er** nunmehr, durch seinen Geist, **ihr Herz** völlig in Besitz genommen, und wie **sie** sich **Ihm**, in aller Wahrheit, mit Verläugnung der Welt und ihrer selbst, völlig ergeben haben.

(a) Unter andern, Röm. 8, 15. 16. Ihr habt nicht einen knechtischen Geist empfangen, daß ihr euch abermal fürchten müßtet; sondern ihr habt einen kindlichen Geist empfangen, durch welchen wir rufen: Abba, lieber Vater! — Und V. 38, 39. Ich bin gewiß, daß weder Tod noch Leben, weder Engel, Fürstenthum noch Gewalt; weder Gegenwärtiges noch Zukünftiges; weder Hohes noch Tiefes, noch keine andere Kreatur mag uns scheiden von der

Liebe

Liebe Gottes, die in Christo JEsu ist, unserm HErrn. S. a. Phil. 4, 7. — Joh. 16, 22. u. s. f.

13. Fr. Was ist aber bei diesen Versicherungen anzumerken?

A. 1) Daß man sich durch ungegründete Kennzeichen, oder durch andere Mittel, nicht selbst eine Versicherung suchen und machen müsse, die GOtt selber nicht wirket. 2) Daß GOtt auch nicht allen ohne Unterschied, viel weniger zu aller Zeit, diese empfindliche und tröstliche Gewißheit mittheile: welches auch nicht nothwendig ist, da das Wesen des Glaubens nicht hierin, sondern in der völligen Ueberlaßung seiner selbst an GOtt, mit Verläugnung aller Dinge bestehet.

Zehntes Kapitel.

Von der Wiedergeburt, und derselben Fortsetzung durch die tägliche Heiligung.

1. Fr. Was sagt die H. Schrift von einer, also glaubenden, und durch den Glauben aus sich selbst aus- und in JEsum eingepflanzten — folglich mit Ihm vereinigten Seele?

A. Daß sie sey wiedergeboren; von oben, aufs neue, von GOtt geboren (a); denn die

Seele, welche mit ihrem inwendigen Willen und ihren Glaubensbegierden also in Christo stehet, bekommt aus Ihm ein neues Principium — d. i. einen Grundanfang, oder Urstand — eines göttlichen Lebens; nämlich göttliche Geisteskraft, Saft und Wesenheit, (ἰξουσία) und alles, was ihr zum göttlichen Leben und Wandel nöthig ist (2 Petr. 1, 3.). Denen, die ihn annehmen, gibt er **Macht** GOttes Kinder zu werden, die an seinen Namen glauben. Joh. 1, 12.

(a) 1 Joh. 5, 1 und 4. Wer da glaubet, daß JEsus sey der Christ, der ist von *Gott* *geboren**). — Was von GOtt geboren ist, überwindet die Welt; und unser Glaube ist der Sieg, der die Welt überwunden hat.

2. Fr. Ist denn ein Unterschied zwischen **Buße**, **Wiedergeburt** und **Heiligung**.

A. Freilich ja; und man könnte denselben etwa auf folgende Art begreiflich machen, nämlich: Daß die **Ueberzeugung** durch das lebendige Wort Gottes die **Empfängniß** des göttlichen Samens zur **Wiedergeburt** (a) sey; die **wahre Buße** oder Sinnesänderung, die **Geburtsschmerzen**; die völlige Aufopferung, und der Ausgang seiner selbst, durch

*) Wer hieraus den übereilten Schluß machen wollte, er sey wiedergeboren, weil er doch glaube, daß JEsus der Christ oder Sohn GOttes sey: der lese vorher bedächtlich das vorige Kapitel, um erst recht zu fassen, was glauben heiße. A. d. R.

durch wahren Glauben in JEsum — die **Wiedergeburt**; und daß die täglich fortzusetzende Reinigung und **Heiligung** der Wachsthum dieses Kindes sey, bis zum völligen Maß des Alters JEsu Christi.

(d) 1 Petr. 1, 23. Als die da wiederum geboren sind, nicht aus vergänglichem, sondern aus unvergänglichem Samen, nämlich, aus dem lebendigen Worte GOttes, das da ewiglich bleibet. — Jacob. 1, 18. Er hat uns gezeuget nach seinem Willen, durch das Wort der Wahrheit, auf daß wir wären Erstlinge seiner Kreaturen.

3. Fr. Wie mag man sonst Buße und Wiedergeburt noch unterscheiden?

A. Nach Anleitung der H. Schrift, mag man **jene**, die Buße, wenn sie rechter Art ist, nennen: die **Wiedergeburt aus Wasser**; **diese** aber die **Wiedergeburt aus dem Geiste** (a); **jene** ist die Taufe Johannis mit Wasser, **diese** aber die Taufe Christi mit dem H. Geiste (b); **jene** wirket der **Glaube an GOtt** (Ebr. 6, 1.), weiset und führet zu Christo — **diese** wirket der **Glaube an Christum** (Gal. 3, 22.), und bringt Christum ins Herz u. s. f.

(a) Joh. 3, 5. Es sey denn, daß jemand geboren werde aus dem Wasser und Geist, so kann er nicht ins Reich GOttes kommen.

(b) Matth. 3, 11. Ich taufe euch mit Wasser zur Buße; der aber nach mir kommt — — wird euch mit dem H. Geist und mit Feuer taufen. S. a. Apost. Gesch. 1, 5.

4. Fr. Benenne mir noch einige Kennzeichen der Wiedergeburt?

A. Die Schrift benennet deren einige mit ganz ausdrücklichen, klaren Worten. 1) Wann wir von Herzen begierig sind, nach GOtt, nach JEsu, nach seiner Gnade, Geist und lebendigem Worte, als der lautern Milch (1 Petr. 2, 2.). 2) Wann wir den Sinn und das Bild des Vaters, aus welchem wir geboren sind, nämlich GOttes Bild an uns tragen; d. i. wenn wir Heiligkeit und Gerechtigkeit lieben und ausüben, und hingegen alle Sünde und Ungerechtigkeit hassen und meiden (a). 3) Wann wir die Brüder, die, wie wir, aus GOtt geboren sind, ohne Unterschied alle von Herzen und mit der That lieben (b). 4) Wann wir die Welt, und was in der Welt ist, auch die Sünde und den Fürsten dieser Welt bestreiten und überwinden (c).

(a) 1 Joh. 2, 29. So ihr wisset, daß er gerecht ist, so erkennet auch, daß, wer Recht thut, der ist von ihm geboren. — Kap. 3, 9. 10.: Wer aus GOtt geboren ist, der thut nicht Sünde, denn sein Same bleibet bei ihm; und kann nicht sündigen, denn er ist von GOtt geboren. S. a. Kap. 5, 18.

(b) Joh. 5, 1. — Wer da liebet den, der ihn geboren hat, der liebet auch den, der von ihm geboren ist. S. a. Kap. 4, 7.

(c) 1 Joh. 5, 4. 18. Alles, was von GOtt geboren ist, überwindet die Welt; und unser

Glaube

Glaube ist der Sieg, der die Welt überwunden hat. — Wer von GOtt geboren ist, der sündiget nicht; sondern bewahret sich, und der Arge wird ihn nicht antasten.

5. Fr. Was folget nun bei einer also durch den Glauben in Christum eingepflanzten und wiedergebornen Seele?

A. **Gleichwie ein neugebornes Kind anwächset und zunimmt an Größe und Kraft, daß es ein Jüngling, und endlich ein Mann wird: also ist es auch der Natur einer solchen, aus GOtt wiedergebornen Seele gemäß, daß sie — wenn sie anders in Christo bleibet — nothwendig anwachsen und zunehmen muß, bis zum völligen Maß des Alters JEsu Christi, in einer täglich-beständigen Fortsetzung der Heiligung.**

6. Fr. Worin besteht die Natur oder das Wesen der Heiligung?

A. **1) In gründlicher Verläugnung, und 2) in wahrer Aufopferung seiner selbst, an den freien Wohlgefallen GOttes, nach dem Vorbilde und durch den Geist JEsu Christi (a).**

(a) Ebr. 12, 2. Und (laßet uns) aufsehen auf JEsum, den Anfänger und Vollender des Glaubens; welcher, da er wohl hätte mögen Freude haben, erduldete er das Kreuz, und achtete der Schande nicht, und ist gesessen zur Rechten auf dem Stuhl GOttes. — Phil. 2, 5 — 8. Ein jeglicher sey gesinnet, wie JEsus Christus auch war; welcher, ob er wohl in göttlicher Gestalt war, hielt er's nicht für einen Raub, GOtt gleich seyn; sondern äusserte sich selbst, nahm Knechtsgestalt an, ward gleich wie ein andrer Mensch, und an Gebärden als ein Mensch erfunden.

7. Fr. Was ist verläugnen?

A. Es ist etwas, das man haben kann, oder auch hat*), entweder wirklich fahren laßen oder nicht haben wollen; und dieses geschiehet in Ansehung alles dessen, was Sünde ist, woraus Sünde folget, was einen Schein der Sünde hat (a), oder auch, was einen am Guten hindert (b). — Oder: verläugnen ist, von dem, was man hat, sein Herz und seine Zuneigung in Wahrheit dergestalt abziehen, als wenn man es wirklich nicht hätte (c).

(a) Titum 2, 11. 12. Es ist erschienen die heilsame Gnade GOttes allen Menschen, und züchtiget uns, daß wir sollen verläugnen alles ungöttliche Wesen und die weltliche Lüste u. s. w.

(b) Ebr. 12, 1. Laßet uns ablegen die Sünde, so uns immer anklebet und träge macht u. s. w.

(c) 1 Kor. 7, 29. — 31. Weiter ist das die Meynung: Die da Weiber haben, daß sie seyn, als hätten sie keine; und die da weinen, als weineten sie nicht; die sich freuen, als freueten sie sich nicht; und die da kaufen, als besäßen

*) S. in den vorher angeführten beiden Sprüchen Ebr. 12. und Phil. 2, die unterstrichenen Worte.

besäßen sie es nicht; und die dieser Welt brauchen, daß sie derselben nicht mißbrauchen; denn das Wesen dieser Welt vergehet.

8. Fr. Was müßen wir verläugnen?

A. Uns selbst (a), in allem, worin wir uns selbst suchen und finden, nämlich, in allem, was wir thun, und in allem, was wir besitzen (b), es seyen zeitliche, natürliche, geistliche oder göttliche Dinge.

(a) Matth. 16, 24. Will mir jemand nachfolgen, der verläugne sich selbst, nehme sein Kreuz auf sich, und folge mir.

(b) Luc. 14, 33. Wer nicht absaget allem, was er hat, kann nicht mein Jünger seyn.

9. Fr. Wie müßen wir uns verläugnen in allem was wir thun oder verrichten?

A. Daß wir nach unserm eigenen Willen, nach unserer eigenen Lust, Gefälligkeit, in Essen und Trinken, Gehen und Stehen, so wohl auswendig als inwendig, nichts denken, wollen, thun oder laßen; sondern vielmehr in dem allem uns selbst (doch mit göttlicher Bescheidenheit) entgegen gehen, und — ohne Absicht auf unser Gemach oder Ungemach, Vortheil oder Schaden, Ehre oder Schande — in gelaßenem Gehorsam alles einrichten und thun nach dem guten Willen GOttes, den er uns entweder inwendig durch seinen Geist und dessen Ueberzeugung, oder auswendig durch sein Wort oder seine Vorsehung; oder auch durch unsere

sere Aeltern oder Vorgesetzte möchte bekannt machen.

10. Fr. Benenne mir einige zeitliche Dinge, worin man sich sonderlich zu verläugnen hat.

A. Vater, Mutter, Weib, Kinder, Brüder, Schwestern (Luc. 14, 26.), Freunde, Aemter, Macht, Reichthum (Matth. 19, 21.), Aecker, Häuser (V. 29.), Hausrath, Kleider, Bücher und dergleichen*), woran der Mensch in seiner Selbstheit sonderlich haftet. Es sind Dinge, die er hoffet und zu haben wünschet, wenn er sie nicht hat; in denen er sich freuet, wann er sie hat, und zugleich fürchtet sie wieder zu verlieren; sich auch wirklich betrübet, wenn er sie verlieret und entbehren muß.

11. Fr. Nenne mir auch einige natürliche Dinge, worin man sich am meisten suchet, und welche man doch verläugnen muß?

A. Des Leibes Wohlgestalt, Schönheit, Gesundheit und Leben; ein gutes Naturell, faßliches oder glückliches Gedächtniß, Klugheit des Verstandes, Beredsamkeit und alle andere natürliche Gaben und Tugenden, in welchen allen sich die Eigenliebe stützet und gefällt **).

12. Fr.

---

*) Vergl. hiemit 1 Kor. 7, 29. 30. 31. d. R.

**) Unter diesen Natur-Eigenschaften ist vorzüglich ein gutmüthiges Naturell diejenige, wo sich die Eigenliebe am leichtesten einnistet. Nichts ist gewöhn-

12. Fr. Benenne mir auch einige geistliche Dinge, in welche sich die Selbstheit am leichtesten mischet, und worin sie in so weit verläugnet werden muß.

A. Erkenntniß, Erfahrung und Wissenschaft in geistlichen Dingen; Gaben zum Reden, Bethen und andern guten Pflichten und Verrichtungen; ja selbst Frömmigkeit und Tugenden und andere dergleichen geistliche und wünschenswerthe Dinge; in welchen allen die Eigenliebe sich mächtig brüsten und äußern kann, wo nicht darüber gewachet und dieselbe alsbald verläugnet wird.

13. Fr. Nenne mir auch einige göttliche Dinge, in welche sich die listige Eigenliebe leicht einmenget, und in so weit verläugnet werden muß.

A. Göttliche Erleuchtung, Glauben, Eifer, Freudigkeit, Trost, Geschmack, Friede, Versicherung, und alle andere Gnadengaben, welche GOtt einer Seele mittheilet; deren aller sich die Eigenliebe so gar leicht anmaßet, sich

wöhnlicher, als daß sich solche Menschen mit ihrem guten Herzen segnen, weil sie verträglich, friedliebend und wohlthätig sind. Sie haben Ursache, GOtt unabläßig um Licht zu bitten, damit sie Natur und Gnade in sich unterscheiden, und gründlich erkennen lernen, ob ihre Gutmüthigkeit ihr eignes Wohlbehagen oder die Ehre GOttes zum Zweck habe. Im ersten Falle ist sie eine Geburt der Natur, im letzten aber eine Pflanze des himmlischen Vaters. — Aber auch an dieser darf sich die Eigenliebe nichts anmaßen. A. d. R.

sich darin belustiget, und machet, daß die Seele daran klebet, zu sehr darauf bauet, und sich darauf stützet.

14. Fr. Wenn aber denn die Seele weder an zeitlichen und natürlichen, weder an geistlichen noch göttlichen Dingen kleben, noch sich darauf stützen soll: woran soll sie dann haften?

A. An GOtt und dessen unbeschränkten Willen, dem sie mit reiner Liebe anhangen, und sich Ihm — durch die Gnade und den Geist JEsu — zum ganzen Opfer mit Leib, Seele, Geist und allen Kräften ergeben, widmen und heiligen muß, Ihm allein zu seyn und zu leben in Zeit und Ewigkeit; welches eben das zweite Stück der Heiligung, und mit dem ersten genau verbunden ist, und nothwendig daraus folget.

15. Fr. Soll man aber denn so gar nichts lieben als GOtt — keinem Dinge anhangen als Ihm allein?

A. Man muß GOtt lieben von ganzem Herzen, von ganzer Seele und aus allen Kräften; alles Böse, in so weit es böse oder sündlich ist, hassen und meiden; alles Gute aber, so weit es gut ist, lieben in GOtt und um GOttes Willen; indem man Ihn lauterlich allein in Allem sieht, meynet und liebet, ohne irgend eine Nebenabsicht auf eigenen Vortheil oder eigenes Vergnügen.

16. Fr. Was kann man überhaupt bei dieser Vorstellung anmerken?

A. Daß sich viele Menschen hierin jämmerlich betriegen, und zwar 1) solche, welche zwar ihre Heiligung anfangen, aber nicht fortzusetzen und zu vollenden trachten (a). 2) Diejenigen, welche ihre Heiligung und die Heiligkeit setzen, entweder in Wahrnehmung dieser oder jener äußern Pflichten, als: lesen, hören, singen, bethen, fasten u. d. gl.; oder auch in Abschaffung des Ueberflusses in einigen äußern Dingen, als da sind: Häuser, Kleider, Hausrath, Essen, Trinken u. a. dgl. m. Oder auch 3) solche, welche die Heiligkeit darin setzen, wenn sie diese oder jene Gesellschaft fliehen, ein und andere böse Gewohnheit ablegen, wenn sie den Ausbruch der in die Augen fallenden Sünden, oder auch solcher Sünden meiden, welche nicht schwer fallen zu unterlaßen; so, daß sie sich eines äußerlich ehrbaren und eingezogenen Wandels befleißigen. Dieses alles kann aus gewissen unlautern Absichten, oder auch, weil es ein stilles Naturell mit sich bringet, oder auch deßwegen geschehen, weil das Gewissen darüber beunruhiget wird; und das Herz kann dabei doch immer noch in seinen alten Gräueln und im Grunde der Eigenheit ruhig sitzen bleiben *).

(a)

*) Damit wird aber nicht gesagt, daß diese und dergleichen Pflichten und Uebungen verwerflich und an sich

(a) 1 Thessal. 4, 1. Weiter, lieben Brüder, bitten wir euch, und ermahnen in dem HErrn JEsu .... daß ihr immer **völliger** werdet. — Phil. 3, 12. 13. 14. Nicht, daß ich's schon ergriffen habe, oder schon vollkommen sey; ich jage ihm aber nach, ob ich's ergreifen möge, nachdem ich von JEsu Christo ergriffen bin. Meine Brüder, ich schätze mich selbst noch nicht, daß ich's ergriffen habe; eines aber sage ich: Ich vergesse was dahinten ist, und strecke mich aus nach dem, das davornen ist; und jage nach dem vorgesteckten Ziel, nach dem Kleinod, welches vorhält die himmlische Berufung GOttes in Christo JEsu. — Luc. 9, 62. Wer seine Hand an den Pflug leget, und siehet zurück, der ist nicht geschickt zum Reiche Gottes. S. a. Ebr. 12, 12 — 14.

17. Fr. Könnte man aber nicht jemanden, der ein aufrichtiges Verlangen hätte, seine Heiligung in der Furcht Gottes fortzusetzen und zu vollenden, einige Anleitungen und Mittel an die

---

sich nicht gut und löblich seyen; nur soll man sie nicht als Zweck, sondern als Mittel ansehen, wodurch man eine gewisse Herrschaft über seine Sinnlichkeit erlanget, um den Anfoderungen der Gnade zur Fortsetzung der Heiligung besser folgen zu können; denn ihrer Zucht zur Verläugnung und zu einem gottseligen Leben muß eine Seele treulich folgen, so gut sie es verstehet. Der Leib und die Sinnlichkeit mit den unordentlichen Neigungen muß doch bezähmt werden, damit dem Geist oder dem Herzen der Weg erleichtert werde, sich zu Gott zu erheben. — Es wird also hiedurch der fleischlichen Freiheit des Verläugnungs-flüchtigen Menschen nichts eingeräumet, der sich oft einer Christlichen Freiheit rühmet, ohne daß ihn Christus selbst frei gemacht hat. S. a. Fr. 20. A. d. R.

die Hand geben, wie er dazu gelangen möchte?

A. Ja, es könnten derselben viele angezeigt werden; um aber nur einige der nächsten und nothwendigsten anzuführen, so muß man: 1) Die empfangene Gnade recht hoch achten und bewahren; welches hauptsächlich geschieht, wenn man dem erkannten Licht und Ueberzeugung treu ist, und also Gnade um Gnade nimmt. Joh. 1, 16. — 2) Muß man sein Herz und seinen Zustand in der Einsamkeit und Gegenwart GOttes manchmal untersuchen, durchforschen und prüfen (a); ja, GOtt bitten, indem man sich vor ihm offen legt und stille hält, daß er selbst uns erforschen wolle, woran es etwa noch fehle. Ps. 139, 23. 24. — 3) Muß man sein Herz bewahren, über alles was zu bewahren ist (Sprüchw. 4, 23.), durch ein genaues Aufmerken auf alles, was sich darinnen reget und vorgehet, damit man erfahre, ob es vom Geiste GOttes, oder vom Satan und unserm eigenen Fleische herrühre (b): findet man das letztere, so muß man trachten zu widerstehen, durch Zurückziehen des innern Willens, und durch ernstliches Gebeth (c); findet man aber, daß die Gedanken und Bewegungen des Herzens vom Geiste GOttes herrühren, so muß man ihm treulich zu folgen streben (d). 4) Muß man sich das Ziel des Glaubens, und das vorgesteckte Kleinod der himmlischen Berufung,

rufung, nämlich, die Vollendung seiner Heiligung und die ewige Seligkeit oft vor Augen stellen. Philipp. 3, 14. — 5) Ist über alles nöthig, daß man andächtig, herzlich und anhaltend zu GOtt bethe, und nicht laß werde, daß er das angefangene Werk in uns fördern wolle. Ps. 90, 17. — Und 6) muß man suchen, sich an GOtt und seine Gegenwart zu gewöhnen, indem man trachtet, mit Ihm den ganzen Tag umzugehen, Ihn stäts nahe und in herzinnigem Andenken zu behalten (e).

(a) 2 Kor. 13, 5. Versuchet euch selbst, ob ihr im Glauben seyd; prüfet euch selbst. S. a. Gal. 6, 4.

(b) Jac. 1, 14. 15. Ein jeglicher wird versuchet, wenn er von seiner eigenen Lust gereizet und gelocket wird. Aber die Gnade (Titum 2, 12.) züchtiget uns, daß wir sollen verläugnen alles ungöttliche Wesen x.

(c) Jacob. 4, 7. Widerstehet dem Teufel, so fliehet er von euch. — 1 Petr. 5, 8. Seyd nüchtern und wachet, denn euer Widersacher, der Teufel, gehet umher wie ein brüllender Löwe, und suchet, welchen er verschlinge. Dem widerstehet fest im Glauben. S. a. Ephes. 4, 27. Matth. 26, 41.

(d) Ephes. 4, 30. Betrübet nicht den Heil. Geist GOttes, womit ihr versiegelt seyd auf den Tag der Erlösung. S. a. 1 Sam. 3, 10.

(e) Ps. 73, 28. Das ist meine Freude, daß ich mich zu GOtt halte, und meine Zuversicht setze auf den HERRN, HERRN, daß ich verkündige all dein Thun.

18. Fr. Was kann einer Seele, unter GOttes Segen, von außen noch wohl zum Wachsthum in der Heiligung beförderlich seyn?

A. 1) Das andächtige Lesen und Betrachten der H. Schrift, wie auch ein mäßiger und wohlgeordneter Gebrauch anderer gottseliger, aus lebendiger Erfahrung geschriebener Bücher. 2 Tim. 3, 16. 17. 2) Der Umgang mit treuen, ernsthaften und erfahrnen Kindern GOttes, um so wohl öffentlich durch sie erbauet, und zur Liebe und guten Werken gereizet zu werden (Ebr. 10, 24. 25.), als auch vornehmlich und insbesonder, durch ihren heiligen Wandel, Rath und Anweisung in der Gottseligkeit gefördert zu werden.

Judä V. 20. Ihr aber, meine Lieben, erbauet euch auf euern allerheiligsten Glauben, durch den H. Geist, und bethet.

19. Fr. Welche Mittel gebraucht GOtt an seiner Seite, zur Beförderung unserer Heiligung?

A. 1) Die stäte, genaue Züchtigung seiner heilsamen Gnade, in den Herzen derer, so ihr Gehör geben und folgen; indem er ihnen durch sein unparteiisches Licht alle Unreinigkeiten und Unlauterkeiten ihres Inwendigen entdecket, und sie bestrafet über alles, auch das best-scheinendste in ihren Verrichtungen, Worten, Gedanken, Ueberlegungen; ja, über die versteckteste und heimlichsten Unlauterkeiten und Anklebungen an natürlichen und geistlichen Dingen, so lange sein helles, heiliges Auge noch einen Flecken, Runzel oder des etwas an ihnen findet (a). — 2) Allerhand Kreuz und Leiden: auswendig mancherlei Elend, Schmerzen, Krankheiten, Verachtung und andere Widerwärtigkeiten; inwendig Versuchungen und Anfechtungen von allen Seiten, geistliche Dürre, tiefe Finsternissen und Verlaßungen ꝛc. Dieß alles sind, in der Hand GOttes, kräftige Mittel, seiner Heiligung theilhaftig zu werden, wenn wir nur geduldig darin ausharren (b).

(a) Ebr. 4, 12. 13. Das Wort GOttes ist lebendig und kräftig, und schärfer denn kein zweischneidig Schwert, und durchdringet, bis daß es scheidet Seel und Geist, auch Mark und Bein, und ist ein Richter der Gedanken und Sinne des Herzens. S. a. 1 Kor. 4, 5. Röm 7, 23.

(b) Maleachi 3, 2. 3. Er ist, wie das Feuer eines Goldschmieds, und wie die Seife der Wäscher. Er wird sitzen und schmelzen, und das Silber reinigen; er wird die Kinder Levi reinigen und läutern wie Gold und Silber: dann werden sie dem HErrn Speisopfer bringen in Gerechtigkeit. S. a. Ebr. 12, 10. 11. Jac. 1, 2. 3. 4. und 12.

20. Fr. Wovor hat aber eine gläubige Seele sich überhaupt, als vor Hindernissen des Wachsthums in der Heiligung, zu hüten?

A. 1) Vor falscher und ungeordneter Freiheit fürs Fleisch, daß ihr Herz nicht beschweret werde mit Essen und Trinken, noch auch mit

Sor-

Sorgen der Nahrung (Luc. 21, 34.); auch 2) nicht mit Begierden, viel zu haben (a). 3) Vor langwieriger und vieler Zerstreuung der Sinnen und Gedanken ins Aeußere. 4) Vor der fleischlichen Weisheit und Vernunft, und von dem daraus entstehenden vielen Forschen und Grübeln, vor den selbst geformten, Bildern und allerhand Meinungen in geistlichen Sachen. 5) Vor aller Einbildung und Selbstgefälligkeit über das Gute, so man etwa an sich haben oder verrichten möchte; wie auch über natürliche oder geistliche Tugenden, Gaben und Empfindungen. 6) Hüte man sich, daß man nicht allzusehr falle oder beruhe in äußerlichen Mitteln und Pflichten, als in Lesen, Singen, lautem Bethen, stätem Hören, Reden und Besuchen u. s. w., noch auch, daß man sich an anderer Frommen Exempel binde, sich darnach forme und darin hangen bleibe. 7) Vor Stillstand und Ruhe in dem einmal angefangenen Laufe; indem man mehr hinstarret auf das, was man hat oder gehabt hat, thut oder gethan hat, als auf das, was uns noch mangelt und zu thun steht, ehe wir das vorgesteckte Ziel, die Vollendung unserer Heiligung erlanget haben. 8) Soll man sich vor Unglauben hüten, so daß man sich zu bereden sucht, oder von andern bereden läßt: man könne so und so genau nicht leben, noch diese oder jene sündliche Verdorbenheit nicht überwinden; sie wären uns zu sehr eigen, und durch die verderbte Art und Gewohnheit, zu tief und stark von Natur eingewurzelt; auch wäre dieser und jener hohe Grad der Heiligung in diesem Leben nicht zu erreichen u. dgl. m. Endlich und 9) hüte man sich vor Nachläßigkeit in Untersuchung und Bewahrung seines Herzens, und vor Trägheit in dem Gebethe.

a) 1 Tim. 6, 8 und 10. Wenn wir aber Nahrung und Kleider haben, so laßet uns begnügen. Denn Geiz ist eine Wurzel alles Uebels, welches hat etliche gelüstet, und sind vom Glauben irre gegangen, und machen ihnen selbst viel Schmerzen.

Eilftes Kapitel.

Von dem wahren Gebethe.

1. Fr. Was ist bethen?

A. Bethen ist 1) eine jede innige Beschäfftigung der Seele mit und vor GOtt, indem sie sich, mit stillen und gesammelten Gemüthskräften zu Ihm erhebet; mit tiefster Ehrfurcht und Demuth anbethet, bewundert, liebet, verherrlichet und beschauet sein unbegreiflich majestätisches Wesen, oder einige seiner göttlichen Wahrheiten oder Vollkommenheiten, als da sind: seine Liebe, Allgenugsamkeit, Allgegenwart u. s. w.; alles mit tiefster Unterwerfung, Erniedrigung und Aufopfrung

ihres

ihres Herzens, Willens und ganzen Wesens an diesen GOtt, als das allein allwürdige Gut — in seinem Licht und in seiner Gegenwart, durch Wirkung seines Geistes.

2. Fr. Was ist ferner bethen?

A. In dem allgemeinsten Sinn ist 2) bethen eine Erhebung, Offenlegung und ein Gespräch der Seele mit und vor GOtt, es sey, etwas von ihm zu begehren, Abbitte oder Fürbitte zu thun, oder ihm für etwas zu danken (a).

(a) 1 Tim. 2, 1. So ermahne ich nun, daß man vor allen Dingen zuerst thue Bitte, Gebeth, Fürbitte und Danksagung für alle Menschen. S. a. Phil. 4, 6.

3. Fr. Was soll man abbitten?

A. Die Sünde, als das einzige wahre Uebel, und die damit verknüpfte Strafe; es sey nun in Absicht aufs Künftige, daß uns GOtt vor der Sünde bewahren wolle; oder in Rücksicht aufs Vergangene, daß uns GOtt unsere Sünden um JEsu Christi seines Sohnes willen vergeben wolle. Dieses muß so oft geschehen, als man sich vergangen hat, und als man von GOtt oder durch Menschen darüber erinnert, oder inwendig in seinem Gewissen bestraft wird (S. 2 Sam. 12, 1. 7. Kap. 24, 10.): ja oft muß man auch wegen seiner verborgenen Fehler Abbitte thun, Ps. 19, 13.

4. Fr. Ist es aber durchaus nothwendig, GOtt abzubitten, wann man gesündigt oder gestrauchelt hat?

A. Allerdings! Denn, wenn man seine Fehler weiß, und sie nicht vor GOtt bekennen noch Abbitte thun will, so werden sie einem auch so lange nicht vergeben.

Ps. 32, 3 — 5. Da ich's wollte verschweigen, verschmachteten meine Gebeine durch mein tägliches Heulen. Denn deine Hand war Tag und Nacht schwer auf mir, daß mein Saft vertrocknete, wie es im Sommer dürre wird, Sela. Darum bekenne ich dir meine Sünde, und verhehle meine Missethat nicht. Ich sprach: Ich will dem HErrn meine Uebertretung bekennen; da vergabst du mir die Missethat meiner Sünde, Sela. S. a. 1 Joh. 1, 9.

5. Fr. Für wen soll man Fürbitte thun?

A. Für alle Menschen; denn GOtt will, daß alle Menschen sollen erhalten werden, und zur Erkenntniß der Wahrheit kommen (1 Tim. 2, 1 — 6.); sonderlich aber sollen wir bitten für alle Kinder GOttes, für unsere Anverwandten, für Bekannte, Kranke und Elende, für die Obrigkeit, für das Land und den Ort wo wir wohnen. Auch sollen wir von Herzen für unsere Beleidiger, Uebelthäter und Feinde bitten, daß GOtt ihnen ihre Sünden vergeben und sie bekehren wolle.

6. Fr.

6. Fr. Wofür soll man GOtt Dank sagen?

A. Für Alles (Ephes. 5, 20.). 1) Sollen wir Ihn loben und Ihm danken, daß Er sey derjenige, der Er ist, so herrlich, so gütig und gerecht, so langmüthig, so heilig u. s. w. 2) Daß er alles sehr gut (1 Mos. 1, 31. B. d. Weish. 1, 14.) weislich und wohl gemacht (Marc. 7, 37.) und geordnet hat, so wohl in der Natur als in der Gnade. 3) Für alles, was uns oder andern von seiner Hand überkommt, sey es auch gleich allerlei Kreuz oder Widerwärtigkeit (Hiob 1, 21.), weil er alles wohl macht, und weiß, was uns gut ist; auch vornehmlich 4) für alle Güte und Wohlthaten, die wir von seiner Liebeshand alle Augenblicke nach Leib und Seele genießen; weßwegen man billig kein Krümchen Brods ohne Danksagung zu sich nehmen sollte.

1 Tim. 4, 4. Denn alle Kreatur GOttes ist gut, und nichts verwerflich, das mit Danksagung empfangen wird.

7. Fr. Warum eben das?

A. Weil von GOtt allein alle gute — es seyen leibliche oder geistliche — Gaben herab kommen (Jac. 1, 17. — 1 Kor. 4, 7.), entweder unmittelbar, oder auch mittelbar durch Aeltern, Freunde oder andere Menschen und Werkzeuge *).

*) So mußten eine Wittwe und die Raben auf GOttes Befehl den Propheten Eliam versorgen. 1 Kön. 17, 4. 9. d. R.

8. Fr. Was soll man aber von GOtt begehren oder bitten?

A. Alle geistliche und leibliche Nothdurft.

9. Fr. Was gehöret zur leiblichen Nothdurft?

A. Nahrung und Decke, womit man sich soll begnügen laßen (1 Tim. 6, 8.), und GOtt keinesweges bitten um Reichthum (1 Kön. 3, 11.), Ehre, Lust, Wohlstand, gute Tage u. dgl.; auch nicht einmal um Gesundheit und langes Leben, für uns oder andere, als unter der Bedingung seines Wohlgefallens.

10. Fr. Was müßen aber wir, und auch sonderlich die Kinder, in Ansehung ihrer Seelen-Nothdurft von GOtt bitten?

A. 1) Daß GOtt uns geben wolle erleuchtete Augen des Verstandes, damit wir uns selbst, und auch Ihn, den seligen GOtt und seinen Willen recht mögen erkennen (a); und ferner 2), daß er unser, von Natur böses, hartes, sich selbst und die Kreatur liebendes Herz entnehmen, uns von allen Sünden und Verdorbenheiten durch die Gnade seines Sohns erlösen, und durch seinen H. Geist ein gutes, bußfertiges und GOtt-liebendes Herz geben wolle (b), damit wir ihm mögen gehorchen, gefallen, ihn lieben und verherrlichen in Zeit und Ewigkeit. Man soll aber 3) selten, und dazu mit großer Behutsamkeit, Gelaßenheit, und mit Bedingung seines Wohlgefallens (Matth. 26, 39.) GOtt bitten um inwen-

inwendigen Trost, Süßigkeit und Freude, und viel weniger um Gaben, hohe Erkenntniß u. dgl. *).

(a) Offenb. 3, 18. Ephes. 1, 18. — 1 Joh. 5, 20. Ps. 119, 18. u. 33. Röm. 12, 2. Apost. Gesch. 9, 6.

(b) Ps. 51, 12. Schaffe in mir, o GOtt, ein reines Herz, und gib mir einen neuen, gewissen Geist.

11. Fr. Haben wir nicht eine Vorschrift, was wir von GOtt bitten, und auch einiger Maßen wie wir zu ihm bethen sollen?

A. Ja, in dem allervollkommensten Gebeth, welches uns der HErr JEsus selbst gelehret hat, und also anfängt: **Unser Vater in dem Himmel** — und wie noch weiter im Evangelio Matth. 6, 9 — 13., deßgl. Luc. 11, 2 — 4, angeführt stehet.

12. Was will uns der HErr JEsus zu verstehen geben, wann er uns lehret sprechen: **Unser Vater?**

A. Durch diese liebreiche und trauliche Ansprache **Vater**, will er Kinder GOttes lehren, wie ihre Herzen bei dem Gebeth in kindlicher Zuversicht und Vertrauen gegen GOtt ihren

---

*) Weil dieses nämlich gefährlich ist, indem sich die Eigenliebe leicht damit vermischet, sich der Gaben, der Süßigkeiten, Erkenntnisse u. d. gl. m. anmaßet, sich darin gefället, brüstet, der Reinigung von Sünden durch JEsu Blut und Geist, des Bethens u. s. w. vergißt, und voll geistlichen Stolzes und eigner Gerechtigkeit wird. A. d. R.

ihren himmlischen Vater stehen müßen; und durch das Wörtlein Unser wird ihnen zu erkennen gegeben, wie sie während dem Gebethe in gemeinschaftlicher Vereinigung mit allen Gläubigen, und in der Liebe gegen alle Menschen stehen sollen.

13. Fr. Warum folget: Der du bist im Himmel?

A. Um dadurch eine tiefe Ehrfurcht vor GOttes Majestät einzudrücken, und daß wir uns keine ungeziemende Vorstellungen von GOtt machen sollen (wie etwa Kinder oder Ungeübte thun); sondern daß wir, beim Gebeth oder Singen, unsere Herzen und Gedanken von allem Irdischen abziehen und sammeln, und dieselben zu GOtt, der ein Geist und unbegreifliches Wesen ist, und im Himmel — ja über alle Himmel — wohnet, erheben sollen. 2 B. Mos. 20, 4.

14. Fr. Was begehret ein Kind GOttes in der ersten Bitte: Dein Name werde geheiliget?

A. Daß GOtt und sein Name, seine Vollkommenheiten und Werke von ihm und andern lebendig mögen erkannt, geliebet, hoch geachtet und gepriesen werden, dadurch, daß es in seinem Herzen allezeit hege ehrerbietige und GOtt verherlichende Gedanken, so daß, wann er GOttes, seines Vaters Namen nur nennen höret, in seinem Herzen alsbald eine innige Anbethung und Freude entstehen

stehen möge; wie auch, daß durch alle seine Worte, Werke, Leiden und ganzen Wandel Gottes Name möge verherrlicht und gepriesen werden.

Matth. 5, 16. Laßet euer Licht leuchten vor den Leuten, daß sie euere gute Werke sehen, und euern Vater im Himmel preisen.

15. Fr. Was begehren wir in der andern Bitte: Dein Reich komme?

A. Daß GOtt in mir und andern die Herrschaft und Macht des Satans, der Welt und Sünde völlig zerstören — hingegen sich Ihm alles in uns unterwerfen, und also als König in unsern Herzen sein Reich aufrichten, und darin — wie auch endlich in der ganzen Welt — herrschen und regieren wolle.

16. Fr. Was begehren wir in der dritten Bitte: Dein Wille geschehe auf Erden wie im Himmel?

A. Daß GOtt in mir und andern Menschen unsern eigenen Willen möge brechen; so daß wir mit Leib und Seele ihm mögen gehorchen und seinen Willen vollbringen, und zwar willig, treulich, und mit Freuden, wie die Engel und Seligen im Himmel.

17. Fr. Was begehren wir in der vierten Bitte: Unser tägliches Brod gib uns heute?

A. Daß der himmlische Vater unsern äußern Leib zu seinem Dienste mit dem äußern Brod (d. i. mit den nöthigen Nahrungsmitteln)

teln) wolle erhalten, nähr[illegible] stärken; daß er aber auch unsere Seele, oder den innern Menschen, mit Christo, dem wahren wesentlichen Brod und Wort, so aus Gott gehet (a), und mit dessen Kraft, Gnade und Frieden wolle nähren, stärken und erfüllen zum ewigen Leben.

(a) Joh. 6, 51. Ich (JEsus) bin das lebendige Brod vom Himmel gekommen. Wer von diesem Brod essen wird, der wird leben in Ewigkeit. Und das Brod, das ich geben werde, ist mein Fleisch, welches ich geben werde für das Leben der Welt. S. a. Matth. 4, 4.

18. Fr. Was begehren wir in der fünften Bitte: Vergib uns unsere Schulden, als auch wir vergeben unsern Schuldigern?

A. Daß uns GOtt unsere Sünden-Schulden um Christi willen nicht zurechnen, sondern in Gnaden vergeben wolle; gleichwie wir also gegen unsern Nächsten in Wahrheit gesinnet seyn *).

19. Fr. Was begehren wir in der sechsten Bitte: Führe uns nicht in Versuchung —?

A. Daß uns GOtt vom Satan, von der Welt und von unserm eigenen Fleisch und Blut nicht

*) Merkwürdig und wohl zu beherzigen ist es, daß der liebe Heiland, nach Endigung der ganzen Gebeths-Vorschrift, nur auf diese Bitte eine Anmerkung macht, wann er (Matth. 6, 14. 15.) sagt: Denn, so ihr den Menschen ihre Fehle vergebet, so wird euch euer himmlischer Vater auch vergeben. Wo ihr aber den Menschen ihre Fehle nicht vergebet, so wird euch euer Vater eure Fehle auch nicht vergeben. S. a. Matth. 18, 23 bis zu Ende. A. d. R.

nicht über Vermögen wolle versucht werden laßen, so, daß wir dadurch in Sünde geriethen; ferner, daß er uns in allen Versuchungen und Proben nicht an uns selbst überlaßen; sondern durch seines Geistes Kraft uns unterstützen und stärken wolle, damit wir allerwegen starken Widerstand thun, und nicht unterliegen mögen.

1 Kor. 10, 13. Es hat euch noch keine denn menschliche Versuchung betreten. Aber GOtt ist getreu, der euch nicht läßet versucht werden über euer Vermögen; sondern machet, daß die Versuchung so ein Ende gewinne, daß ihr's könnet ertragen. S. a. Matth. 26, 41.

20. Fr. Was begehren wir von GOtt in der siebenten Bitte: Erlöse uns von dem Bösen —?

A. Daß GOtt uns vor des Satans Macht und List bewahren, und uns von aller Sünde und derselben noch anklebenden Ueberbleibseln und Wurzeln einmal völlig erlösen wolle.

21. Fr. Was will endlich der Beschluß dieses Gebeths sagen? wann es heißt: Denn dein ist das Reich, die Kraft und die Herrlichkeit in Ewigkeit. Amen.

A. Derselbe fasset in sich einige Bewegründe, warum GOtt, unser Vater, uns, in dem was wir gebethen haben, erhören wolle. Nämlich darum, weil 1) ja nicht dem Satan und der Sünde, sondern Ihm allein billig das Reich und die Herrschaft über

über uns und alle Kreaturen zukomme. 2) Weil Kraft und Vermögen zu helfen, nicht in uns selbst, sondern allein in Ihm zu finden ist; weil Ihm auch billig allein alle Kraft zukomme, und er derhalben dem Satan alle Macht über uns benehmen wolle. 3) Daß wir solches zu dem Ende verlangen, nicht daß wir, sondern daß Er allein von, in und durch uns möge verherrlichet und gepriesen werden, von nun an bis in Ewigkeit. Amen! Es werde wahr! — Ihm allein sey das Reich, die Kraft, und die Herrlichkeit in Ewigkeit! Ja Amen! Es wird geschehen!

Abtheilung,

von einigen nähern Umständen bei dem Gebethe.

22. Fr. Wen soll man anbethen?

A. Niemand, als den Dreieinigen GOTT, Vater, Sohn und H. Geist. Matth. 4, 10.

23. Fr. Mit welcher Herzensgestalt muß man zu GOtt bethen?

A. 1) Mit aufrichtigem Herzen; denn GOtt höret die Sünder nicht, welche nicht von Herzen willig sind, der Sünde abzusagen. 2) Mit einem demüthigen Herzen, in dem

dem Gesicht und der Empfindung seines Elendes, seiner Noth und Dürftigkeit. 3) Mit andächtigem und ehrerbietigem Herzen, indem man sich GOtt, als einen allgegenwärtigen, gütigen, weisen, mächtigen und herrlichen GOtt und Vater vorstellet. 4) Mit einem gläubigen Herzen, in kindlicher Zuversicht der Erhörung, ohne Zweifel. 1 Tim. 2, 8. — 5) In herzlicher Versöhnung und Liebe gegen unsern Nächsten ohne Unterschied. Matth. 6, 14. Kap. 5, 23. — 6) Anhaltend, ohne lass zu werden, wenn man gleich nicht so bald erhöret wird. Luc. 18, 1 u. f.

24. Fr. Wie muß man noch weiter bethen?

A. Im Namen JEsu, das ist: 1) als ein Christ, der den Namen und das Bild JEsu trägt, ihm zugehöret, und durch wahren Glauben mit ihm Eins ist. 2) Auf sein Wort, Befehl und Trieb seines H. Geistes. 3) Um seiner Gerechtigkeit und Fürbitte willen. 4) Alles begehrende, nicht für sich selbst und für seine eigene Lüste, sondern allein für JEsum, und zu seiner Verklärung in uns und außer uns. — Darum sagt man, daß ein Kind an eines andern Hause etwas fodert in seines Vaters Namen: 1) weil es ihm zugehöret; 2) weil es solches auf seines Vaters Befehl thut; 3) auf seines Vaters Credit und Rechnung; 4) weil das Gefoderte auf seines Vaters Rechnung seyn soll.

25. Fr. Was ist noch sonderlich, und vor allen Dingen bei dem Gebeth in Acht zu nehmen?

A. Daß ich mir GOtt nicht vorstelle, als einen solchen, der etwa nur droben im Himmel über viel tausend Meilen von uns entfernt wohnet; sondern als einen GOtt, der nicht allein Himmel und Erde mit seiner Gegenwart erfüllet (a), sondern der auch in meinem Herzen, als in seinem Tempel, Heiligthum und Himmel sich offenbaren und wohnen will (b); und daß ich deßwegen meine Gedanken, Sinne und Betrachtungen ja nicht nicht weit außer mir herumschweifen laße (c); sondern mit Verschließung meiner Sinne, und mit stiller sanfter Sammlung und Einkehr aller meiner Gedanken und Andacht inwendig zu GOtt, Ihn, in dem verborgenen Kämmerlein meines Herzens, im Geist und in der Wahrheit anzubethen suche. Matth. 6, 6.

(a) Jerem. 23, 23. 24. Bin ich nicht ein GOtt, der nahe ist, und nicht ein GOtt, der ferne sey u. s. w. Apost. Gesch. 17, 27. 28. Er ist nicht fern von einem jeden unter uns; denn in Ihm leben, weben und sind wir.

(b) 2 Kor. 6, 16. Ihr seyd der Tempel des lebendigen GOttes; wie denn GOtt spricht: Ich will in ihnen wohnen, und in ihnen wandeln &c. Ebr. 3, 6. Christus, als ein Sohn über sein Haus, welches Haus sind wir &c. — Joh. 14, 21. 23. Wer mich liebet, der wird von meinem Vater geliebet werden, und

ich

ich werde ihn lieben, und mich ihm offenbaren, ... und wir werden zu ihm kommen, und Wohnung bei ihm machen.

(c) Röm. 10, 8. Das Wort ist dir nahe, nämlich in deinem Munde und in deinem Herzen.

26. Fr. Was heißt das: GOtt im Geist und in der Wahrheit anbethen?

A. Im Geiste, das ist, im inwendigsten Grunde des Herzens oder Geistes, wie auch durch den H. Geist und dessen Bewegung; in Wahrheit, das ist, in wahrem Wesen und in der Kraft des Glaubens und der Liebe, ohne Zwang und Gesetz; und also nicht affectirt oder gezwungener Weise, mit einiger Heuchelei, Verstellung oder Zurückhaltung noch mit bloßen Lippen, in Fantasien und Bildern *): sondern uns GOtt so vorstellend,

wie

*) Ein gläubiger Bether soll sich aber deßwegen nicht ängsten, noch vom Gebethe ablaßen, weil er gerade zur Zeit des Gebeths oft am meisten mit allerhand Fantasien und Bildern gequält und bestürmt wird, wenn nur sein Grund redlich ist, und ringet, sich in Demuth lauterlich vor GOtt darzustellen. Die Uebung des Glaubens ist hier: immer diese Bilder sanft fallen zu laßen, und alle Augenblicke sich aufs neue über dieselben zu GOtt zu erheben, oder ihnen durch sanfte Entsinkung in den Seelengrund zu entgehen; nicht aber mit ihnen gerade zu zu streiten, oder sie mit Gewalt vertreiben zu wollen (welches eben so viel ist, als wenn man in ein Wespennest schlüge), wodurch das Uebel nur ärger wird. Man halte nur geduldig und standhaft im Gebeth aus, und thue auch hier, wie der sel. Autor irgendwo sagt: Wenn dein Gebeth dich nicht vergnüget, vergnüge GOtt dann

wie er in Wahrheit ist; und auch uns selbst also ansehend, wie wir in Wahrheit sind *).

27. Fr. Wo soll man bethen?

A. Man kann und soll aller Orten heilige Hände zu GOtt aufheben (1 Tim. 2, 8.); jedoch ist die Stille und Einsamkeit am bequemsten zur Einsammlung und Andacht, weil die Sinne weniger Vorwürfe zur Zerstreuung haben; wie JEsus sagt Matth. 6, 6.: Wann du bethest, so gehe in dein Kämmerlein, und schleuß die Thür zu, und bethe zu deinem Vater im

---

dann durch Geduld. Oder, wie der Apostel sagt: Laßt uns laufen durch Geduld in dem Kampfe ... Auch hier heißt es: Wer da weichet, an dem wird meine Seele keinen Wohlgefallen haben. — Halte nur treulich aus! ohne Segen läßt dich der HErr gewiß am Ende nicht. — S. a. Fr. 32 — 35. A. d. R.

*) Nämlich so, wie sich GOtt in seinem Worte geoffenbaret, und wie er uns, die sündigen Menschen, darin hat beschreiben laßen — aber alles ohne ängstliches Kopfbrechen, um etwa eine hohe Idee von Ihm, und die Vorstellung der Kleinheit und Niedrigkeit von uns selbst hervor zu bringen; sondern im Licht des Geistes der Wahrheit, um welchen man flehen muß, damit er selbst uns auch hier in alle Wahrheit leite. — Ein aufrichtiges Herz darf nicht bekümmert seyn, wenn es sich GOtt nicht so würdig und erhaben, und sich selbst nicht so klein und geringe denken kann, als es wohl wünschte, um vor Ihm sich tief zu demüthigen. Es bleibt alles gebrechlich an unserer Seite: wir wissen nicht, was und wie wir bethen sollen; sondern der H. Geist vertritt uns mit unaussprechlichen Seufzen. Er wird einen jeden treuen Bether recht bethen lehren rc. A. d. R.

im Verborgenen, u. s. w. — S. a. 1 Mose 24, 62. 63. Kap. 32, 24. Matth. 14, 23. Marc. 1, 35.

28. Fr. Wanneh soll man demnach bethen?

A. Allewege und ohne Unterlaß (1 Thessal. 5, 17. Col. 4, 1.); sonderlich aber, so oft man durch die Wirkung des Geistes GOttes dazu bewogen und erinnert wird, es sey nun für dieses oder jenes GOtt zu loben, zu danken, oder zu bitten, Fürbitte oder Abbitte zu thun, oder was es sonst für eine andere gottesdienstliche Pflicht seyn mag, wozu er uns antreibet.

29. Fr. Was heißet allewege und ohne Unterlaß bethen?

A. Daß man, durch GOttes Gnade — man mag gehen, stehen, sitzen oder liegen, ruhen oder arbeiten — stäts beflissen sey, in GOttes Gegenwart, mit ehrerbietigem Andenken, und inniger Begierde nach Ihm, nach seiner Gnade, Geist und Gemeinschaft unverrückt zu bleiben.

30. Fr. Schleußt dieß aber aus, daß man nicht auch gewisse Stunden und Zeiten zum Gebeth sollte aussetzen mögen?

A. Keinesweges! Vielmehr ist es, überhaupt geredet, sehr nützlich, und auch nöthig, daß man 1) nicht allein vor und nach dem Essen, und auch vor einem jeglichen Werke, so man verrichtet, sein Herz zu GOtt erhebe; sondern daß man 2) auch zu einer gewissen Zeit oder Stunde, sonderlich Morgens und Abends, sich ausdrücklich dazu absondere, sein Gemüth von allen irdischen Zerstreuungen, Sorgen und Gedanken in GOttes Gegenwart einzusammeln; und daß man sich, seiner Schwachheit wegen, selbst ein Gesetz darüber vorschreibe. Doch soll es 3) nicht also geschehen, daß man sich ein Gewissen daraus machen wollte, wenn man ohne seine eigene Schuld oder nachläßigkeit daran verhindert würde, alsdann für die Zeit auszusetzen. Man muß GOtt und dessen Geist nicht binden oder einschränken wollen; sondern auf dessen Führung inwendig oder auswendig merken, und in Bereitschaft stehen, seine gemachte Ordnung zu ändern oder zu laßen, und Ihm und seinem Wink und Gesetz allein zu folgen.

31. Fr. Was wirft der Satan den Seelen wohl ein, welche Sinnes sind, sich zum Gebethe abzusondern?

A. Er mact ihnen das Gebeth entweder als eine schwere, verdrießliche Sache vor, oder er wirft ihnen ein, sie seyen solche große Sünder, und deßwegen sey ihr Grbeth GOtt nicht angenehm; oder er bringt ihnen eine falsche Scham bei, wenn sie es hie oder da versehen haben, daß sie glauben, nun dörften sie nicht kommen; oder ihre Sünden wären zu groß, und sey doch nun alles verloren; oder, es sey eben jetzt nicht die rechte

Zeit

Zeit zu bethen; man sey ja zu träge, zu zerstreut, hätte diese und jene äußerliche Verrichtungen zu besorgen; dann und dann wolle man bethen, dann würde es sich besser schicken, und was dergleichen mehr ist: worüber denn das Gebeth versäumet wird, und man allgemach in Trägheit und Rückgang in allem Guten geräth.

32. Fr. Auf welche Weise sucht einen der Satan noch wohl mehr im Gebeth zu hindern?

A. Indem er einen durch allerhand fliegende, zerstreuende, oder auch wohl ungeziemende oder böse Gedanken und Vorstellungen, oder auch durch Verdruß, Ungeduld, Einbildung, Unglauben, u. s. w. zu stören sucht.

33. Fr. Wie muß man sich gegen diese und dergleichen Versuchungen verhalten?

A. Man muß sich, so viel möglich, auf eine sanfte Weise inwendig davon abkehren, sie nicht wahrnehmen noch viel darauf achten, und in seiner Andacht nur fortzufahren suchen. Und ob sie gleich oft wieder kämen, dennoch nicht gerade zu mit dem Feinde fechten und disputiren; sondern immer auf eben die gelinde und ruhige Weise sich davon abwenden und sie vergessen: hingegen sich mit andern göttlichen Vorwürfen, mit GOtt und dessen Gegenwart zu beschäfftigen trachten.

34. Fr. Was wirft der Satan einem noch wohl nach dem Gebethe ein?

A. Alsdann bringt er die Seele bisweilen in grobe oder subtile und heimliche Einbildung darüber, als ob sie nun sonderlich fromm und GOtt angenehm, und besser als dieser und jener wäre. Oder: nun habe man vieles und etwas Sonderliches voraus, und dörfte nun wohl hier oder darin seinen Sinnen wieder ein wenig nachgeben u. s. w.

35. Fr. Wie muß denn aber unsere Seele nach dem Gebeth sich zu verhalten trachten?

A. Sie muß mit GOttes Hülfe, eben die Herzensgestalt, Einsammlung und Andacht, die sie etwa im Gebethe möchte gehabt haben, mit großer Wachsamkeit unverrückt zu bewahren suchen; und dergestalt in gelaßener Begierde in ihrem Inwendigen noch stäts vor GOtt stehen bleiben, glaubend und erwartend, daß er ihr geben werde, warum sie gebethen hatte.

36. Fr. Ist an diesem wahren Gebethe viel gelegen?

A. O ja! unaussprechlich viel; denn es hängt unser ganzes Christenthum, alle Heiligkeit und Seligkeit davon ab. Enoch, Noah, Abraham und alle fromme Erzväter, sind dadurch zu Heiligen geworden, daß sie so viel durch das wahre Geistes-Gebeth mit GOtt gewandelt und umgegangen haben. Und so ist hingegen die Unterlaßung dieses wahren Gebeths die Hauptursache, warum alle äußere Mittel — Hören, lesen, Predigen, Reden u. a. m. — so wenig Frucht schaffen; und daher das Christenthum so sehr verfällt; die vornehmste Ursache, daß gute Seelen insgemein so träge in Verläugnung der Welt und ihrer selbst, so schwach in allen Proben, so unbekannt ihnen selbst, ja so fremd ihrem GOtt sind; daß sie so wenig innere Erkenntniß von dem hohen, herrlichen Wesen GOttes, so wenig Eindruck und Ehrfurcht vor seiner Gegenwart bezeigen, und so kalt in seiner Liebe sind. — Kurz: dieß ist die Hauptursache, warum heutiges Tages die Christen so wenig Christen — das ist, mit dem Geist gesalbte, lebendige Ausdrücke und Bilder Christi — sind. Sie können es nicht seyn, weil sie so wenig des HErrn Klarheit beschauen (2 Kor. 3, 18.), ihm anhangen (1 Kor. 6, 17.), noch mit Ihm und ihrem GOtt durchs wahre Herzensgebeth so wenig umgehen; oder doch ihn nicht anbethen, wie er will angebethen seyn, nämlich inwendig im Geist und in der Wahrheit. Joh. 4, 23. 24.

37. Fr. Wer lehret uns aber also bethen?

A. Der Heiland JEsus selbst durch seinen H. Geist, den wir deßwegen darum ansprechen müßen (a).

(a) Röm. 8, 26. 27. Der Geist hilft unsrer Schwachheit auf; denn wir wissen nicht, was wir bethen sollen, wie sich's gebühret; sondern

dern der Geist selbst vertritt uns aufs beßte mit unaussprechlichem Seufzen. Der aber die Herzen forschet, der weiß, was des Geistes Sinn sey; denn er vertritt die Heiligen, nach dem, das GOtt gefället. S. a. V. 15.

38. Fr. Sollen auch die Kinder frühzeitig zum Gebeth angewiesen werden?

A. Freilich ja! Man soll sie anweisen, daß sie oft in die Stille allein gehen, und lernen, aus ihrem Herzen zu GOtt bethen, und zwar aus wirklichem Begriff und Erkenntniß der Nothwendigkeit dieser Pflicht, und ihrer eigenen Elenden und Dürftigkeiten.

Zwölftes Kapitel.

Von dem Leben und Wandel eines gläubigen und geheiligten Christen.

1. Fr. Nachdem nun eine Seele, durch wahren Glauben, Christo einverleibet, und — durch die tägliche Heiligung und stäten Umgang mit ihm durchs Gebeth — in ihm eingewurzelt ist und bleibet: welche Früchte, oder welch ein Leben und Wandel fließt dann aus dieser innigen Vereinigung hervor?

A. Wer in Wahrheit in Ihm ist und bleibet, der wandelt auch wie Er, der HErr JEsus selbst, gewandelt hat (1 Joh. 2, 6.). Er träget allezeit das Sterben JEsu an seinem Leibe, auf daß auch das Leben JEsu an an seinem Leibe offenbar werde (2 Cor. 4, 10. 12.). Siehe auch oben II. Theil, Kap. 5. Fr. 3 ff.

2. Fr. Sage mir aber noch kürzlich und insonderheit: Wie führet ein Christ seinen Wandel? und zwar zuerst in Ansehung seiner Person selbst?

A. 1) In Verläugnung und Bezähmung seines eigenen Willens, seiner Lüste, Vernunft, Sinne, Affecten und Gedanken. 2) In Keuschheit und Mäßigkeit im Essen, Trinken, Schlafen u. s. f. 3) In Bedachtsamkeit, Stille und Eingezogenheit; und darum heiliglich (doch mit Bescheidenheit, unaffectirt;) zurück haltend in seinen Reden. 4) In Ernsthaftigkeit und Ehrerbietung; und demnach ferne von allem ausgelaßenen Lachen, Scherzen und allen Narrentheidungen. 5) In demüthiger Sittsamkeit; weßwegen er einen Abscheu hat vor allem Ueberfluß, Schmuck und Pracht in Kleidung, Haus, Hausrath u. s. w. — Doch alles ohne affectirte Singularität.

3. Fr. Wie beträgt er sich in Ansehung seines Standes und Berufs, worin er etwa von GOtt, dem Aeußern nach, möchte gesetzet seyn?

A. A. Wenn er 1) hoch und reich in dieser Welt; so beuget er sich desto tiefer, durch den Geist JEsu, der in ihm wohnet, unter GOtt und alle Menschen; — trauet nicht

auf

auf den unbeständigen Reichthum, sondern auf den lebendigen GOtt allein (a), und suchet durch Gutesthun an allen, reich zu werden an Liebeswerken (b), indem er sich nur als ein bloßer Verwalter seiner Güter ansiehet (Luc. 16, 1 — 13.). Er ist darum bei seiner Hoheit klein und niedrig, und bei seinem Reichthum in Wahrheit arm. 2) Ist er aber in einem, vor der Welt geringern und niedrigern Zustande; so danket er GOtt, und ist wohl zufrieden immer so zu bleiben, als in dem sichersten, und dem erniedrigten JEsu ähnlichsten Stande. Er weiß aber auch dabei, daß der Stand für sich selbst ihn nicht angenehm vor GOtt macht; und darum trachtet er, sich noch tiefer als andere zu erniedrigen, und recht arm am Geiste zu werden.

(a) 1 Tim. 6, 17. Den Reichen von dieser Welt gebiete, daß sie nicht stolz seyn, auch nicht hoffen auf den ungewissen Reichthum, sondern auf den lebendigen GOtt, der uns dargibt reichlich allerlei zu genießen.

(b) Ebend. v. 18. Gebiete ihnen, daß sie Gutes thun, reich werden an guten Werken, gerne geben, behülflich seyn.

B. Ist er aber 1) über andere gestellt, es sey im obrigkeitlichen Stande oder sonst: so beträgt er sich als GOttes Diener, ja auch als ein Diener seiner Untergebenen, und als ihr Vater, — vergisset nicht seiner Niedrigkeit und Geringheit vor GOtt, bei welchem kein Ansehen der Person gilt, — der nicht viel

Edele,

Edele, Weise, Gewaltige berufen hat, — welchem er desto mehr Rechenschaft wird geben müßen (Luc. 16, 2. Jac. 3, 1. 2. Hebr. 13, 17. Luc. 12, 48.), und suchet darum nach Vermögen treu zu seyn. — Ist er aber 2) ein Unterthan; so unterwirft er sich der Obrigkeit, die Gewalt über ihn hat; gibt derselben Schatzung und Zoll; leistet ihr Gehorsam, und gibt ihr diejenige Ehre, so ihr nach der Schrift gebühret, um GOttes und des Gewissens willen (Röm. 13, 5.), und bethet auch für sie zu GOtt.

1 Tim. 2, 1. 2. 3. So ermahne ich nun, daß man vor allen Dingen zuerst thue Bitte, Gebeth, Fürbitte und Danksagung für alle Menschen; für die Könige und für alle Obrigkeit, auf daß wir ein ruhiges und stilles Leben führen mögen, in aller Gottseligkeit und Ehrbarkeit. Denn solches ist gut, dazu auch angenehm vor GOtt, unserm Heilande.

4. Fr. Wie beträgt sich ein Christ, in Ansehung des ledigen und ehelichen Standes?

A. Er prüfet hierin genau und unparteiisch, was des HErrn Wohlgefallen, und für ihn das Beßte zu thun sey. Ist es nun 1) daß er, nach dem Vorbilde des Heilandes, im ledigen Stande bleibet; so ist er darin wohl vergnüget (1 Cor. 7, 27.), und sorget nur, wie er dem HErrn gefalle, ihm stäts ungehindert zu dienen und anzukleben, und heilig zu seyn, beides am Leibe und auch am Geiste, in aller Demuth (1 Kor. 7, 32. 34. 35.).

Ist

Ist er aber 2) verheirathet nach GOttes Willen: so trachtet er darin getreu, in seiner reinen Liebe, vor seinen Augen zu wandeln, in Reinigkeit, Unschuld, Geduld und Weisheit, ohne Sorge oder Unglauben. Kurz: die da Männer oder Weiber haben, sind, als hätten sie keine (1 Cor. 7, 29.).

5. Fr. Wie verhält sich ein wahrer geheiligter Christ in Ansehung seiner äußern Beschäfftigungen, seiner Berufsarbeit oder Profession?

A. Nachdem er, durch GOttes Leitung oder Vorsehung, in einem solchen Berufe stehet, der nach dem Willen GOttes ist, und worüber er dessen Segen erbitten und erwarten kann (das ist: der einiger Maßen unschuldig, und nicht an und für sich selbst sündlich ist, oder gerade zu zur Sünde Anlaß gibt): so ist er darin zufrieden, ohne was anderes zu wünschen und zu suchen, und trachtet nur, seine Arbeit allein nach GOttes Willen zu verrichten.

6. Fr. Weil aber dieß eine täglich vorfallende Sache, und eine daher nöthige, ja ganz wichtige Materie ist; so sage mir doch etwas näher, wie ein Christ seine äußere Berufsarbeit nach dem Willen GOttes thut, und thun müße?

A. Der Zweck warum, und die Absicht aus welcher ein Christ arbeitet, muß seyn: 1) aus kindlichem Gehorsam und Unterwerfung an GOtt und seine Ordnung (a). 2)

Zur

zur Buße und Demüthigung für seine Sünden, und Betäubung seines Leibes. 3) Aus Liebe und zum Dienste des Nächsten (b). 4) Ohne Begierde mehr zu haben (c), oder aus Unglauben, sich selbst zu besorgen; und 5) ferne von jedem groben oder heimlichen Neid und Mißgunst gegen seinen Nächsten.

Das Werk selbst muß geschehen in gehörigem Maß; nämlich so daß man: 1) sich nicht auslaße in große weitläufige Händel und Zerstreuungen über die Nothdurft; wie auch, 2) daß man nicht auf einmal, und zu Einer Zeit zu viel unter die Hände nehme.

Dann aber muß das Werk auch sonderlich auf die rechte, GOtt gefällige Weise, mit stillem Wesen geschehen (d), das ist: 1) Mit gesammeltem Gemüth und Gedanken, in GOttes Gegenwart, wie ein Kind vor den Augen seines Vaters. 2) Mit aller Treue, als dem Herrn, und nicht den Menschen (e). 3) Mit stäter Aufopferung seines Willens, stiller Gelaßenheit und Abhänglichkeit von GOtt; zu welchem Ende man auch dann und wann — sonderlich wenn man merket, daß man etwa aus der gehörigen Disposition ausgegangen, — ein wenig stille halten, und sich, mit seinem Werk, GOtt im Geist und Wahrheit aufopfern, anbieten und sich also wieder recolligiren und erholen muß. 4) Und demnach auch bedachtsam, und ohne Ungestüm und Uebereilung. 5) Ohne weit aufs

Künftige

Künftige hinaus zu denken, oder sich gleichsam eine gewisse Quantität zu bezirkeln und sich vorzunehmen, solche in der und der Zeit fertig zu haben. 6) Stille und gleichmüthig, so wohl, wann es von statten gehet, als wann es nach seiner Vernunft und dem Fleisches-Sinn, nicht gelinget oder fort will. 7) Auch ohne alle Anklebung am Werke selbst; so daß man trachten muß, alle Augenblicke willig und bereit zu seyn, alles liegen zu laßen, wann entweder GOttes Vorsehung von außen einem was anders zu thun gibt; oder auch, wann sein Geist einen inwendig rühret und beweget, ihm stille zu halten, und dessen Werk in seiner Seele wahrzunehmen, oder sich zum Gebeth abzusondern. 8) Und endlich, muß man trachten, so bald man die Hände von der Arbeit ziehet, daß man auch zugleich seine Gedanken davon abziehe; um alle gefaßte äußere Bilder wieder zu verlieren. Kurz: das äußere Werk und Handgeschäffte soll nur des wahren Christen Handwerk; GOtt aber im Geist und Wahrheit anzubethen, und auf dessen Wink zu merken, sein einziges Haupt- und Herzenswerk seyn.

(a) 1 B. Mos. 3, 19. Im Schweiß deines Angesichts sollst du dein Brod essen. S. a. 2 Thess. 3, 10. 12.

(b) Eph. 4, 28. Wer gestohlen hat, der stehle nicht mehr; sondern arbeite, und schaffe mit

Händen etwas Gutes, auf daß er habe zu geben dem Dürftigen.

(c) 1 Tim. 6, 9. Denn die da reich werden wollen, die fallen in Versuchung und Stricke &c. S. a. Matth. 13, 22. Kap. 6, 19.

(d) 2 Thess. 3, 12. Wir gebieten ihnen, und ermahnen sie, durch unsern HErrn JEsum Christ, daß sie mit stillem Wesen arbeiten, und ihr eigenes Brod essen. S. a. 1 Thess. 4, 11.

(e) Coloss. 3, 23. 24. Alles, was ihr thut, das thut von Herzen, als dem Herrn, und nicht den Menschen; und wisset, daß ihr von dem HErrn empfangen werdet die Vergeltung des Erbes; denn ihr dienet dem HErrn Christo.

7. Fr. Wie verhält sich ein Christ im Wandel und Umgange mit seinem Nächsten?

A. Er gehet 1) mit allen und jeden um in Wahrheit, Aufrichtigkeit und Herzens-Einfalt, ohne Heuchelei und Betrug. 2) In Gerechtigkeit und Treue. 3) In Liebe, Mitleiden, Freundlichkeit und Gutthätigkeit, sonderlich gegen Geringe, Arme, Kranke, Wittwen u. dgl. 4) In Sanftmuth, Stille und Geduld, auch gegen seine Feinde, Lästerer und Verfolger. 5) In Demuth gegen jedermann, auch selbst gegen die Geringsten und Bösesten. 6) In freimüthiger Bekenntniß des Namens, der Lehre und des Lebens JEsu, mit Werk und Wort, ohne Menschenfurcht noch Menschengefälligkeit. 7) In Bescheidenheit, Weisheit u. Vorsichtigkeit, ohne jemanden zu ärgern oder Anstoß zu geben (a).

(a) 1 Cor. 10, 31. 32. Seyd nicht ärgerlich, weder den Juden noch den Griechen, noch der Gemeine GOttes; gleichwie ich auch jedermann in allerlei mich gefällig mache, und suche nicht, was mir, sondern was vielen frommet, daß sie selig werden.

8. Fr. Wie verhält sich ein Christ noch insonderheit gegen andere Gläubige und Kinder GOttes?

A. An denen hat er alle seine Lust, Freude und Ergötzung auf Erden (a). Er liebet sie 1) über alle, auch über seine nächsten Anverwandten und Freunde nach dem Fleische, wenn diese GOtt nicht suchen und lieben; und solches zeiget er nicht allein mit Gebärden, Worten und Umgang, sondern auch, bei aller Gelegenheit, mit der That (b); so daß er sich auch schuldig und geneigt findet, sein Leben für die Brüder zu laßen (c). — Er liebet sie auch 2) unpartheiisch, und ohne Unterschied, in welchem Stande, in welcher Nation oder Erb-Religion sie auch seyn mögen (d), und ohne auf diese oder jene, den Grund nicht rührende Neben-Einsichten und Meynungen zu sehen. Auch läßt er sich 3) in Bescheidenheit herunter, und trachtet allen allerlei zu werden. So wird er denen, die unter dem Gesetz sind, als einer der auch unter dem Gesetz ist; den Schwachen als ein Schwacher (e), nur darum, damit er keinem ein Aergerniß oder Anstoß geben, sondern sie gewinnen möge; doch alles ohne Heuchelei, Schmeichelei, oder andere unlautere Absichten. Er ist daher 4) auch willig, ihnen, wie ein Glied dem andern, zu helfen, zu ra-

then,

then und Handreichung zu thun auf alle Weise, so wohl im Aeußern und Leiblichen, als auch im Innern und Geistlichen, nach dem Beruf, der Gabe, und dem Maß, als er von GOtt möchte empfangen haben, in aller Niedrigkeit, — und freuet sich auch von Herzen über die Gaben anderer Mitglieder (f). Endlich 5) achtet er sich in Wahrheit für den Geringsten unter ihnen, und andere immer höher als sich selbst (g).

(a) Ps. 16, 3. Für die Heiligen, so auf Erden sind, und für die Herrlichen; an denen hab ich alle meinen Gefallen.

(b) 1 Joh. 3, 17. 18. Wenn aber jemand dieser Welt Güter hat, und siehet seinen Bruder darben, und schließt sein Herz vor ihm zu: wie bleibet die Liebe GOttes bei ihm? Meine Kindlein, laßet uns nicht lieben mit Worten, noch mit der Zunge; sondern mit der That, und mit der Wahrheit. S. a. Jac. 2, 16.

(c) 1 Joh. 3, 16. Daran haben wir erkannt die Liebe, daß Er sein Leben für uns gelaßen hat; und Wir sollen auch das Leben für die Brüder laßen.

(d) Nun erfahre ich mit der Wahrheit (sprach Petrus), daß GOtt die Person nicht ansiehet; sondern in allerlei Volk, wer ihn fürchtet und Recht thut, der ist ihm angenehm.

(e) Röm. 15, 1. 2. Wir aber, die wir stark sind, sollen der Schwachen Gebrechlichkeit tragen, und nicht Gefallen an uns selber haben. Es stelle sich aber ein jeglicher unter uns also, daß er seinem Nächsten gefalle zum Guten,

 zur

zur Besserung. S. a. Röm. 14, 1. 1 Cor. 8, 13. Kap. 9, 19—23.

(f) 1 Petr. 4, 10. Dienet einander, ein jeglicher mit der Gabe, die er empfangen hat, als die guten Haushalter der mancherlei Gnade GOttes. S. a. besonders 1 Cor. 12, 8. ff. Kap. 14, 26.

(g) Phil. 2, 3. Thut nichts durch Zank oder eitele Ehre; sondern durch Demuth achtet euch unter einander einer den andern höher, denn sich selbst. S. a. Röm. 12. 10.

9. Fr. Sage mir endlich noch mit einem Worte: Wie beträgt sich ein Christ in seinem Inwendigen gegen GOtt?

A. 1) Er stehet stäts in herzlichem Verlangen und Sehnen nach Gottes Kraft, Weisheit und Licht, um seinen guten und vollkommnen Willen zu unterscheiden in allen Zuständen inwendig, und in allen Vorfällen auswendig (a); kann er aber denselben dennoch nicht unterscheiden: so thut er dasjenige, was seiner Natur, seinem Fleisch und Blut am meisten zuwider ist. 2) Er setzet auf GOtt alle seine Hoffnung und Vertrauen (b). 3) Er liebet ihn über alles (c). 4) Er trachtet geduldig zu seyn in allem äußern und innern Kreuz und Leiden (d). 5) Er opfert stäts zu GOttes Füßen auf, was er ist, vermag, hat und geneußt, dem Leibe und der Seele nach, es sey in- oder auswendig, in tiefster Verläugnung (e). 6) Er wünschet nichts mehr als nach GOttes Herzen und Sinne zu seyn,

und

und zu seiner Verherrlichung von außen und innen zu leben (f). Und endlich 7) ist sein Hauptwerk: sich mit der Gegenwart seines Gottes, und dem kindlichen Andenken an ihn, mit tiefester Ehrfurcht und Liebe beschäfftigt zu halten, und — wo nicht in wirklicher Empfindung und Klarheit, dennoch im Glauben, — wie Enoch mit Ihm zu wandeln (g); und, wo seine Gedanken und Andacht sich zu lange und weit von GOtt, aus Schwachheit oder Unbedachtsamkeit, verstreuet haben, so trachtet er, dieselben alsbald wieder zu sammeln ꝛc.

(a) Röm. 12, 2. — Verändert euch durch Verneuerung eures Sinnes, auf daß ihr prüfen möget, welches da sey der gute, der wohlgefällige und der vollkommene GOttes-Wille.

(b) 1 Tim. 4, 10. — Wir werden geschmähet, daß wir auf den lebendigen GOtt gehoffet haben. Ebr. 13, 5. 6. Er hat gesagt: **Ich will dich nicht verlaßen noch versäumen.** Also, daß wir dürfen sagen: Der HErr ist mein Helfer; und (ich) will mich nicht fürchten: was sollte mir ein Mensch thun?

(c) Matth. 10, 37. Wer Vater oder Mutter mehr liebet, denn mich, der ist meiner nicht werth. Und wer Sohn oder Tochter mehr liebet, denn mich, der ist meiner nicht werth. S. a. besonders Marci 12, 30.

(d) 1 Petr. 4, 19. Darum, welche da leiden nach GOttes Willen, die sollen ihm ihre Seelen befehlen, als dem treuen Schöpfer in guten Werken. Jac. 1, 12. Selig ist der Mann, der die Anfechtung erduldet; denn nachdem er bewähret ist, wird er die Krone des Lebens empfangen, welche GOtt verheißen hat denen, die ihn lieb haben. S. a. Kap. 5, 10. 11.

(e) Ps. 115, 1. Nicht uns, HErr! nicht uns, sondern deinem Namen gib Ehre —. S. a. 1 Cor. 4, 7.

(f) 2 Cor. 5, 9. Darum fleißigen wir uns auch, wir sind daheim, oder wallen, daß wir Ihm wohl gefallen.

(g) 1 B. Mos. 17, 1. GOtt sprach zu Abram: Ich bin der allmächtige GOtt, wandele vor mir, und sey fromm. S. a. Kap. 5, 22. 24.

10. Fr. So höre ich wohl, daß ein wahrer Christ was Großes und Herrliches sey.

A. Freilich ja, und weit mehr als man insgemein davon denkt. Es werden darum die Christen nicht umsonst in der Schrift genannt: Ein heiliges Volk (1 Petr. 2, 9.), geschaffen in Christo JEsu zu guten Werken (Eph. 2, 10.); ein Licht der Welt (Matth. 5, 14.), das Salz und die Säulen der Erde (Matth. 5, 13. Luc. 14, 34.), die sonderliche und der Natur ungewöhnliche Dinge thun (Matth. 5, 44 — 47.). Sie sind daher ein Wunder und Geheimniß der Welt (Ps. 71, 7.); eine Freude der Engel (Luc. 15, 7. 10.), und ein Lustspiel GOttes in Zeit und Ewigkeit (a); aber solche wahre Christen sind auch wohl seltene Erscheinungen in diesen letzten Tagen.

(a) Spr. Sal. 8, 31. Und ich spielte auf seinem

nem Erdboden, und meine Lust ist bei den Menschenkindern — 5 B. Mos. 33, 3. Wie hat der HErr die Leute so lieb! — S. a. Ps. 45, 12.

11. Fr. Alle diese Dinge sind nun wohl herrlich und gut; aber wer kann also leben!

A. 1) Keiner, der noch die Welt und Sünde liebet und lieben will. 2) Keiner, der noch auf beiden Seiten hinket, und nicht völlig entschlossen ist, allem inwendig und auswendig abzusagen, und JEsum bloß allein zu folgen. 3) Auch noch keiner, der zwar überhaupt also gesinnet seyn möchte; aber noch in seinen eigenen Kräften und in gesetzlichem Wirken zu Werk gehet. 4) Wohl aber und nur allein diejenigen, welche aus sich selbst in Wahrheit und im Glauben ausgegangen, und also aus GOtt geboren sind, die können es, und thun es auch (a); nicht aber aus und durch ihre eigene Kraft, sondern durch Christum, der sie innerlich mächtig machet (b).

(a) 1 Joh. 5, 3. 4. Denn das ist die Liebe zu GOtt, daß wir seine Gebote halten; und seine Gebote sind nicht schwer. Denn alles was von GOtt geboren ist, überwindet die Welt; und unser Glaube ist der Sieg, der die Welt überwunden hat.

(b) Phil. 4, 13. Ich vermag alles durch den, der mich mächtig macht, Christus.

12. Fr. Woher fließet demnach dieses tugendvolle, heilige, göttliche Leben, welches sich in einem

wahren Christen von innen und von außen ausbreitet?

A. In Wahrheit einzig und allein aus Christo JEsu selbst (a), kraft der innigen und übernatürlichen Vereinigung und Gemeinschaft der Seele mit ihm, der das Leben ihres Lebens wird, in ihrem Herzen wohnet (b), lebet (c) und herrschet (d); und sie hinwiederum in ihm (e) und durch ihn lebet (f) und wirket, wie ein Glied am Haupte (g), wie ein Rebe am Weinstock (h); — und wenn die Seele nun also in ihm bleibet, so wird sie seiner göttlichen Natur theilhaftig (i), und wandelt daher auch wie Er, der HErr JEsus selbst, gewandelt hat (k).

(a) Joh. 1, 16. Und von seiner Fülle haben wir alle genommen Gnade um Gnade.

(b) Eph. 3, 17. Und Christum zu wohnen durch den Glauben in euern Herzen.

(c) Gal. 2, 20. Ich lebe aber; doch nun nicht Ich, sondern Christus lebet in mir.

(d) Ps. 24, 7. 8. Machet die Thore weit, und die Thüren in der Welt hoch, daß der König der Ehren einziehe. Wer ist derselbe König der Ehren? Es ist der HErr stark und mächtig, der HErr mächtig im Streit.

(e) Joh. 14, 20. — Dann werdet ihr erkennen, daß Ich in meinem Vater bin, und Ihr in mir, und Ich in euch.

(f) Gal. 2, 20. Denn was ich jetzt lebe im Fleische, das lebe ich im Glauben des Sohnes

GOt-

GOttes, der mich geliebet, und sich selbst für mich dargegeben hat.

(g) 1 Cor. 6, 17. Wer dem HErrn anhanget, der ist Ein Geist *) mit ihm. S. a. Eph. 1, 22. 23.

(h) Joh. 15, 4. 5. ff. Ich bin der Weinstock, Ihr seyd die Reben. Wer in mir bleibet, und Ich in ihm, der bringet viele Frucht, u. s. w.

(i) 2 Petr. 1, 4. Durch welche (Erkenntniß GOttes und JEsu Christi) uns die theuern und allergrößesten Verheißungen geschenket sind, nämlich, daß ihr durch dasselbige theilhaftig werdet der göttlichen Natur, so ihr fliehet die vergängliche Lust der Welt.

(k) 1 Joh. 2, 6. Wer da sagt, daß er in Ihm bleibet; der soll auch wandeln, gleich wie Er gewandelt hat.

13. Fr. Fällt aber ein wiedergeborner Christ nicht auch noch manchmal in Fehler und Schwachheiten?

Antw. Ja, dieß geschiehet freilich; aber 1) ihre Fehler und Strauchlungen, welche aus purer Schwachheit, Unwissenheit, Uebereilung und Unbedachtsamkeit, oder aus Benebelung des Verstandes geschehen, werden ihnen von GOtt, um Christi willen, nicht zur Sünde gerechnet (a). 2) Ihre

*) Die Größe und Erhabenheit dieser Vereinigung übersteigt allen Begriff, und sagt noch mehr als die Vereinigung des Gliedes mit dem Haupte. O unbeschreibliche — ja göttliche Würde, zu der ein Mensch, der durch die Sünde in den tiefsten Abgrund des Elendes herab gesunken ist, wieder durch Christum hinauf geadelt werden soll! — A. d. A.

Gebrechen und Fehler sind meistens solche, die entweder nicht äusserlich ausbrechen und gesehen werden, oder doch gegen die tägliche Sünden der Unbußfertigen nicht zu rechnen, noch damit zu vergleichen sind. 3) Sie bleiben selten lange in denselben, sondern so bald sie es nur merken, kehren sie mit Leidwesen wieder zu GOtt, und erlangen wiederum Vergebung. 4) Solche Wiedergeborne sündigen aber niemals mit Fleiß, mit Bedachtsamkeit, und muthwillig wider besseres Wissen (b).

(a) 1 Joh. 2, 1. Meine Kindlein, solches schreibe ich euch, auf daß ihr nicht sündiget. Und ob jemand sündiget; so haben wir einen Fürsprecher bei dem Vater, JEsum Christ, der gerecht ist.

(b) 1 Joh. 3, 6 — 9. Wer in Ihm bleibet, der sündiget nicht; wer da sündiget, der hat ihn nicht gesehen noch erkannt. Kindlein, lasset euch niemand verführen. Wer Recht thut, der ist gerecht, gleichwie Er gerecht ist. Wer Sünde thut, der ist vom Teufel; denn der Teufel sündiget von Anfang. Dazu ist erschienen der Sohn GOttes, daß er die Werke des Teufels zerstöre. Wer aus GOtt geboren ist, der thut nicht Sünde; denn sein Same bleibt bei ihm, und kann nicht sündigen, denn er ist von GOtt geboren.

14. Fr. Weil nun oben ein Weniges von dem Leben eines Christen gesagt worden ist; so berühre nun auch noch kürzlich, wie sich ein Christ

auf

auf dem Todbette, und am Ende seines Lebens verhalte?

A. In Ansehung des Leibes sucht er 1) in allem Leiden und Elend geduldig, und seinem GOtt gelaßen zu seyn. 2) Sucht er sich nicht viel zu bekümmern über etwas, das in der Welt ist, noch um die zeitliche Nahrung seiner Anverwandten, so er etwa hinterlaßen möchte *). 3) So setzt er auch sein Vertrauen nicht auf Aerzte und Arzneien, daß er bei denselben mehr als bei GOtt Hülfe suchen und erwarten sollte, sondern er hält GOtt, seinem beßten und alleinigen Arzt, allein stille (2 Chron. 16, 12.).

In Ansehung der Seele, — so stützet er 1) nicht im geringsten auf sich selbst, noch seine eigene Frömmigkeit und gute Werke; welche, in so fern sie sein sind, nur ein beflecktes Kleid, ja Sünden sind; diejenigen aber betreffend, welche GOtt in und durch ihn möchte gethan haben, so siehet er, wie so wenig, ja gar nichts er an denselben Theil habe (1 Cor. 4, 4. 7. 1 Chron. 30, 16. Ps. 89, 18. Joh. 3, 21.): er schlägt darum,

*) Ein Christ sucht indessen alle seine äußere Sachen und Angelegenheiten zu rechter Zeit in die gehörige Ordnung zu bringen, und auch darin so sein Haus zu bestellen, daß er einst, auch in dieser Absicht, sein Haupt ruhig und getrost niederlegen könne, und daß seine nachbleibende Angehörigen, nach seinem Hinschied, nichts in Zerrüttung finden, noch, durch seine Schuld, sogar in Rechtshändel verwickelt werden mögen. A. d. R.

um, durch GOttes Gnade, seine Augen auch ganz von denselben ab. Und 2) umfasset er im Gegentheil JEsum Christum, der durch den Glauben in seinem Herzen wohnet, als seinen Bürgen (Jes. 38, 14.), seine Gerechtigkeit und Heiligkeit: und auf diesen Heiland, auf diesen Christum für ihn und in ihm, der seine einzige Hoffnung der Herrlichkeit ist (a), darf er's getrost wagen; — und opfert daher 3) seine Seele und Geist in seine (Ap. Gesch. 14, 23.) und seines himmlischen Vaters Hände für ewig auf (b).

(a) Col. 1, 27. — Christus in euch ist die Hoffnung der Herrlichkeit. S. a. 1. Tim. 1, 1.

(b) Luc. 23, 46. — JEsus sprach: Vater, ich befehle meinen Geist in deine Hände. —

15. Fr. Sterben die Kinder GOttes alle gleich, oder in einerlei Gemüthsfassung?

A. Nein; etliche gehen durch den Jordan des Todes mit Angst, Furcht und Entsetzen; andere in gelaßenem Glauben und Vertrauen; noch andere mit Jauchzen und Jubiliren: dennoch aber, weil ihr Leben und Wandel gleich, nämlich gen Himmel gerichtet gewesen; so gelangen sie alle gleicherweise, durch den Jordan, ins himmlische Land Kanaan.

16. Fr. Wie muß sich ein Mensch, und auch sonderlich ein Kind, zum Sterben schicken?

A. 1) Muß man schon frühzeitig und in den angenehmen Tagen der Jugend und Gesundheit, sich gewöhnen, oft, mit Ernst und Andacht an den Tod und an die Ewigkeit zu gedenken. 2) GOtt oft mit Ernst bitten, daß Er uns möge lehren, unsere Tage zählen, und die Kürze unserer Jahre recht zu bedenken (a). Und dann weiter 3) muß man der Welt absterben, das ist; sein Herz, Sinn, Begierden und Gedanken von aller Welt Güter, Wohllust, Freude und Ehre, und allem dem, daß man im Tode verlaßen muß, durch GOttes Gnade abziehen, und als eitele, bald vorüber gehende Sachen ansehen; auch sich selbst, das ist, seinem eigenen Willen, seiner Eigenliebe, Lust und Sünden absagen, und also sterben lernen, ehe man stirbet. 4) Muß man Christum, der die Auferstehung und das Leben ist (Joh. 11, 25.), im Glauben umfassen (Luc. 2, 28. 29.) sich ihm ergeben, in reiner Liebe anhangen, und sich mit Ihm vereinigen: denn, wer den Sohn hat, der hat das Leben (1 Joh. 5, 12.); und wer den Sohn siehet und an ihn glaubet, der wird leben, ob er gleich stirbet (Joh. 6, 40.). 5) Endlich und mit Einem Wort, muß man trachten zu leben das Leben der Gerechten, damit man sterben möge den Tod der Gerechten (b); oder dem HErrn zu leben, damit man auch dem HErrn sterben möge (c).

(a) Ps. 90, 12. Lehre uns bedenken, o HErr, daß wir sterben müßen, auf daß wir klug werden.

(b) 4 B. Mos. 23, 10. — Meine Seele müße sterben des Todes der Gerechten, und mein Ende werde wie dieser Ende.

(c) Röm. 14, 7. 8. Unser keiner lebt ihm selber, und keiner stirbt ihm selber. Leben wir, so leben wir dem HErrn; sterben wir, so sterben wir dem HErrn. Darum wir leben oder sterben, so sind wir des HErrn.

Dreizehntes Kapitel

Von der Kirche Christi insgemein; und von den Lehrern oder Vorstehern derselben insbesonder.

1. Fr. Wie pfleget man diese oben beschriebene Christen zusammen, mit Einem Worte zu nennen?

A. Die allgemeine Christliche Kirche, oder die Gemeine Gottes (1 Tim. 3, 15.) und JEsu Christi; das ist: die ganze Menge aller berufenen Gläubigen, und auserwählten Heiligen, aus und unter allerlei Geschlecht, Sprachen, Völkern, Nationen und Religionen, wovon Christus allein das einzige Haupt, Heiland und König ist.

2. Fr. Wie wird diese Kirche in der H. Schrift noch genannt?

A. Das Haus (1 Petr. 2, 5.) und Tempel GOttes (1 Tim. 3, 15.), Christi Leib und

und Glieder (1 Cor. 6, 15. Eph. 1, 22. 23. Kap. 5, 23. ff.), seine Braut (Joh. 3, 29. Matth. 9, 15. 2 Cor. 11, 2.), seine Herde (Joh. 10, 16.), sein Eigenthum (Tit. 2, 14.), sein Königreich (1 Cor. 15, 24. 25.), ein Pfeiler und Grundfeste der Wahrheit (1 Tim. 3, 15.), ein königliches Priesterthum und heiliges Volk (1 Petr. 2, 9.), dessen Zierrath die Heiligkeit (Ps. 93, 5.), und dessen Panier und Kennzeichen die Liebe ist (Hohel. Sal. 2, 4. Joh. 13, 35.).

3. Fr. Welches ist der Grund der Einigkeit dieser Kirche und deren Glieder?

A. Daß sie alle aus Einem Samen gezeuget und geboren sind, und also Einen GOtt zum Vater haben (1 Cor. 8, 6.); einen einigen HErrn und Haupt, worunter sie stehen; Einen Geist (1 Cor. 12, 4—6.), wodurch sie belebet und geleitet werden, Einen Weg und Ziel, — Ein und dasselbe himmlische Vaterland (Gal. 4, 26.), Erbe und Seligkeit haben.

4. Fr. Wie wird diese Kirche noch insgemein unterschieden?

A. In die streitende hier auf Erden, und die triumphirende im Himmel; welche doch unter einander Eins sind, und eine innige unbegreifliche Correspondenz und Gemeinschaft mit einander haben (a).

(a) Ebr. 12, 22—24. Ihr seyd*) gekommen zu dem Berge Zion, und zu der Stadt des lebendigen GOttes, zu dem himmlischen Jerusalem, und zu der Menge vieler tausend Engel; und zu der Gemeine der Erstgebornen, die im Himmel angeschrieben sind; und zu GOtt, dem Richter über alle; und zu den Geistern der vollkommnen Gerechten; und zu dem Mittler des neuen Testaments JEsu; und zu dem Blute der Besprengung, das da besser redet denn Habels.

5. Fr. Wofür hast du, in Ansehung dieser Kirche, am meisten zu sorgen?

A. Daß ich ein wahres und lebendiges Glied derselben seyn, und ewig bleiben möge; welches eine unaussprechliche Seligkeit ist.

6. Fr. Weil aber nun Christus — wie gesagt — das einzige Haupt, der Hohepriester, Erzhirte, König und Lehrer seiner Gemeine ist, braucht Er dennoch auch andere äußerliche Lehrer und Aufseher in derselben?

A. Ja freilich; denn nachdem er aufgefahren ist über alle Himmel, hat Er gegeben etliche zu Aposteln, etliche zu Propheten, etliche zu Evangelisten, und etliche zu Hirten und Leh-

*) Es heißt von dieser großen Sache nicht, als in der zukünftigen Zeit: Ihr werdet erst, nach euerem Hinschied von hier, dazu kommen; — sondern als in der gegenwärtigen Zeit: Ihr seyd schon wirklich zu dieser wechselseitigen Correspondenz und unbegreiflichen Gemeinschaft gekommen! — „O Mensch, sieh wie schon hier ein wahrer Christ, so selig ist!" —
A. d. R.

Lehrern: zur Zurichtung der Heiligen, zum Werke des Amtes, und zur Auferbauung des Leibes Christi Eph. 4, 10 — 12.

7. Fr. Wie sagt aber GOtt, durch den Propheten Jeremiam: **Es soll im neuen Bunde niemand seinen Nächsten oder Bruder lehren, und sagen: Erkenne den HErrn?** — S. Jer. 31, 34. Ebr. 8, 11.

A. GOtt will durch seinen Propheten und Apostel, (welche beide diesen Spruch anführen, und aus lebendiger Erfüllung desselben an ihnen (1 Joh. 2, 20. 27.) und ihren Mitgläubigen befestigen), zu verstehen geben: 1) daß alle diejenigen, welche durch den Geist JEsu Christi wiedergeboren sind, und also an dem neuen Bunde und dessen Gnade und Gütern Theil bekommen haben, durch die Salbung von Oben, wirklich eine so lebendige, schmackhafte, durchdringende und seligmachende Erkenntniß von dem HErrn ihrem GOtt, der die höchste Wahrheit ist, und von andern göttlichen Wahrheiten empfangen: daß ihnen aller Menschen Sagen, Lehren und Predigen dergleichen nicht beibringen kann. — 2) Daß sie, durch eben diesen Geist und Gnade des neuen Bundes, eine solche innige Herzenslust und Liebe zu GOtt, seinen Wahrheiten und zu dessen Willen bekommen, daß man sie nicht treiben noch dringen darf, GOtt zu dienen, wie weiland unter dem Gesetz geschah, und geschehen mußte. Und daß demnach 3) die Diener des neuen Bundes nicht auf eine gesetzliche, meisterhafte Weise (a) würden lehren, treiben, gebieten oder drohen; sondern brüderlich und mit sanftem Geiste erinnern, überreden, bitten (b) und flehen. Und 4) wird auch diese Verheißung und Weissagung am Ende der Tage, in ihrem ganzen Sinne noch erfüllet werden.

(a) 1 Petr. 5, 3. Nicht als die über das Volk herrschen; sondern werdet Vorbilder der Herde.

(b) 2 Cor. 5, 19. 20. — So bitten wir nun an Christus Statt: laßet euch versöhnen mit GOtt. S. a. Ap. Gesch. 2, 40. Kap. 3, 17. 19.

8. Fr. So schließt denn diese nebst andern Schriftstellen alles Lehren und Ermahnen unter dem neuen Bunde nicht gänzlich aus?

A. Keineswegs; denn 1) ist solches aus andern ausdrücklichen Stellen der Schrift gnugsam zu behaupten; ja eben dieser Prophet Jeremias hatte vorhin (Kap. 3, 15.) in GOttes Namen geweissaget, daß GOtt im neuen Bunde Hirten und Lehrer geben wolle nach seinem Herzen. 2) So hat der Apostel Paulus, der diese Worte des Propheten (Ebr. 8, 11.) wiederholet und bekräftiget, wie auch Johannes, welcher von den Gläubigen, woran er schrieb, sagte: daß sie die Salbung, und also nicht nöthig hätten, daß sie jemand lehre, indem sie auch alles wüßten, — dennoch nicht nachgelaßen zu lehren, zu schreiben und zu

war=

warnen. 3) So sind wir auch alle noch so bald nicht *) im neuen Bunde; sondern haben durchgehends noch gar wohl nöthig durch äußere göttliche Mittel, unterwiesen, erwecket, gereizet und zu diesem neuen Bunde angewiesen, und, unter GOttes Mitwirkung, eingeleitet zu werden. Und so lehret auch endlich 4) die tägliche Erfahrung: daß durch äußere, gering scheinende Mittel, wirklich erleuchtete, gesalbte Christen, zur Zeit einiger Trägheit, Dunkelheit, Proben oder Versuchungen, manchmal, unter GOttes Segen, merklich können erweckt und geholfen werden.

9. Fr. Welche Eigenschaften werden wohl in einem Diener des neuen Bundes, oder evangelischen Hirten und Lehrer erfodert?

A. 1) Einige Naturgaben, damit er tüchtig und geschickt sey andere zu lehren (2 Tim. 2,2.), und um die nöthige schwere Arbeit, Sorge u. s. w. ertragen zu können. 2) Mehr als gewöhnliches göttliches Licht, Weisheit, Unterscheidung, und Erfahrung in GOttes Geheimnissen und Wegen insgemein und insbesonder (Ap. Gesch. 1,21. 22.); damit er die Seelen in ihren verschiedenen Stufen, Führungen und Zuständen unterscheiden, ihnen austheilen, helfen und rathen könne. 3) Muß er seyn voll brennender Liebe gegen GOtt, gegen

*) Siehe oben Kap. 7. Fr. 22, und Kap. 9, Fr. 1. 2.

gen JEsum (Joh. 21, 15 — 17.), und gegen die unsterbliche, ihm anvertraute Seelen (Joh. 10, 11 — 15.), die er mit seinem eigenen Blut erkauft hat (Ap. Gesch. 20, 28.): welche lautere Liebe das einzige Bewegrad alles Thuns und Redens seyn muß (a), ohne einige andere fleischliche Absicht (b). 4) Müßen solche Hirten und Lehrer seyn Vorbilder der Herde (c) in ihrem ganzen Leben und Wandel, auf alle Weise; welcher Wandel ihre Lehre erkläret, befestiget und zieret, und ohne welchen alles Lehren fruchtlos, ja schädlich *) ist (S. die ganze Episteln an Timotheum und Titum).

(a) 2 Cor. 5, 14. Die Liebe Christi dringet uns also. —

(b) 1 Petr. 5, 2. Weidet die Herde Christi, so euch befohlen ist, und sehet wohl zu, nicht gezwungen, sondern williglich; nicht um schändlichen Gewinns willen, sondern von Herzensgrund. — 2 Cor. 4, 2. — Wir gehen nicht mit Schalkheit um, fälschen **) auch nicht GOttes Wort; sondern mit Offenbarung der Wahrheit, und beweisen uns wohl gegen aller Menschen Gewissen vor GOtt. S. a. 1 Tim. 3, 3. Phil.

*) Möchte doch diese Fruchtlosigkeit, — ja so gar Schädlichkeit, — und deren hie angezeigte Quelle und Ursache recht beherziget werden! — A. d. R.

**) Was wäre nicht über diese Schalkheit, — über dieses Fälschen oder Verfälschen des Wortes GOttes — in unsern Tagen — von solchen, die es doch recht lehren und theilen sollten, — zu sagen!! — A. d. R.

Phil. 1, 15. 16. Gal. 4, 16. 17. Kap. 5, 11.

(c) 1 Petr. 5, 3. Nicht als die über das Volk herrschen, sondern werdet Vorbilder der Herde. S. a. 1 Tim. 4, 12. Tit. 2, 7.

10. Fr. Sage mir noch mit Einem Wort, die Pflicht eines evangelischen Lehrers, mit Absicht auf seine Gemeine?

A. Er muß insgemein allen seinen Fleiß und seine Sorge dahin gerichtet seyn laßen, alles beizutragen und anzuwenden, was nur immer möglich ist, daß die Heiligen je mehr und mehr zugerichtet und vollkommen gemacht werden zum Werke des Amts, und zur Auferbauung des Leibes Christi (Eph. 4, 10 — 12.). Er muß sie daher 1) ermahnen, trösten, warnen und stärken auf alle Weise, und zu aller Zeit, so wohl öffentlich als insbesonder (a). 2) Muß er vornehmlich über sie alle, und über eines jeden Seele und innern Zustand insbesonder, wachen, damit er ihnen, nach Vermögen rathe, helfe und für sie bitte (Gal. 4, 19. — 1 Cor. 4, 15. Ebr. 13, 17.). Auch muß er 3) Acht haben, daß nicht jemand ungeziemend dem Evangelio JEsu Christi handele oder wandele (1 Theß. 2, 11. 12.), oder Wölfe (Ap. Gesch. 20, 29.) unter die Schafe kommen. Er muß solche in Sanftmuth ermahnen (2 Tim. 2, 24. 25.), und wo es nöthig, ihnen mit Ernst widerstehen (Eph. 5, 11. — 3 Joh. 1, 10. 11,

Judä V. 11. 12. und V. 22. 23.), und ausschließen (1 Cor. 5, 2. ff.); damit solche nicht, durch ihr ungöttliches Leben und Lehre, andern schaden mögen (2 Tim. 2, 17. 18.), weil er einst von den ihm anvertrauten Seelen Rechenschaft geben muß. Ebr. 13, 17.

(a) Ap. Gesch. 20, 20. 31. Ihr wisset, wie ich euch gelehret habe, — öffentlich und sonderlich, — und nicht abgelaßen habe drei Jahre, Tag und Nacht einen jeglichen mit Thränen zu ermahnen. S. a. 2 Tim. 4, 2.

11. Fr. Wenn nun zu diesem Amte so viel große und wichtige Eigenschaften erfodert werden, so wird wohl nicht jedermann sich alsbald unterwinden mögen, Lehrer zu seyn?

A. Freilich nicht, sondern er muß, nebst den erwähnten Eigenschaften und Pflichten, nicht allein einen äußerlichen, — sondern auch einen innerlichen Beruf von GOtt (Gal. 1, 1. Ap. Gesch. 20, 28.) zu diesem wichtigen Amte haben; oder er wird sonst ein desto größeres Urtheil zu erwarten haben. Jac. 3, 1.

12. Fr. Wie müßen sich noch die Gläubigen, als Schafe, gegen ihren Hirten betragen?

A. Wann sie einen solchen, durch GOttes sonderbare Güte, haben, der von GOtt und seinem Geiste dazu in Wahrheit tüchtig gemacht und berufen ist: so müßen sie ihn doppelter Ehre werth achten (1 Tim. 5, 19. Phil.

Phil. 2, 29. — 1 Cor. 16, 18.), ihn gar herzlich lieben (1 Theß. 5, 12. 13.), seinen Worten als GOttes Worten glauben (1 Theß. 2, 13.), seiner Lehre gehorchen, seinem Leben nachfolgen (Phil. 3, 17.), und seiner Führung sich anvertrauen (Ebr. 13, 17.). Mit Einem Worte: sie müßen ihn für ihren Hirten halten.

13. Fr. Sollen aber nicht auch die Gläubigen sich selbst unter einander von GOttes Willen und Wegen unterreden?

A. Allerdings ist solches ungemein nützlich und nöthig, daß sie sich unter einander ermahnen (Röm. 15, 14. — Ebr. 3, 13. — 1 Theß. 5, 11.) und reizen zur Liebe und guten Werken (Ebr. 10, 24. 25.), auch mit Psalmen, Lobgesängen und geistlichen Liedern (Col. 3, 16.); damit dergestalt auch ein jeder nach seinem Maß, sein ihm von GOtt verliehenes Pfund (Matth. 25, 25 — 29.) und Gabe zur Erbauung der Gemeine (1 Cor. 12, 28. ff. und Kap. 14, 12. 26.) anlegen möge, in aller Liebe, Weisheit, Einfalt und Niedrigkeit.

Vierzehntes Kapitel.

Von den heiligen Sacramenten.

1. Fr. Hat der HErr JEsus, das Haupt seiner Gemeine, nicht auch einige äußerliche Ceremonien eingesetzt?

A. Ja zwei geheimnißvolle Ceremonien oder Sacramente, nämlich, die H. Taufe und das H. Abendmahl.

2. Fr. Wie lautet die Einsetzung der H. Taufe?

A. „Gehet hin in alle Welt, und lehret „alle Völker, und taufet sie im Namen „des Vaters, des Sohnes und des H. „Geistes. Wer da glaubet und getauft „wird, der wird selig werden; wer aber „nicht glaubet, der wird verdammet werden." S. Matth. 28, 19. Marc. 16, 15.

3. Fr. Was bedeutet eigentlich die Taufe, oder das Taufen im Namen des Vaters, des Sohnes und des H. Geistes?

A. An GOttes Seiten, daß der dreieinige GOtt seyn wolle ein GOtt des Sünders; daß er ihm seine Sünden vergeben und gleichsam abwaschen, und ihn, durch Christi Blut und Geist von seinen Verdorbenheiten reinigen wolle (a). — An Seiten des Täuflings, daß derselbe sich dem dreieinigen GOtt ergebe, widme und aufopfere, sein ewiges Eigengenthum zu seyn, mit Verläugnung seiner selbst, der Welt und aller ihrer Lüste; Ihm allein zu leben, zu dienen und anzuhangen bis in den Tod.

(a) 1 Joh. 1, 7. Das Blut JEsu Christi, seines Sohns, macht uns rein von aller Sünde. — 1 Kor. 6, 11. — Ihr seyd abgewaschen, ihr seyd geheiliget, ihr seyd gerecht geworden durch den Namen des HErrn JEsu, und durch den Geist unseres GOttes. — Ebr. 9, 14. Wie viel mehr wird das Blut Christi, der sich selbst ohne allen Wandel durch den H. Geist GOtte geopfert hat, unser Gewissen reinigen von den todten Werken, zu dienen dem lebendigen GOtt.

4. Fr. Auf welche Art tauften die ersten Christen?

A. Nachdem die Täuflinge unterwiesen, und an Christum gläubig worden waren: so mußten sie 1) ihre Kleider ausziehen, und ins Wasser hinab steigen, sich ganz da hinein tauchen, und gleichsam begraben laßen; vorzubilden, daß das alte Leben der Sünden gleichsam sollte ersaufen, sterben und begraben werden. 2) Nach der Taufe stiegen sie wieder aus dem Wasser, und zogen ein neues reines Kleid an; welches vorbildete, daß sie wiedergeboren und geistlich erneuert werden, oder zum neuen Leben auferstehen sollten (a).

(a) Röm. 6, 3. 4. Wisset ihr nicht, daß alle, die wir in JEsum Christ getauft sind, die sind in seinen Tod getauft. So sind wir je mit

 ihm

ihm begraben durch die Taufe in den Tod; auf daß, gleichwie Christus ist auferweckt durch die Herrlichkeit des Vaters, auch wir in einem neuen Leben wandeln sollen. S. a. Ephes. 4, 22—24. Col. 3, 1. 2. 8. 10. 1 Petr. 2, 1. 2. Ebr. 12, 1. — Und unter den Profan=Scribenten Wil. Cave, Erstes Christenthum, pag. 339. seq.

5. Fr. Kann denn auch die äußere Wassertaufe, ohne den wahren Glauben, und ohne die innere Taufe des H. Geistes an und für sich selbst einigen Nutzen bringen?

A. Nein! denn nicht das Abthun des Unflats am Fleisch, sondern der Bund eines guten Gewissens mit GOtt macht uns selig. 1 Petr. 3, 21.

6. Fr. Was soll denn den äußerlich Getauften am meisten am Herzen liegen?

A. 1) Daß sie in Wahrheit mit Christi Blut und Geist innerlich je mehr und mehr mögen gewaschen und gereiniget werden; und 2) daß sie sich oft an ihren Bund und Versprechen, welches bei ihrer äußern Taufe geschehen, erinnern, und trachten, demselben überall durch GOttes Gnade gemäß zu leben.

Matth. 28, 20. Und lehret sie halten alles, was ich euch befohlen habe.

7. Fr. Welches ist das andere Sacrament oder Bundeszeichen des Neuen Testaments?

A. Das H. Abendmahl.

8. Fr.

8. Fr. Wie lautet die Einsetzung desselben?

A. „Unser HErr JEsus Christus, in der „Nacht, da er verrathen ward, nahm er das „Brod, dankete und brach's, und sprach: „Nehmet, esset, das ist mein Leib, der für „euch gebrochen wird. Solches thut zu meinem Gedächtniß. Desselben gleichen auch „den Kelch nach dem Abendmahl, und sprach: „dieser Kelch ist das Neue Testament in meinem Blut. Solches thut, so oft ihr's „trinket, zu meinem Gedächtniß. Denn, „so oft ihr von diesem Brod esset, und von „diesem Kelch trinket, sollt ihr des HErrn „Tod verkündigen, bis daß er kommt." — 1 Kor. 11, 23—26. Matth. 26, 26.

9. Fr. Was bedeutet das Brod und der Wein bei dem H. Abendmahl?

A. 1) Den Leib und das Blut Christi; 2) seinen geistlichen Leib und Glieder, nämlich die Gemeine.

10. Fr. Was bedeutet es demnach, und was soll es wahren Gläubigen bezeichnen, wann Brod und Wein im H. Abendmahl vor ihren Augen gebrochen, vergossen, und ihnen dargereichet werden?

A. 1) Daß der HErr JEsus Christus aus großer unverdienter Liebe seinen Leib am Stamme des Kreuzes gebrochen, und sein Blut vergossen habe zur Versöhnung für ihre Sünden, und zur Erwerbung aller göttlichen Gnaden-Güter und Seligkeit. 2) Daß, nach-

nachdem sein Leib also gebrochen, und sein Blut vergossen war, er sich ihnen zur wahren Seelenspeise anbiete und übergebe, das ist: Er vereiniget sich auf eine wahrhaftige, so innige und genaue Weise mit ihnen, daß sie durch wahren Glauben aus Ihm Gnade und Geist erlangen zu ihrer Nahrung, Erquickung und Stärkung, wie auch zur Unterhaltung und zum Wachsthum ihres übernatürlichen, inwendigen Lebens.

11. Fr. Was noch mehr?

A. Es soll ihnen 3) bezeichnen: wie sie auch, als Christi geistlicher Leib, in der Kraft seines Todes brechen, kreuzigen und tödten sollen, ihr Fleisch und die Glieder auf Erden, oder die Feindschaft in ihnen (a), und also gleichfalls GOtte ihre Leiber zu einem lebendigen, heiligen und wohlgefälligen Opfer darzustellen. Röm. 12, 1. — 4) Daß auch die Gläubigen willig und verpflichtet seyn sollen, aus Gegenliebe zu ihrem gekreuzigten JEsu, um seines Namens willen, und zum Zeugniß der Wahrheit des Evangelii — ihren äußern Leib, wenn es nöthig wäre, zu brechen, und ihr Blut zu vergießen. Und 5) bezeichnet es auch die Gemeinschaft und Vereinigung der Heiligen in Christo (denn Ein Brod ist es, so sind sie viele Ein Leib. 1 Kor. 10, 17.), und wie sie, kraft dieser Gemeinschaft, auch willig und verpflichtet seyn sollen, sich, als Brüder und Glieder in Einem

Leibe,

Leibe, gleicher Maßen herzlich zu dienen, aufzuwarten, mitzutheilen, Handreichung zu thun; ja auch, wenn's nöthig seyn sollte, ihr Leben für einander zu laßen. 1 Joh. 3, 16.

(a) Ephes. 2, 16. — Und hat die Feindschaft getödtet durch sich selbst. Col. 3, 5. So tödtet nun die Glieder, die auf Erden sind: Hurerei, Unreinigkeit, schändliche Brunst, böse Lust, und den Geiz, welcher ist Abgötterei.

12. Fr. Was will es aber für eine gläubige Seele sagen, wenn sie das Brod und den Wein aus der Hand des Dieners annimmt?

A. Daß sie nicht allein **Christum** für sie, und dessen Tod und Leiden, zur einigen Versöhnung ihrer Sünden bei dem Vater mit wahrem Glauben annehme; sondern auch **Christum in sich** zu ihrer einigen Nahrung, Stärkung und Unterhaltung ihres inwendigen, geistlichen Lebens esse oder einnehme. 2) Daß sie sich auch zugleich an ihrer Seite zu den obgemeldten Pflichten verbinde; nämlich, zur Kreuzigung und Brechung ihres sündlichen Leibes (oder fleischlichen Sinnes), so wohl gegen Christum als gegen seine Glieder.

13. Fr. Wozu kann und soll demnach der Gebrauch des H. Abendmahls den Gläubigen dienen?

A. 1.) Zur Erinnerung an die große und unendliche Liebe JEsu, der am Kreuz sein

Blut für sie vergossen, und so viel und große Gnade, Heil und Seligkeit erworben hat. 2) Zur Erweckung und Stärkung ihres Glaubens, um durch ihre Seelen-Begierden aus JEsu wirkliche Kraft, Saft und Leben zu ziehen. 3) Zur Anspornung zum getrosten und standhaften Kampfe wider die Sünde, und zur Kreuzigung des Fleisches. 4) Soll es ihnen dienen zur Aufmunterung in der Dankbarkeit, in dem Lobe, im Gehorsam, in der Liebe und Verherrlichung Christi, und zu neuer Verbindung mit ihm. 5) Zur Reizung der Bruderliebe. 6) Zur Erinnerung an das hochzeitliche Abendmahl des Lammes in jener Ewigkeit, wo sie mit Christo den neuen Wein trinken werden in seines Vaters Reich.

14. Fr. Für welche hat der HErr JEsus das H. Abendmahl eingesetzt?

A. Für seine Jünger, Bunds- und Hausgenossen; die Ungläubigen aber, und alle, die ein ärgerliches Leben oder Lehre führen, müßen, ohne Ansehen der Person, davon ausgeschlossen werden.

1 Kor. 5, 13. Thut von euch selbst hinaus, wer da böse ist.

15. Fr. Wie geschieht dieses Ausschließen?

A. Nicht allein 1) durch eine Verkündigung des Worts, sondern auch 2) durch eine weise und ernstliche Bußzucht, welche Macht oder Schlüssel der HErr Christus seiner Gemeine, und besonders seinen treuen, mit dem

H. Geist

H. Geist begabten Dienern gegeben hat (a); um den Bußfertigen und Gläubigen das Himmelreich auf-, den Unbußfertigen, Ungläubigen und Heuchlern aber zu-, und sie aus der Gemeinschaft der Gläubigen auszuschließen. — Dieser Schlüssel *) aber ist leider! sammt fast aller Geisteskraft nunmehr verloren; daher aller Gräuel der Verwüstung in der Kirche eingebrochen ist.

(a) Joh. 20, 21. 23. Gleich wie mich der Vater gesandt hat, so sende ich euch. Welchen ihr die Sünde erlaßet, denen sind sie erlaßen; und welchen ihr sie behaltet, denen sind sie behalten. S. a. Matth. 18, 15. u. s. w.

16. Fr. Sage mir, was dazu gehöre, um das H. Abendmahl würdig zu genießen?

A. Daß man sich, vor dem Genuß desselben, vor GOttes Angesicht untersuche und prüfe:

*) Den der HErr JEsus dem Apostel Petrus gab (S. Matth. 16, 19.), und in ihm allen seinen, mit dem H. Geist begabten Gesandten; sie mögen nun gleich von Menschen ordentlich zum Predigtamte berufen seyn, oder nur, wie der sel. Verfasser, einen innern Beruf haben. Welche aber dieses Creditiv des Geistes nicht aufweisen können — und wenn sie auch noch so sehr mit andern Prediger-Talenten begabt, und gar Ober-Consistorial-Räthe oder Superintendenten wären — die dürfen sich, dieses Schlüssels zu bedienen, nicht unterstehen. Wenn sie es doch thäten, so würden sie einen strafbaren Eingriff in die Rechte wahrer Knechte GOttes thun, und sich ihre Verdammniß schwerer machen. A. d. R.

prüfe: 1) ob man wahrlich im Stande der Buße und des Glaubens (a), und also ein Bundsgenosse GOttes sey. 2) Daß man sich daneben untersuche, ob man sich nicht für gegenwärtig durch diese oder jene merkliche Sünde verunreiniget befinde, wodurch man unwürdig zu diesem Geheimniß wäre, bis man sich in Wahrheit deßwegen gedemüthiget und Buße gethan hätte (b). 3) Ob man einen aufrichtigen Vorsatz in sich befinde, sich dem dreieinigen GOtt in Christo aufs neue zu allem Gehorsam, Liebe und Treue zu übergeben, mit Absagung der Welt und seiner selbst; wie auch 4) noch insbesonder, mit wahren Brüdern und GOttes Kindern sich aufs neue zu aller Liebe zu verbinden und zu vereinigen.

(a) 2 Kor. 13, 5. Versuchet euch selbst, ob ihr im Glauben seyd. Prüfet euch selbst. Oder, erkennet ihr euch selbst nicht, daß JEsus Christus in euch ist?

(b) 1 Kor. 11, 28. Der Mensch aber prüfe sich selbst, und also esse er von diesem Brod, und trinke von diesem Kelch. Denn welcher unwürdig isset und trinket, der isset und trinket ihm selber das Gericht, damit, daß er nicht unterscheidet den Leib des HErrn.

17. Fr. Hält nicht auch eine jede gläubige Seele geistlicher Weise inwendig das Abendmahl mit dem HErrn JEsu?

A. Ja, gewiß; und dieses geschieht so oft, als der HErr JEsus mit einer sonderlichen

Mit-

Mittheilung seiner Gnade, seines Lichts und Geistes zu der Seele kommt, und sie Ihn dann durch ihre Glaubens- und Liebesbegierden nöthiget, ihm aufthut und stille hält; wo sie dann sein Fleisch und Blut im Geiste isset und trinket, es geschehe nun bei oder außer dem Gebrauche des H. Abendmahls. S. Offenb. Joh. 3, 20.

18. Fr. Was hat man noch endlich, in Ansehung dieser beiden Sacramente, der Taufe und des Abendmahls in Acht zu nehmen?

A. 1) Daß man sie nicht zu geringe achte, viel weniger verachte, weil doch JEsus, die Weisheit selbst, sie eingesetzt hat. 2) Daß man sie aber auch nicht zu hoch achte, noch den äußern, an sich natürlichen Dingen, und den Ceremonien mehr Kraft zuschreibe, als sie haben oder geben: daß man daher in dem Gebrauche der Sacramente nicht beruhe, und einen Götzen daraus mache; da es doch die Hauptsache der Gottseligkeit noch nicht ist. — Vor diesen zwei Extremitäten, hat eine gläubige Seele sich sorgfältig zu hüten.

Fünfzehntes Kapitel.

Von dem blühenden Zustande der ersten Kirche des Neuen Testaments.

1. Fr. Ist denn wohl jemals eine solche Kirche oder Gemeine Christi, wie sie oben in etwa beschrieben worden, vorhanden gewesen?

A. Ja wahrlich! — Gleichwie Christus darum vom Himmel gekommen, gelitten hat und gestorben ist: daß er uns erlösete von aller Ungerechtigkeit, und reinigte ihm selbst ein Volk zum Eigenthum, das eifrig wäre zu guten Werken (Tit. 2, 14.); also hat er auch wirklich diese Frucht gesehen und diesen Endzweck, warum seine Seele gearbeitet hat, erreichet: denn die erste Christliche Kirche war wirklich eine schöne liebliche Braut, welche inwendig und auswendig ihrem Bräutigam ähnlich sah, von Liebe, Wahrheit und Heiligkeit glänzte, und mit allerlei reichen Gaben des H. Geistes erfüllet war — allerdings so, wie die Propheten davon geweissaget, und wie die Apostel sie beschrieben und gerühmet haben.

2. Fr. Ei Lieber! sage mir noch ein Wort insonderheit von dem Zustande der Kirche in der ersten Zeit, und zwar erstlich: Was wird in der Geschichte der Apostel von der ersten Gemeine zu Jerusalem gesagt und gerühmt?

A. Daß, nachdem durch die kräftige Predigt

digt Petri am ersten Pfingsttage drei Tausend Seelen zu der Gemeine hinzu gethan worden — sie alle in der Lehre der Apostel, in der Gemeinschaft, im Brodbrechen und im Gebethe blieben, so daß allen andern eine Furcht ankam; auch geschahen viele Wunder und Zeichen durch die Apostel. Die Gläubigen waren beisammen, und hatten alle Dinge gemein. Sie verkauften ihre Habe und Güter, und theilten sie unter alle aus, nachdem jemand nöthig hatte. Sie waren täglich einmüthig beisammen im Tempel, und brachen das Brod hin und wieder in den Häusern; nahmen ihre Speise zu sich mit Freuden und Einfältigkeit des Herzens; lobeten GOtt, und hatten Gnade bei allem Volk; und der HErr that täglich zu der Gemeine hinzu, die da selig wurden. Apost. Gesch. 2, 41. u. f.

3. Fr. Jahre weiter fort.

A. Nachdem Petrus und Johannes einen Menschen, der von der Geburt an lahm gewesen war, gesund gemacht hatten; und Petrus dadurch Gelegenheit bekam, zu der (über dieß Wunder erstaunten) Menge Volks zu reden: so wurden ihrer auf einmal 5000 bekehret. Sie, die Apostel, bekannten den HErrn JEsum mit aller Kraft, Freimüthigkeit und Freude vor dem Jüdischen Rathe, ungeachtet alles Drohens von demselben. Sie betheten mit so grosser Kraft, daß sich einmal der Ort bewegte, wo sie versammelt waren, und sie zugleich alle mit dem H. Geist erfüllet wurden, und das Wort redeten mit großer Freimüthigkeit. Und die Menge derer, die gläubig worden, war Ein Herz und Eine Seele *); auch sagte keiner von seinen Gütern, daß sie sein wären; sondern es war ihnen alles gemein. Kap. 3. 4.

4. Fr. Gab Gott nicht auch einen Beweis, daß er über die Lauterkeit der Gemeine wachte, und es scharf mit den Gliedern derselben nahm?

A. Ja wohl! denn Ananias und sein Weib Saphira, wurden wegen einer Unaufrichtigkeit in der Angabe des gelöseten Geldes, getödtet. Kap. 5.

5. Fr. Wie ging es nun weiter mit dieser unvergleichlichen Gemeine?

A. Es wurden täglich noch mehr bekehret (K. 5, 15. 16.) und viele Wunder gethan. Die Apostel wurden gefangen (S. Kap. 6.), aber durch einen Engel wieder los gemacht; predigten darauf wieder freimüthig, und erduldeten die Peitschung oder Geisselung mit Freu-

*) In wenig Worten die schönste und herrlichste Beschreibung der Christlichen Kirche! Die genaueste Erfüllung des Gebeths JEsu: Auf daß sie alle Eins seyn rc. — O herrliche Zeit! wo bist du geblieben! — Doch sie wird wiederkommen, diese erwünschte Zeit, wann JEsus seine arme, zerrüttete Erde aufs neue heimsuchen, und in den letzten Tagen sein Reich aufrichten wird; und das wird gewiß geschehen, nach seiner Verheissung! Ja, amen. S. a. das 17. Kap. hernach. d. H.

Freuden. Hernach wurden sieben Diakonen oder Armenpfleger erwählet, unter welchen einer, mit Namen Stephanus, voll Geistes und Kraft, Wunder und große Zeichen that. Er ward aber gefangen, und nach freudigem Bekenntniß, gesteiniget. Indem er mit Steinen zu Tode gemartert ward, sah er den Himmel offen, erblickte die Herrlichkeit GOttes, und JEsum zu seiner Rechten stehen. Er bezeugte dieß noch gegen seine Feinde, bethete für sie und gab den Geist auf (Kap. 7.). Hierauf ward die Gemeine GOttes verfolget, viele derselben durch einen Saulum ins Gefängniß geworfen, und andere hin und her zerstreuet, welche denn, wo sie hinkamen, das Evangelium verkündigten. Sonderlich wurden die zu Samaria, und ein Kämmerer aus Mohrenland durch Philippum zum Glauben gebracht (Kap. 8.). Saulus, welcher hernach Paulus hieß, ward auf dem Wege nach Damaskus von einem himmlischen Licht umleuchtet und bekehret (Kap. 9.); worauf er das Evangelium mit aller Freimüthigkeit predigte. Hernach bekam die Gemeine durch ganz Judäa, Samaria und Galiläa Frieden, erbauete sich, und ging fort in der Furcht des Herrn, und im Troste des H. Geistes (K. 9, 32.).

6. Fr. War aber bis hiezu noch keinen Heiden das Evangelium verkündigt worden?

A. Nein; es geschah aber bald nach diesem, durch Veranlaßung eines gottesfürchtigen Hauptmannes zu Cäsarien, Namens Cornelius, welcher, auf den Befehl GOttes durch einen Engel, den Apostel Petrus von Joppen fodern ließ; welcher auch, nachdem er durch ein Gesicht von GOtt Befehl empfangen, hinzog und das Evangelium verkündigte, wodurch denn dieser Hauptmann Cornelius mit seinem ganzen Hause an JEsum gläubig ward (Kap. 10.). Zu Antiochia ward auch eine grosse Menge Volks gläubig und dem Herrn zugethan. Barnabas und Paulus, welche dahin gesandt wurden, blieben ein ganzes Jahr daselbst: und hier wurden die Jünger am ersten Christen genannt. Dahin kamen auch Propheten von Jerusalem; deren einer, mit Namen Agabus, eine grosse Theuerung verkündigte; weßhalben die Jünger daselbst ihren Brüdern in Judäa Almosen zur Unterstützung sandten. Ap. Gesch. Kap. 11.

7. Fr. Wie gings denn inzwischen den Aposteln?

A. Jacobus ward enthauptet, Petrus auch ins Gefängniß gesetzt; aber viele versammelte Brüder betheten brünstig für ihn zu GOtt, und er ward in der Nacht durch einen Engel wieder erlöset, und von demselben zu der Versammlung geführet (Kap. 12.). Paulus und Barnabas wurden vom H. Geist in viele Städte und Länder gesandt, erst zu den Juden, nachher zu den Griechen oder Heiden; und es wurden hin und wieder viele bekehret, und neue Gemeinen gepflanzet

(Kap.

(Kap. 13. bis 20.). — Endlich ward Paulus, nach seiner Zurückkunft von Jerusalem, gefangen genommen, und nach zweien Jahren gen Rom geschickt (Kap. 24. u. 25.), wo er zwei Jahr in Banden blieb*), lehrete, predigte, und hin und wieder viel Briefe an die Gemeinen schrieb (Kap. 28.), endlich aber auch unterm Kaiser Nero enthauptet wurde. — Die andern Apostel haben sich in alle Länder ausgebreitet, das Evangelium verkündiget, und dasselbe — außer dem Apostel Johannes**) — meist alle mit ihrem Blute versiegelt.

8. Fr. Welch ein Schicksal hatte doch endlich das abtrünnige und verstockte Jüdische Volk und ihre Republik, oder äußere Regierungs-Verfassung?

A. Dieß Volk und ihre Verfassung nahm, aus göttlichem, gerechtem Gerichte, ein klägliches Ende. Dieses geschah ungefähr 70 Jahre nach der Geburt Christi, unter dem Kaiser Titus Vespasianus, welcher die Stadt Jerusalem mit dem Tempel von Grund aus zerstörete, verbrannte und schleifte, so daß (nach der Weissagung Christi Matth. 24, 2.) nicht ein Stein auf dem andern blieb;

 und

*) Doch in einer gelinden Gefangenschaft; denn er konnte — in Begleitung eines Soldaten, der sein hütete (Kap. 28, 16.) — gehen, wohin er wollte. d. R.

**) Wie es JEsus, nach Joh. 21, 22. 23., zu verstehen gegeben hatte. d. R.

und zugleich der Jüdischen politischen Verfassung ein Ende machte. Das Elend und der Jammer während der Belagerung war unbeschreiblich. Bei hundert tausend Juden waren des grausamen Hungertodes gestorben, und über sieben und neunzig Tausend gefänglich weggeführet ꝛc. Die Christen aber hatten sich, auf Anweisung des H. Geistes, einige Zeit vorher, aus Jerusalem, in ein, nicht weit davon entlegenes Städtchen, Namens Pella, geflüchtet und gerettet.

9. Fr. Oben ist von dem herrlichen Zustande der ersten Gemeine zu Jerusalem etwas berühret worden: wie waren nun nach der Zeit die neuen Gemeinen unter den Heiden bestellt?

A. Obschon die erste Gemeine zu Jerusalem ein und anderes (z. B. die Verkaufung und Gemeinschaft der Güter u. dgl. m.) voraus hatte: so kann man doch die Briefe der Apostel an die neuen Gemeinen nicht lesen, ohne daß einem sonnenklar in die Augen leuchtete: sie haben aus Menschen bestanden, die wirklich aus dem Reiche der Finsterniß in das Reich des Lichts und der Liebe GOttes versetzt gewesen (a); Menschen, die der Sünde (b), der Welt und ihnen selbst (c) abgestorben waren, und darum auch nicht ihnen selbst, sondern GOtt lebten (d); die, mit ihren lautern Glaubens-Augen, nicht auf das Sichtbare (e), sondern auf das Unsichtbare sahen, so, daß sie deßwegen auch den Raub ihrer

Güter

Güter mit Freuden erduldeten (f). Es waren Menschen, welche so sehr in der — durch den H. Geist (g) in ihre Herzen ausgegossenen — Liebe GOttes und ihres Heilandes flammeten, daß sie weder durch Drangsale, noch Verfolgung, noch Hunger, Blöße oder Gefahr, ja auch durch den grausamsten Tod selbst, von dieser Liebe nicht konnten geschieden, oder in derselben wankend gemacht werden; sondern in dem allem überwanden sie weit, durch Den, der sie geliebet hatte (h).

(a) 1 Petr. 2, 9. Ephes. 5, 8. (b) Röm. 6, 11. (c) Galat. 2, 20. Col. 3, 23. (d) Röm. 14, 7. (e) 2 Kor. 4, 18. (f) Ebr. 10, 33. 34. (g) Röm. 5, 5. (h) Röm. 8, 35 — 39.

10. Fr. Ei Lieber! fahre mit dieser Beschreibung der ersten Christen noch ein wenig fort.

A. Sie waren dermaßen brünstig in der Bruderliebe, daß eben daran jedermann erkannte, daß sie Christen waren (Joh. 13, 34. 35.). Sie liebten sich so sehr untereinander, daß sie nicht allein ihre Güter, sondern auch ihr Leben (a) für einander darzulegen willig waren *). Ja, diese Liebe breite-

*) *Vide*, inquiunt Ethici, *ut invicem se diligent Christiani, et ut pro alterutro mori sint parati*. Tertul. Apol. adv. gentes. D. i. Siehe, (sagen euere Sittenlehrer selbst) siehe, wie sich die Christen unter einander lieben, und wie sie bereit sind, für einander zu sterben! — Dieß meldet Tertulianus in seiner Schutzschrift gegen die Heiden. Note d. Verf.

te sich aus gegen alle Menschen (b), auch gegen ihre grössesten Feinde und Verfolger (c). Es war ein Volk, geschaffen in Christo JEsu zu guten Werken (d); ja, ein Brief Christi, geschrieben durch den Finger des Geistes GOttes in die Tafeln ihres Herzens (e), so, daß die Menschen an ihnen erkennen und lesen konnten, daß sie lebendige Abdrücke und Bilder Christi waren. — Ferner waren sie Tempel GOttes und seines Geistes (f), mit welchem sie gesalbet waren, der sie auch innerlich lehrete (g), ermahnete, stärkte (h), und mit einem, allen Verstand übersteigenden, innern Frieden tröstete, und in allen Leiden und Trübsalen erfreuete (i). Sie waren Fremdlinge auf Erden (k) (Ebr. 13, 4. Ps. 39, 13. 2 Kor. 5, 6. 7.), und hatten ihren Wandel und Umgang im Himmel (l). Mit Einem Worte: Sie waren ein heiliges Volk (m); und der Apostel Paulus weiß oft nicht, wie er sie genug rühmen, sich genug über sie erfreuen, und GOtt ihrentwegen danken soll (n).

(a) 2 Kor. 12, 15. (b) 1 Tim. 2, 1—5. (c) Röm. 12, 14. 20. (d) Ephes. 2, 10. (e) 2 Kor. 3, 2. 3. (f) 1 Kor. 3, 16. (g) 1 Joh. 2, 20. 27. (h) 2 Thess. 2, 17. (i) Röm. 15, 13. Phil. 4, 7. (k) 1 Petr. 2, 11. (l) Phil. 3, 20. Ebr. 12, 22. (m) 1 Petr. 2, 9. (n) 1 Thess. 3, 8. 9. 2 Kor. 7, 4.

11. Fr. Wie lange verblieb die Kirche Christi in diesem blühenden Zustande?

A. Bis fast an die drei hundert Jahre nach Christi Geburt; jedoch ist hiebei anzumerken, daß 1) je näher bei der Apostel Zeit, je lauterer und eiferiger insgemein die Christen waren. 2) Daß, wann sie vor den Verfolgungen etwas Ruhe hatten, alsdann viele — sonderlich im dritten Jahrhundert — in Laulichkeit und Sicherheit geriethen: worauf sie aber durch Feuer und Schwert wieder aufgewecket, und durch das Blut der Märtyrer aufs neue entzündet wurden.

12. Fr. Kannst du mir nicht noch ein Zeugniß anführen von dem Zustande der Christen nach den Zeiten der Apostel?

A. Am Ende des zweiten Jahrhunderts durfte einer unter ihnen vor der (Heidnischen) Obrigkeit und vor der ganzen Welt, sich auf ihr heiliges und unschuldiges Leben berufen, und ungescheuet sagen:

„Wir Christen begehren nichts Uebels. —
„— — Kein Christ ist jemals einer einzigen
„Uebelthat überwiesen worden; und wenn
„man einen unter uns eines Verbrechens
„überführen kann: so verlangen wir nicht,
„daß man unser schone, sondern, daß man
„uns die grausamsten Strafen anthue. —
„— — Auch die gemeinen Handwerksleute,
„ja die Weiber selbst, ob sie schon nicht viel
„und zierlich von ihrem Bekenntniß und

„Glau-

„Glauben zu reden wissen, bezeigen densel„ben mit der That und mit ihren Werken. „Sie reden nicht nach der Kunst, sondern „geben andern gute Vorbilder der Tugend. „Werden sie geschlagen, so schlagen sie nicht „wieder; und rechten nicht wider die, wel„che ihnen etwas entnehmen. Was man „ihnen absodert, geben sie, und lieben den „Nächsten als sich selbst. Wahrlich, wenn „wir nicht versichert wären, daß eben der, „welcher die ganze Welt regieret, bei uns „gegenwärtig sey: wie wär' es möglich in „der Reinigkeit und Unschuld zu leben, wie „wir thun?" *) u. s. w.

Ein Anderer, welcher noch vor dem vorhin Angeführten gelebet, sagt:

„Alle unsere Weiber sind keusch, und un„sere Töchter reden von göttlichen Dingen, „während dem, daß sie mit Spinnen oder „mit der Wolle beschäfftiget sind!" **) u. s. w.

13. Fr. Wodurch ward die Kirche Christi in einem so herrlichen und seligen Zustand erhalten?

A. Aeußerliche Mittel waren sonderlich: 1) Der göttliche und brennende Eifer und Fleiß der heiligen Apostel und ihrer treuen Nachfolger; welche mit ungemeiner Geisteskraft, wie auch mit großen und wunderbaren Gaben erfüllet waren, und ihre Seelen für den

---

*) Athenagoras *Apolog.* (Schutzrede) p. 3. & 12.

**) Tatianus Orat. ad Gentes, (Rede an die Heiden). Noten d. Verfassers.

den Namen des HErrn JEsu dahin gegeben hatten (Apostelg. 15, 26.). 2) Waren auch ein kräftiges Mittel dazu: die vielen Leiden und schweren Verfolgungen; denn dadurch wurden, wie leicht zu denken ist, ihre Herzen von aller Liebe und Lust der Welt abgerissen, und in der Liebe und im Verlangen nach dem Unsichtbaren hingezogen, zu suchen was droben ist, wo Christus ist. 3) Erhielt sich der selige Zustand der Kirche durch die, alle Welt in Erstaunen setzende, fast unglaubliche Geduld, Unverzagtheit und Freudigkeit der Zeugen und Bekenner JEsu in den allergrausamsten Martern und Todesarten; denn sie eilten zur Folterbank und zum Scheiterhaufen, als ob sie zur Hochzeit gingen: und also ward das Blut der Märtyrer gleichsam der Same der Kirche.

14. Fr. So sind denn die ersten Christen sehr verfolgt worden?

A. Ja, erst von den Juden, hernach auch von den Heiden und ihren Kaisern; unter welchen sie sonderlich zehn schwere Verfolgungen ausgestanden haben; so, daß sie in den drei ersten Jahrhunderten wie Schlachtschafe geachtet, gräulich gemartert, zu Tausenden verbrannt, enthauptet, gekreuziget, ersäuft, von den wilden Thieren zerrissen, und auf manche andere Art zum Tode gebracht wurden.

Sechszehntes Kapitel

Aeußere Ruhe, Abfall und Verfall der Kirche.

1. Fr. Wie ist es aber weiter, und im Verfolg der Zeit ergangen?

A. Nachdem im Anfange des vierten Jahrhunderts der Kaiser Constantin der Große sich zum Christenthum bekannt hatte, so wurden die Verfolgungen aufgehoben, und aller Orten nicht allein volle Freiheit gegeben, den Namen und die Lehre Christi zu bekennen; sondern es war auch mit der Zeit eine Ehre und Vortheil mit diesem Bekenntniß verbunden. Da die Christen vorhin nur auf dem Felde, in der Wüste, oder bei den Gräbern der Märtyrer, und wo sie sonst konnten, des Nachts, bei der größten Lebensgefahr, zusammen kommen durften; so wurden nun hin und wieder viele große und prächtige Kirchen erbauet *). Kurz, es sah nun überall ganz anders mit ihnen aus.

2. Fr. Bedienten sich denn nun die Christen dieser großen äußern Freiheit und Ruhe, zu ihrem Wachsthum in der Heiligung?

A. Es geschah, ach leider! vielmehr das Gegen-

*) Auch wurden die heidnische Götzentempel zu Kirchen der Christen eingerichtet. d. R.

Gegentheil. Das wahre Christenthum nahm, bei dieser äußern Ruhe und Ueberfluß, täglich mehr und mehr ab. Viele nahmen dasselbe zwar mit dem Munde an; aber meistens nur um Nutzens, Ehre und anderer fleischlichen Absichten willen: und so wurde denn die enge Pforte der Kirche so weit gemacht, daß die Welt, mit aller ihrer Weltweisheit, Eitelkeit, Ueberfluß, Reichthum, Ehre und Staat hinein gegangen, — Christus aber und seines Geistes Kraft allgemach hinaus gewichen ist. Bei den Lehrern schlich die Herrsch- und Zanksucht, so wie die Liebe zur Pracht, zu Titeln, Reichthümern und andern weltlichen Dingen ein. Der wahre inwendige Gottesdienst ward vergessen; und man fiel dagegen auf allerhand äußere Ceremonien, Satzungen und Aberglauben: und so ist denn der große Abfall erfolget, wovon Christus und seine Apostel geweissaget hatten *).

A.

*) Eigentlich war dieses alles mehr ein Verfall des Christenthums, als ein förmlicher Abfall, weil doch das äußere Mundbekenntniß Christi im Ganzen noch beibehalten ward. Aber der völlige Abfall — diese Rebellion, wo die Unterthanen ihrem rechtmäßigen Oberherrn nicht allein allen Gehorsam aufkündigen, sondern sich auch öffentlich als seine Feinde erklären, seine Anordnungen und Gesetze verspotten und beschimpfen, und, so viel an ihnen ist, seine Ehre kränken — dieser große und schreckliche Abfall, welcher nur durch einen völligen Unglauben und Christushaß erzeugt werden kann, ist nun leider! in unsern Tagen — und das besonders über die Protestantische Kirche — mit allen seinen schrecklichen

3. Fr. War aber dieser Abfall allgemein?

A. Leider! allgemein genug. Dennoch aber hatte GOtt, sonderlich im Anfang, noch hin und wieder nicht allein unter den Lehrern einige Redliche, welche den Verfall einsahen und dawider zeugeten; sondern es waren auch noch unter den andern Christen viele Asceten, oder solche, die sich, mit Verlaßung alles Aeußerlichen, bloß in der Beschauung und Beschäfftigung göttlicher Dinge übeten; und sonderlich war auch zu dieser Zeit das Einsiedler-Leben bekannt. Der erste unter denselben war Paulus von Theben, der durch die vorige Verfolgung in eine ungeheuere Wüste gerieth, und so darin bis in seinen Tod blieb; in welcher Lebensart ihm hernach Antonius, Hilarion, die theuern Macarii, und viele tausend andere nach-

lichen Folgen im Anzuge, und eilt mit ungeheuren Schritten seiner Entwickelung und Vollendung entgegen. — Wer die jetzige Lage der Welt und der Religion nur in etwa kennet, wird gestehen müßen, daß dieß die lautere Wahrheit, und also die Zeit gekommen sey: wo auch die Auserwählten wachen müßen, daß sie nicht mit in den Irrthum derer verführet werden, die die Liebe zur Wahrheit nicht angenommen haben, und glauben den Lügen (Matth. 24, 24. 2 Theß. 2, 11.). — Da der Bräutigam verzog (Matth. 25, 5.), wurden die klugen mit den thörichten Jungfrauen schläfrig, und entschliefen. Aber um Mitternacht ward ein Geschrei: Siehe, der Bräutigam kommt! Gehet aus ihm entgegen. — Schon ist's Abend geworden, und die Mitternacht eilt schnell herbei: darum, lieben Brüder! laßet uns wachen, beten, unsere Lampen mit Oel versehen, und sie brennend erhalten! A. d. R.

nachfolgten, und GOtt, mit Verlaßung alles des Ihrigen, in der größten Stille, Abgeschiedenheit und ernsten Uebung der Gottseligkeit, dieneten. — Unter diesen Einsamen ist das wahre Christenthum, sonderlich im vierten und fünften Jahrhundert, meistens erhalten worden.

4. Fr. Wie ging es aber weiter hin in den folgenden Zeiten mit dem Christenvolk insgemein?

A. Es verfiel täglich mehr und mehr, und war bald von dem ersten Christenthum fast nicht die geringste Spur mehr zu sehen. So bestand 1) der so genannte Gottesdienst in allerhand selbst-erdichteten und heidnischen Ceremonien, Aberglauben, Anbethung der Heiligen, wie auch deren Bilder und Reliquien, — in Processionen, Kleidern, Lippengeplärre und unzählig andern Thorheiten, Menschensatzungen und Greueln. 2) Das gemeine Volk (das kein Wort GOttes mehr hatte, noch aus demselben treulich belehret wurde) lebte in der größten Blindheit, Ungebundenheit, in Saufen, Schwelgen und andern Sünden und Gottlosigkeiten ohne Scheu, so daß sie oft die Heiden selbst darin übertrafen. 3) Die Einsiedler fielen auch je mehr und mehr von ihrer ersten Einfalt, Lauterkeit und Eifer in der Uebung des inwendigen Christenthums ab, und geriethen dagegen auf äußere Scheinheiligkeit, in geformtem gesetzlichen Bethen, Singen,

 lesen,

lesen, Kleidern u. dgl., und thaten sich zusammen in Klöstern: woraus denn endlich das verderbte Mönchswesen entstanden ist. 4) Diese, wie auch die Bischöfe und andere so genannte Geistlichen, verfielen allgemach in die größte Unwissenheit, Irrthümer, Geiz, Unzucht, Hochmuth, Titel- und Ehrsucht, Zank, Mord und andere himmelschreiende Sünden und Aergernisse. 5) Die Bischöfe zu Rom wurden endlich allgemeine Bischöfe oder Päpste genannt, welche auch meistentheils, in ihren unverschämten Bosheiten und Gräueln, die andern Bischöfe übertrafen, alle Welt beherrschen, und alle Gewissen zwingen, — auch alle weltliche Würden, Aemter und Bedienungen so wohl als kirchliche, ja endlich so gar Himmel und Seligkeit selbst, — um Geld verkaufen wollten, — und alle, so sich unter ihre Tyrannei nicht beugeten, selbst Kaiser und Könige, durch die schrecklichsten Bannflüche verdammten, verketzerten und umbrachten. 6) Und obgleich viele Völker (und auch wir Deutschen seit ungefähr Anno 600 bis 800) den Christen-Namen annahmen *): so behielten sie doch fast

*) Kaiser Carl der Große zwang viele Deutsche Völker mit Gewalt dazu, welches sehr unrecht war; dennoch aber wußte die göttliche Güte und Barmherzigkeit aus diesem unrechten Verfahren etwas Gutes hervor zu bringen, so daß viele aus den späten Nachkommen derjenigen zu wahren Christen geworden sind, deren Vorfahren das äußere Bekenntniß des Christenthums mit Gewalt aufgedrungen ward. Röm. 11, 33. A. d. R.

fast alle das heidnische Herz und Leben, oder wurden auch noch wohl schlimmer. Kurz: das Christenthum war nun ein abgöttisches, wüstes Heidenthum, und ein gräuliches Antichristenthum und Babel geworden.

5. Fr. Hat GOtt dieses verbasterte Christen-Volk nicht auch, wegen seiner Sünden, mit großen Strafen und Gerichten heimgesucht?

A. Ja, von Zeit zu Zeit; und zwar 1) durch viele barbarische Völker, welche das Land wie eine Fluht überschwemmten, alles weit und breit verwüsteten, und dem Christenvolke keine Ruhe ließen. Unter diesen waren sonderlich die Saracenen, Longobarden, Türken und andere. Wie auch 2) durch viele Ketzereien, sonderlich durch die verderbte und scheußliche Lehren der Arrianer, Pelagianer und Mohammedaner. 3) Durch schwere Landplagen, sonderlich im sechsten Jahrhundert, da die Pestilenz ungefähr 52 Jahre lang fast überall soll regieret, und so schrecklich gewütet haben, daß z. B. in Constantinopel allein (welche ungeheuer große Stadt damals auch von Christen bewohnt war) manchmal zehn tausend Menschen in Einem Tage daran gestorben sind. — 4) Durch allerhand einheimische Kriege, Räuberei, Mord und Unruhen der Päpste, Kaiser und Bischöfe unter einander. Und 5) traf dieses Gericht sonderlich die Christen in der morgenländischen oder Griechischen

Kirche, nachdem sie sich von der Abendländischen oder lateinischen, nach vielem Zank, getrennet hatten, und ihr Verderben aufs höchste gestiegen war. Sie verderbten sich nun gleichfalls unter einander, und die Türken nahmen ihnen unterdessen eine Provinz nach der andern weg; durch deren schreckliche Wut der HErr diese seine abtrünnige Kirche endlich völlig ruiniren, und den Leuchter seines Evangeliums, wie er ihnen schon lange zuvor (Offenb. Joh. 2, 3.) gedrohet hatte, von seiner Stelle wegstoßen ließ *).

6. Fr. Wie lange ungefähr hat dieser Gräuel der Verwüstung gewähret?

A. Das Verderben und die Finsterniß hat, bis ungefähr ins 14. Jahrhundert, noch immer zugenommen; wiewohl GOtt zu allen Zeiten noch einige mitten in Babel gehabt hat, welche sich auf die Uebung der Gottseligkeit gelegt, und den Verfall des abtrünnigen Christenvolks eingesehen, und dawider gezeuget haben.

7. Fr. Benenne mir einige dieser Zeugen der Wahrheit?

A. Nebst denjenigen, die in den vorherigen

*) Wie sieht es heut zu Tage in Griechenland und Klein-Asien aus, wo so viel blühende Christliche Gemeinen, auch die sieben Gemeinen waren, an die der heil. Johannes schrieb? — Ueberall die dickste Nacht und Finsterniß!

gen Jahrhunderten gelebet haben, sind hernach sonderlich bekannt geworden: Claudius, Bischof zu Turin, nachher Bernardus, die Waldenser oder Albigenser, — Joh. Rusbroch, Joh. Taulerus, Wicleff, Huß, Hieronimus von Prag, und ihre Nachfolger, die Böhmischen Brüder, die Beguardi, Beguini, Lolhardi, Savanarola, Dion. Carthusianis, Gerson, Kempis, Erasmus und viele andere; da dann im fünfzehnten Jahrhundert allgemach das Licht ein wenig aufzugehen anfing: bis endlich im Anfange des sechszehnten Jahrhunderts, GOtt Lob! ein grösserer Durchbruch geschehen ist.

8. Fr. Welche Werkzeuge hat GOtt dazu gebraucht?

A. Sonderlich den Dr. Martin Luther, ein Augustiner, zu Wittenberg in Sachsen, welcher am 28. October 1517, durch öffentliche Anschlagung seiner Sätze wider den Ablaß-Kram, sich dem Verfall entgegen setzte, auch nach und nach mehreres einzusehen bekam, und öffentlich wider die päbstliche Gräuel zeugete. Fast zu gleicher Zeit, oder doch bald darauf, widersetzte sich auch Ulrich Zwingli in der Schweiz, und viele andere ihrer Gehülfen und Nachfolger: welche, nachdem sie vom Papste in den Bann gethan, sich vollends absonderten, und nach ihrem Gutdünken und Einsehen, eine Reformation an-

(welche insgemein Mystici genannt werden): — Indessen aber herrschet doch bei ihnen insgemein und fast überall, große Blindheit, Aberglauben, Menschensatzungen, Abgötterei u. s. w. und ein heidnisches Leben in geist- und weltlichen Ständen.

11. Fr. Ist dieser große Abfall des Christenvolks nicht vorher geweissaget worden?

A. Ja; unter andern von Jesaia, Kap. 56, 10. ff. und Kap. 57.; von Daniel, Kap. 7, 21. 22.; von dem Heilande selbst, Matth. 24, 15. Luc. 18, 8.; von Paulo, 2 Theff. 2, 3 — 13. — 1 Tim. 3, 1 — 5; von Johannes in seiner Offenbarung Kap. 11, 2. — 13, 1 — 8 und 11 — 18, und in den 16. 17. 18. und 19. Kapiteln ꝛc.

12. Fr. Was merkst du, bei dieser Betrachtung vom vorigen und heutigen Verfall des Christenvolks überhaupt zu unserer Lehre an?

A. 1) Daß wir dennoch Ursache haben GOtt zu danken: daß er gleichwohl zu diesen unsern Zeiten hin und wieder manches theuere Licht hat aufgehen laßen, und wir auch in Zeiten und Orten leben, worin man die lautere Wahrheit des Evangeliums aus der Schrift und andern Mitteln erkennen, und auch durchgehends mit Freiheit seines Gewissens bekennen und beleben kann; nur daß wir uns dann auch solcher Freiheit treulich und wohl bedienen. — Und dann 2) daß wir

zu-

Gleichwohl hat und behält GOtt noch hie und da die Seinigen, welche über das Elend seufzen, und wider den Verfall zeugen *). Offenb. Joh. 3, 1 — 6.

10. Fr. Wie hat es aber seit der Reformation mit den Papisten ausgesehen?

A. Selbige sind zwar, durch den beständigen Widerspruch ihrer Gegner, und Aufdeckung ihrer Gräuel etwas mehr gewitziget, und in einigen Stücken was ehrbarer geworden; und GOtt hat auch, bis hier zu, in ihrer Mitte immer noch einige gehabt, die den Verfall, sonderlich in Praxi, eingesehen und dawider gezeuget, — oder doch solche, die sich mit Ernst auf die Ausübung des wahren inwendigen Christenthums gelegt haben

 (wel-

schenkt hat; und unter denselben verdient der freie Gebrauch des Wortes GOttes, und so mancher vortreflichen und gesalbten Erbauungsschriften, so vieler geistlichen und lieblichen Lieder &c. und dann die völlige Gewissensfreiheit wohl unsern vorzüglichsten Dank: so wie dieses auch der sel. Verfasser unten in der 12. Frage und Antwort bemerkt. A. d. R.

*) Die Zahl der Zeugen der Wahrheit, und solcher ächt-evangelischen Lehrer, die mit Licht und Gnade erfüllet sind, und den Weg GOttes recht lehren, ist doch in der Protestantischen Kirche, nach Verhältniß, bei weitem — ja ungemein viel — grösser, als sie je in der Römisch-katholischen Kirche war. Man denke nur, unter so vielen andern, an einen Joh. Arndt, Spener, Schade, G. Arnold, P. Poiret, A. H. Franke, Lodenstein, Weslei, Withefield, Sam. Lucius, Lavater, und an Tersteegen selbst. A. d. R.

gen dadurch voll zu machen; die Gläubigen aus dem Schlafe zu wecken und zu läutern, und also dem herrlichen Reiche JEsu Christi Bahn zu machen.

(a) Jesaia 24. Kap. 59, 16—18. Kap. 66, 15. u. f. Ezech. 38. 39. Dan. 12. Micha 7, 11. 13. Zephan. 3, 8. Matth. 24. Offenb. Joh. 6, 12. u. f. Kap. 12, 12. Kap. 16. ganz.— Kap. 18. u. v. a. m. Unter welchen Schriftstellen sonderlich Matth. 24. und Offenb. Joh. 16. zu merken sind.

2. Fr. So soll dann die Christenheit nicht immer in einem so verfallenen Zustande bleiben?

A. Keinesweges; denn es ist GOtt Lob!— nach dem einmüthigen Zeugniß aller Propheten und Apostel — eine gänzliche Erneuerung und ein ungemein herrlicher Zustand der Kirche hier auf Erden, noch vor dem letzten Gericht' und Ende aller Dinge, zu erwarten.

3. Fr. Ei lieber! sage mir etwas näher, wie wird solches zugehen?

A. Nachdem das Maß der Sünden voll, und die Bosheit auf den höchsten Gipfel wird gestiegen seyn: so wird GOtt 1) mit seinen gedroheten schweren Gerichten, wie gesagt, losbrechen, um das Thier, die Hure und den falschen Propheten — nämlich das falsche Christenthum mit allem antichristischen Wesen in demselben — zu stürzen (Offenb. 18.). Inzwischen werden 2) die Gläubigen und Gottesfürchtigen aus allen Parteien, unter diesen Gerichten ängstlich und einmüthig zu GOtt schreien (Jes. 26. ganz), und ihn um Gnade, Hülfe, Erlösung, und um Ausgießung des H. Geistes flehen; worauf dann 3), um dieser Auserwählten willen, diese Tage der Noth und Trübsal werden verkürzet (Matth. 24, 21. 22.), und der H. Geist auch in großem Maße über sie von GOtt wird ausgegossen werden (a). — S. a. Ezech. 36, 27. Zach. 14, 8.

(a) Joel 3, 1. 2. Und nach diesem (in den letzten Tagen) will ich meinen Geist ausgießen über alles Fleisch; und euere Söhne und Töchter sollen weissagen, euere Aeltesten sollen Träume haben, und euere Jünglinge sollen Gesichte sehen. Auch will ich zur selbigen Zeit, beide über Knechte und Mägde meinen Geist ausgießen *).

4. Fr.

*) Daß Petrus (Ap. Gesch. 2, 17. 18.) diese Stelle auf die eben damals geschehene wundervolle Ausgießung des H. Geistes deutete, hebt die Wahrheit nicht auf, daß sie auch in den eigentlichen letzten Tagen der Welt wieder Statt haben soll. — So, wie wir mit dem Apostel Johannes noch in der letzten Stunde leben (1 Joh. 2, 18.): also leben wir auch mit dem Apostel Petrus noch in der nämlichen Zeitperiode der Regierung des HErrn JEsu im Himmel und auf Erden, die mit seiner Himmelfahrt und Sitzen zur Rechten GOttes anhebt (Matth. 28, 18.), und nicht endigen wird, bis er alle Feinde zum Schemel seiner Füße gelegt hat (Ps. 110, 1.). — Die herrliche Ausgießung des H. Geistes, welche zur Gründung der Christlichen Kirche geschah, wird also auch bei der Erneuerung derselben wieder Statt haben. d. R.

4. Fr. Was wird denn weiter hierauf erfolgen?

A. Es wird 4) in Kraft dieses Geistes, das Evangelium vom Reiche GOttes allen Völkern in der ganzen Welt verkündiget werden (Matth. 24, 14.) *); und werden demnach

---

*) Wovon ehemals die ersten Apostel des HErrn und ihre nächsten Nachfolger nur den Anfang gemacht haben. Denn, obschon sie in Asien, Griechenland, und in einem Theil von Europa weite Strecken Landes mit dem Evangelio Christi erfülleten: so war dieß alles doch nur ein geringer Theil der ganzen Erde, bis an deren Ende sie seine Zeugen seyn sollten. (Apost. Gesch. 1, 8. — Sie überließen also den spätern Nachfolgern, den Schaaren von Evangelisten, die der HErr noch senden wollte, um die Fülle der Heiden einzubringen — noch ein großes, unermeßliches Feld zur Verkündigung des Evangelii. — Daß die Dänische, Hallische und andere Missions-Gesellschaften (andere einzelne Zeugen der Wahrheit und Gesandten GOttes nicht zu erwähnen), wie auch die Herrnhuter Brüdergemeine, in neuern Zeiten, in diesem Felde — mit großem Fleiße, unter vielen Trübsalen und mit Aufwand großer Kosten, auch nicht ohne Segen, seit vielen Jahren gearbeitet haben: dieß kann man — ohne gegen GOtt, und gegen die großen Anstrengungen dieser Zeugen JEsu undankbar zu seyn — nicht verkennen. Allein, noch immer sind zahllose Völkerschaaren übrig geblieben, die von JEsu nichts wissen, wohin ihr Wort nicht gelangen konnte. Immer noch ist die Aernte sehr groß, und der Arbeiter wenig. Allein, wahre Christen hören nicht auf, zu hoffen und fest zu vertrauen, daß der HErr seine Verheißungen pünctlich erfüllen werde: und weil sie auf die Zeichen der Zeit merken, so erkennen sie, daß wir dieser Erfüllung nahe sind. — Wer wollte es ihnen denn verdenken, daß sie durch die, seit kurzen Jahren (zuerst in England) entstandenen — von einem lautern evangelischen Geiste beseelten, großen, ja nach dem Plan, das

nach auch wirklich 5) alle Völker der Erde, Juden, Heiden, Türken, und wie sie alle Namen haben mögen (a), zur Erkenntniß und Liebe Christi übergebracht werden. Und diese alle werden 6) unter Christo, ihrem Haupt, Hirten und Könige nur eine einige Herde (b), ein einiges Volk und Königreich ausmachen; alle Trennungen und Secten werden aufhören. Er, der HErr wird Einer, und sein Name nur Einer, und JESUS König über alle Lande seyn (Zachar. 14, 8, 9. u. f.); und durch den Zepter seines Geistes (Ps. 110.) wird er von einem Meer bis zum andern (c) herrschen, und seine Heiligen werden mit Ihm regieren tausend Jahre (d).

(a) Ps. 86, 9. Alle Heiden, die du gemacht hast, werden kommen, und vor dir anbethen, HErr,

---

das Ganze umfassenden — Missions-Anstalten, ihre Herzen dem freudigen Vertrauen öffnen: daß die Zeit, wo das Evangelium allen Völkern des Erdbodens soll verkündigt werden, nun gekommen sey? — Wer Grund von dieser Hoffnung begehret, der lese die Schriften, die von dieser großen Begebenheit unserer Zeit Auskunft geben. In Ermangelung der ausführlichen, wird ihm die kleine Schrift: Nachrichten von der Ausbreitung des Reichs JEsu, herausgegeben von Freunden der Mission, und zu haben im Comptoir für Litteratur in Elberfeld (von welcher bald das 4te Heft erscheinen wird), schon eine kurze, aber hinlängliche Uebersicht von der Entstehung, dem Fortgang und dem Geiste dieser nun schon sehr ausgebreiteten herrlichen Anstalt geben, auch ihn zugleich — wenn er anders ein unbefangener Leser ist — in den richtigen Gesichtspunct stellen, sie beurtheilen zu können. A. d. R.

HErr, und deinen Namen ehren. S. a. Röm. 11.

(b) Joh. 10, 16. Und ich habe noch andere Schafe, die sind nicht aus diesem Stalle; und dieselbigen muß ich herführen, und sie werden meine Stimme hören, und wird Eine Herde und Ein Hirte werden. S. a. Jes. 11, 6. u. f. Kap. 18, 7. Kap. 19, 19 u. f. —

(c) Siehe Psalm 72. ganz.

(d) Offenb. Joh. 20, 4. Und ich sahe Stühle, und sie (die Heiligen) saßten sich darauf, und ihnen ward gegeben das Gerichte. Und die Seelen der Enthaupteten um des Zeugnisses JEsu und um des Worts Willen, und die nicht angebethet hatten das Thier und sein Bild, und nicht angenommen hatten sein Maalzeichen an ihre Stirn und auf ihre Hand: diese **lebten und regierten mit Christo tausend Jahr.** (v. 6.) Selig ist der und heilig, der Theil hat an der ersten Auferstehung; über solche hat der andere Tod keine Macht: und sie werden Priester GOttes und Christi seyn, und **mit ihm regieren tausend Jahr.**

5. Fr. Das wird dann wohl eine große Herrlichkeit auf Erden seyn?

A. Freilich wird diese Herrlichkeit unaussprechlich seyn; denn es werden 7) alle Länder voll seyn der Erkenntniß des HErrn (Jes. 11, 9.); Güte und Treue werden einander begegnen, Gerechtigkeit und Friede sich küssen (Ps. 85, 11); die Frommen und Gerechten werden blühen und oben schweben, und wird ein so großer und allgemeiner Friede

seyn,

seyn, daß man keine Gefahr noch Feinde fürchten, noch Schwerter mehr brauchen wird (a). — Es wird auch 8) eine große Erneuerung in der äußern Natur vorgehen, und ein überschwänglicher Segen seyn auf Erden, wegen der großen Gerechtigkeit (Ps. 99, 4.), Heiligkeit (Ps. 93, 5.) und Frieden so alsdann herrschen wird; denn der Fluch, die Unordnung, und Widerwärtigkeit, welche durch die Sünde in die Natur gekommen, werden von der Erde weggenommen, und die Kreaturen frei werden von dem Dienste der Eitelkeit und des Verderbens, worunter sie jetzt seufzet, zu der herrlichen Freiheit der Kinder GOttes, ja, Amen! Röm. 8, 9.

(a) Ps. 72, 7. Zu seinen Zeiten wird blühen der Gerechte, und großer Friede, bis daß der Mond nimmer sey. S. a. Jesaia 2. ganz; (aus welchem wir nur noch den 4ten Vers hier anführen): Da werden sie ihre Schwerter zu Pflugscharen, und ihre Spieße zu Sicheln machen. Denn es wird kein Volk wider das andere ein Schwert aufheben, und werden fort nicht mehr kriegen lernen.

6. Fr. Ist dieses herrliche Reich Christi gewiß zukünftig, und zwar noch hier auf Erden?

A. Daran ist im geringsten nicht zu zweifeln, wie solches nicht allein aus den bereits angeführten Schriftörtern (wenn selbige nur mit einem erleuchteten, unparteiischen Auge eingesehen werden), sondern auch noch aus einer

einer grossen Menge anderer, die hierunter zum Theil angezeigt stehen, klar und unwidersprechlich erhellet *).

Psalm 2, 7. 8.	Jes. K. 65, 17=25.	Joel 3, 1=5.
= 8, 2. 7=9.	= 66, 10=14.	Amos 9, 1=15.
= 22, 27=32.	= 18=23.	Zephan. K. 3, 9.
= 37, 11.	Jerem. 30, 3.	11. it. 14=20.
= 47, 10.	= 8=11. 18=22.	Haggai 2, 7=10.
= 72 ganz.	= 31, 1=17.	Zachar. 8, 7=13.
= 86, 9.	it. 23. 24.	21=23.
= 87 ganz. 4.	= 27. 33. 34.	= 12, 8. 10.
= 97, 1. 2. 6.	Ezech. 11, 16=20.	= 13, 1. 9.
= 98, 2. 7. 8. 9.	= 36, 8=12.	= 14, 8=10.
= 102, 18=23	= 24=30. 33=38.	Maleach. 4, 2.
= 110, 2. 3.	= 37, 12=14.	Offenb. Joh. hin
Jes. Kap. 2, 2=4.	21=27.	und wieder,
~~v. 11.~~	Daniel 2, 44.	sonderlich aber
= 11, ~~6=13.~~ 10	= 7, 27.	deutet das 19.
= 27, 6. 9. 12.	Hos. 1, 10. 11.	Kapitel auf
13.	= 2, 18=23.	diese noch zu-
= 30, 22=26.	= 3, 5.	künftige herr-
= 35, 1. 2. 8. 10.	= 6, 3. 4.	liche Zeit.
= 54, 1=14.	= 14, 5. 6.	
= 60 ganz.	Joel 2, 21=27.	

7. Fr.

*) Daß in diesen Schriftstellen sonderlich häufig auf die letzte Zurückbringung des Volks Israel aus allen Völkern des Erdbodens in das gelobte Land gezielet wird, benimmt der Stärke des Beweises nichts: daß diese Stellen zugleich auf die letzte herrliche Zeit des Reichs Christi auf Erden hinzielen. Denn dieß wird doch nicht Statt haben, bis die Fülle der Heiden eingegangen sey, und dann ganz Israel — durch Annehmung des HErrn JEsu als ihres Meßias, Königes und einigen Heilandes — selig, oder Mitgenossen dieses Reichs, und mit den übrigen Christen Eine Herde oder Ein Volk werden. d. R.

7. Fr. Hat es aber wohl einigen Nutzen, daß man diese Wahrheit wisse und glaube?

A. Freilich ja! Auch diese Wahrheit ist zur Gottseligkeit; denn sie dienet 1) zum Trost und zur Aufrichtung der Gläubigen, welche sich nach der herrlichen Freiheit der Kinder GOttes sehnen, und in Betrübniß ihrer Seelen Tag und Nacht seufzen, über das gottlose, verderbte Wesen in der Welt (a); in der Hoffnung, daß so wohl ihre Erlösung von dem allem herzu nahet (b), als auch, daß ihr geliebter HErr und König, der nun so sehr verunehret wird, bald (c) seine große Macht anziehen, und seine Herrlichkeit offenbaren werde. Offenb. 11, 15. — 2) Dienet es, ihre Herzen zur unermüdeten Wachsamkeit und Treue zu erwecken (d), weil doch gewiß kommen wird, der da kommen soll, und nicht verziehen (Ebr. 10, 35—37); damit sie also mögen bereit erfunden werden, dem Bräutigam, wann er nun aufbrechen wird, gebührend entgegen zu gehen. Matth. 25, 5. 6. 13. — 2 Petr. 3, 14.

(a) 2 Petr. 2, 8. 9. Weil er (Lot) gerecht war, und unter ihnen wohnete, daß er's sehen und hören mußte, quäleten sie die gerechte Seele von Tag zu Tage mit ihren ungerechten Werken.

(b) Luc. 21, 28. Wann aber dieses anfähet zu geschehen, so sehet auf, und hebet euere Häupter auf, weil sich euere Erlösung nahet. 2 Petr. 2, 9. Der HErr weiß die Gottseligen aus der Versuchung zu erlösen. Röm. 8, 19—23.

(c) Offenb. Joh. 3, 11. Siehe, ich komme bald. Halte was du hast, daß niemand deine Krone nehme.

(d) Luc. 21, 36. So seyd nun wacker allezeit, und bethet, daß ihr würdig werden möget zu entfliehen diesem allem, und zu stehen vor des Menschen Sohn. S. a. Matth. 24, 42. 1 Thess. 5, 6.

8. Fr. Wie müßen sich aber Gläubige auf dieses herrliche Reich Christi anschicken und zubereiten?

A. 1) Durch anhaltendes einmüthiges Gebeth: daß alles antichristische Wesen auf Erden fallen, die Fülle der Heiden eingehen, ganz Israel selig werden — und also JEsUS, als König, herrlich werden möge in allen Landen. Doch aber sollen sie 2) in heiliger Geduld und Stille auf den HErrn warten, ohne ihm in eigenem Naturtrieb und Eifer vorzulaufen, oder allzu genau Zeit und Stunde wissen und bestimmen zu wollen, welche GOtt seiner Macht vorbehalten hat *).

3)

*) Wenn aber izt gottselige und erleuchtete Männer aus der Geschichte klärlich finden, daß diese und jene Weissagungen erfüllet sind; und aus den Zeichen und Begebenheiten der Zeit merken, daß andere Weissagungen anfangen erfüllt zu werden, die anders nicht als auf die Entwickelung am Schluß der Weltbegebenheiten gedeutet werden können: so dörfen sie wohl angeben, daß wir in dem lezten Zeitraume sind, daß die Entwickelung nahe ist, und daß sie wahrscheinlich in so und so viel Jahren

Statt

3) Müßen sie vor allen Dingen zusehen, daß JEsus schon als König herrschen möge in ihren Herzen, und in ihrem ganzen Leben und Wandel; damit durch ihr heiliges Vorbild in Wort und Werken, noch viele zur Erkenntniß dieses Königes JEsu mögen übergeführet werden. 4) Müßen sie auch trachten, in der jetzigen angenehmen Friedens- und Freiheits-Zeit *) durchs Gebeth, und durch Eindringung und Gemeinschaft des Glaubens, dergestalt in Christo und seiner Wahrheit gegründet zu werden, daß sie durch die bevorstehenden, der herrlichen Zeit vorher gehenden Gerichte und Trübsale nicht mögen umgestoßen noch verrücket werden. — S. den vorhin angeführten Spruch Luc. 21, 36.

9. Fr. Was wird noch auf dieses herrliche Reich Christi weiter folgen?

A. Nachdem der Satan diese tausend Jahr gebunden gewesen, wird er wieder los werden eine kleine Zeit, zu verführen den Gog und Magog (Offenb. Joh. 20, 8. Ezech. 38, 2. K. 39, 1.) mit den Ihrigen, und sie

 ver-

Statt haben werde: das heißt nicht: Zeit und Stunde bestimmen, wie manche gethan haben, und darüber zu Narren geworden sind. S. Apost. Gesch. 5, 36—38. A. d. R.

*) Der sel. Autor schrieb dieses im Jahr 1724; und seit dem Utrechter Frieden, der im Jahr 1713 unterzeichnet wurde, genoß Europa der Ruhe, welche erst im Jahr 1734 durch einen neuen Krieg unterbrochen wurde. d. R.

versammlen zum Streit wider GOttes Heiligen. Sie werden aber plötzlich mit Feuer vom Himmel verzehret, und ihr Anführer, der Teufel wird mit seinem Anhang auf ewig in den feurigen Pfuhl geworfen werden; worauf denn das allgemeine Gericht, und das Ende aller Dinge erfolgen wird. Offenb. Joh. 20, 9 — 14.).

Achtzehntes Kapitel.

Von dem letzten Gericht und Ende aller Dinge.

1. Fr. Wie beschreibt uns der heilige Johannes das letzte Gericht, und das Ende dieser Welt?

A. Er spricht (Offenb. 20, 11. ff.) also: „Und ich sah einen großen weissen Stuhl, „und den, der darauf saß, vor welches Angesicht floh die Erde und der Himmel, und „ihnen ward keine Stätte erfunden. Und „ich sah die Todten, beide groß und klein, „stehen vor GOtt: und die Bücher wurden „aufgethan, und ein anderes Buch ward aufgethan, welches ist des Lebens. Und die „Todten wurden gerichtet, nach der Schrift „in den Büchern, nach ihren Werken. Und „das Meer gab die Todten, die darinnen „waren; und der Tod und die Hölle gaben „die Todten, die darinnen waren: und sie

„wur-

„wurden gerichtet, ein jeglicher nach seinen „Werken."

2. Fr. Was ist demnach das Erste, so an diesem grossen, herrlichen und schrecklichen Tage wird zu sehen seyn?

A. Daß der HErr JEsus Christus in der größten Glorie, Majestät, Kraft und Herrlichkeit, in Begleitung aller Millionen tausend Engel und triumphirenden Heiligen, unter dem mächtigen Getöne der hell-klingenden Posaune GOttes, vom Himmel hernieder fahren, und in den Wolken erscheinen wird; so daß Himmel und Erde, Berge und Hügel, erbeben und zerreißen werden. — Und dann 2) werden durch den Schall der Posaune und die Stimme des Erzengels alle Gräber sich öffnen, und alle Todten, so von Anfang der Welt her gestorben sind, beides Kleine und Große, auferstehen, und die Leiber mit den Seelen, entweder in Herrlichkeit oder Schande, auf ewig wieder vereiniget werden. Dieß wird geschehen zum großen Schrecken und Entsetzen der Gottlosen, welche vor Furcht wünschen werden, daß die Berge auf sie fallen, und die Hügel sie bedecken mögen, vor dem Angesichte deß, der auf dem Throne sitzt, und vor dem Zorn des Lammes (Offenb. Joh. 6, 16.); — hingegen aber zum unbeschreiblichen Trost und Freude der Frommen, welche nun ihre Häupter fröhlich werden empor heben, und, nachdem ihre Leiber verkläret, und dem herrlichen Leibe JEsu Christi ähnlich gemacht (Phil. 3, 20.) worden; so werden sie — nebst denen, die alsdann noch auf Erden leben, welche auch plötzlich und in Einem Augenblick werden verwandelt werden, — ihrem Erlöser, König und Bräutigam entgegen gerückt werden in die Luft (1 Thess. 4. 13 — 17. 1 Cor. 15, 51. 52. Offenb. Joh. 20, 11. ff. Matth. 24, 30. und Kap. 25, 31.).

3. Fr. So werden denn gewiß alle Todten wieder auferstehen?

A. Ja gewiß, und diese Wahrheit ist (außer so vielen schon angeführten und andern ausdrücklichen Worten der Apostel) gegründet: 1) Auf Christum selbst; denn weil Er das Haupt ist, und die Gläubigen seine Glieder sind, — so kann Er sie, als solche, nicht zurück laßen, sondern muß sie zu sich ziehen. — Und weil Er auch ihr Vorbild ist; so müßen sie auch, nachdem sie ihm im Leiden und Tod gleichförmig geworden, ihm auch in der Auferstehung, Leben und Herrlichkeit gleichförmig werden (Phil. 3, 10. — 1 Cor. 6, 14. Röm. 8, 11. Col. 1, 18.). 2) Christus ist ein vollkommner Seligmacher, der den ganzen Menschen, so wohl dem Leibe als der Seele nach, wieder herstellen muß, da derselbe, durch die Sünde, in Adam verdorben worden: — und wenn er dieses nicht

könnte,

könnte, so wäre er schwächer als Adam; (Röm. 5, 17. ff.). 3) Da auch die Leiber der Gläubigen Tempel des Heiligen Geistes sind, der in ihnen wohnet; so werden selbige um deßwillen auch nothwendig wieder auferstehen (1 Cor. 15, 22. Kap. 6, 19. Röm. 8, 11.). Und 4) so ist auch GOtt, der sich ein GOtt Abrahams und aller Gläubigen nennet, nicht ein GOtt der Todten, sondern der Lebendigen (Matth. 22, 32. Röm. 8, 10. 11.).

4. Fr. Auf was für ein Fundament ist diese Wahrheit noch mehr gegründet?

A. 5) Auf GOttes Allmacht, welcher den Leib erschaffen, und darum auch denselben wieder aus dem Staube der Erde auferwecken kann und wird. 6) Auf GOttes beständige Liebe gegen seine Kinder und Bundesgenossen. 7) Auf seine Ehre und Verherrlichung, welche erfodert, daß die Seinigen nicht allein mit ihren Seelen, sondern auch mit ihren Leibern — welche beide GOttes sind — ihn beschauen, loben und verherrlichen in Ewigkeit, wie sie es angefangen hatten in der Zeit (1 Cor. 6, 20.). Endlich und 8) erfodert es auch GOttes Gerechtigkeit, kraft welcher einem jeden muß vergolten werden, nachdem er gehandelt hat bei Leibes Leben, es sey gut oder böse; und darum den Frommen auch an ihren Leibern, weil sie, Gefäße der Gnade GOttes, und

Werkzeuge der Gerechtigkeit gewesen sind; — den Gottlosen gleichfalls auch an ihren Leibern, weil sie in und mit denselben gesündiget und Uebels gethan haben (2. Cor. 5, 10.).

5. Fr. Was wird an diesem großen Tage noch weiter geschehen?

A. Solches sagt uns sonderlich der Apostel Petrus (2 Pet. 3, 10.). „Die Himmel, heißt es da, werden zergehen mit „großem Krachen, die Elemente aber werden „vor Hitze zerschmelzen, und die Erde und „die Werke, so darauf sind, werden verbrennen," — zum größesten Schrecken und Erstaunen der Gottlosen Offenb. Joh. 6, 13. ff. Ebr. 1, 10 — 12.). — Nach diesem aber wird ein neuer Himmel, und eine neue Erde hervorkommen, in welcher Gerechtigkeit wohnen, und alles wie cristallinisch Gold leuchten wird (2 Petr. 3, 13. Offenb. Joh. 21, 1. ff.).

6. Fr. Was wird aber noch das allerentsetzlichste und zugleich das allerherrlichste seyn?

A. Das Sitzen JEsu Christi, des Sohnes GOttes, auf seinem herrlichen Richterthrone, bekleidet mit göttlicher Glorie und Majestät, und umgeben mit so viel tausend Millionen heiliger Engel, Seraphim und Cherubim. — Da werden dann Alle, alle lebendige und Todte, groß und klein, vor Ihm erscheinen

müßen;

müßen; und Er wird dieselben von einander scheiden, die Gottlosen, als Böcke zu seiner linken, die Frommen aber, als seine Schafe, zu seiner rechten Hand: worauf ein jeglicher seine Sentenz und Endurtheil empfangen wird, je nachdem er gehandelt hat bei Leibes Leben, es sey gut oder böse.

7. Fr. Wie wird es dann ferner mit den Gottlosen ergehen?

A. Es wird ihnen durch die feuerflammende Augen und das alles entdeckende Licht des entsetzlichen Richters, und mit Zustimmung ihres eigenen nagenden Gewissens — aufs allerklärste wieder in den Sinn kommen, und auf die allerentsetzlichste Weise vor Augen gestellet werden Alles, was sie je in ihrem ganzen Leben Böses gethan, geredet (Matth. 12, 30.) und gedacht haben. Und wenn auch schon manches Böse so heimlich geschehen wäre, daß es auch kein einziges Menschenkind jemals gesehen noch erfahren hätte; — so wird dennoch alles, — auch sogar ihre verborgenste Tücke und Herzens-Gedanken — so ins helle Licht ihnen vor Augen gestellet werden, daß kein Einziges wird verborgen bleiben können. Darauf wird dann der gerechte Richter die Sentenz und das Endurtheil über sie sprechen: Gehet hinweg von mir, ihr Verfluchten, in das ewige Feuer, das bereitet ist dem Teufel und seinen

Engeln *)! u. s. w. Und dieß Urtheil wird darauf alsobald, und mit Macht vollzogen werden; da sie dann werden Pein leiden das ewige Verderben von dem Angesichte des HErrn, und von seiner herrlichen Macht (2 Theß. 1, 9. Matth. 25, 41 — 46.).

8. Fr. Wie wird alsdann einem so unglückseligen und verdammten Sünder dabei wohl zu Muth seyn?

A. Dieß kann nicht ausgesprochen, noch sich entsetzlich genug vorgestellet werden; und GOtt gebe, daß doch keiner von uns ein so unseliges Geschöpf sey, daß er es erfahren möge! — Doch kann man sich einigermaßen vorstellen: welch Grausen und Entsetzen ihnen ankommen werde, wenn sie Himmel und Erde in Feuer und Flammen um sich herum sehen werden; — wie sie vor Verdruß und Neid ihre Zähne werden zusammen beißen, wenn sie die Frommen, welche sie in ihrem Leben so gering geachtet, oder gar verachtet, verfolget und beleidiget haben, — nun in solcher Freude und Herrlichkeit zur Rechten, — sich aber zur Linken gestellt sehen; — mit welcher un-

*) Dem Teufel also und seinen Engeln, — und nicht den Menschen — ist dieses ewige Feuer bereitet. Die Gottlosen aber, die sich hier freiwillig von dem Teufel haben beherrschen laßen, und seinen Willen gethan haben, werden auch dann ihm und seinen Engeln anheim fallen, und ihre Mitgesellen in dem ewigen Feuer seyn. A. d. R.

unaussprechlichen Scham und Schande sie werden überfallen werden, wenn ihnen alle garstige Thaten, Worte und Herzensgedanken werden entdeckt und vorgehalten werden; — welche verzweifelte Pein der nagende Wurm ihres Gewissens ihnen machen werde; — welch Zittern und Zagen ihnen ankommen werde, wenn sie den Abgrund unter sich offen sehen, und das unwiderrufliche und schreckliche Urtheil: **Gehet hinweg von mir!** werden aussprechen hören! da ihnen dann ein jedes Wort wie ein Donnerschlag in ihre Seelen eindringen wird. — Und ach! was wird es seyn, dann weggetrieben, und in den feurigen Pfuhl und finstern Abgrund mit den höllischen Geistern hinunter gestürzet zu werden! — O ewiges Ach und Weh!! —

9. Fr. Kannst du mir noch etwas von ihrem höllischen Zustand' und Strafe sagen?

A. Dieser unselige und erschreckliche Zustand besteht insgemein: 1) In einer gänzlichen Beraubung und Abscheidung von **GOtt, dem höchsten Gut**, von seinem freundlichen, liebreichen Angesicht, und von seiner Gnade, Licht, Liebe, Friede, Freude und seligen Gemeinschaft. 2) In einer erschrecklichen Empfindung des tiefsten Uebels, der entsetzlichsten Finsterniß, Bitterkeit, Unruhe, Grimm, Pein und Quaal Leibes und der Seele, in dem Pfuhl, der mit Feuer und Schwefel brennet, unter allen

Teu-

Teufeln und unreinen Geistern, in äusserster Verzweifelung, wovon die grausame Gewissensfolter einiger, schon in dieser Zeit — z. B. des Spira und anderer — *) eine kleine Probe und Vorschmack gewesen. Dennoch aber wird einem jeden aufs genaueste und eigentlichste vergolten werden, nachdem er hier, bei Leibes-Leben gehandelt hat. Ein jeder wird sich baden in seinem eigenen Feuer, und geniessen die Früchte seiner Hände (2 Cor. 5, 10. Matth. 11, 21—24. Luc. 12, 47. 48.).

10. Fr. Wie wird es aber im Gegentheil an dem grossen Tage den Gläubigen und Kindern GOttes ergehen?

A. JEsus Christus, der Sohn GOttes, wird vor dem Vater und seinen heiligen Engeln ihre Namen (Offenb. 3, 5.) öffentlich bekennen, und gleichsam sprechen:

1) Mein Vater! diese sind es, die du mir aus der Welt gegeben hast. Sie waren dein, und

---

*) Man erinnert sich hiebei des bekannten Freigeistes und berüchtigten Religionsspötters Voltaire. Dieser, der Christl. Religion so schädliche Mensch starb am 30. Mai 1778, nachdem er 84 Jahr alt geworden, zu Paris in einer solchen Verzweifelung und Raserei, daß sein Arzt Tronchin und der Marschall von Richelieu (die bei seinem Tode zugegen waren) versicherten, in ihrem Leben nichts gesehen zu haben, daß dem gleich käme! — S. Barruel Histoire du Jacobinisme, und Eudämonia 10. Stück, 1797. — — — Sie gehen unter, und nehmen ein Ende mit Schrecken (Ps. 73, 19.).

und du hast sie mir gegeben; und sie haben dein Wort angenommen, geglaubet und behalten. Ich habe mich selbst für sie geheiliget und aufgeopfert, und auch sie, durch meinen erworbenen Geist, geheiliget in der Wahrheit. Sie sind um meinetwillen von der Welt gehasset worden, und ich habe sie, bis ans Ende, getreu bewahret in deinem Namen, so daß keiner ist verloren gegangen, aus denen, die du mir gegeben hast. Und nun, Vater! ich will, daß wo ich bin, auch die bei mir seyen, die du mir gegeben hast, auf daß sie meine Herrlichkeit, die du mir gegeben hast, anschauen, und ihrer theilhaftig werden (Joh. 17, 6. ff.).

2) Diese sind es, o ihr Seraphim und Cherubim! — Diese sind es, o ihr gesammte Heerschaaren meiner Engel, die ihr meine Ehre so sehr liebet! — Sie sind es, welchen ihr auf mein Wort gedienet, und sie bewahret habt! — Ja, diese sind es, welche um meinetwillen sich selbst, und alles sichtbare eitele Schattenwesen verachtet, und auch ihrer liebsten Lüste und Fleischeswillen nicht geschonet haben. — Sie haben mich geehret; nun will ich sie wieder ehren. Sie sind mir bis in den Tod getreu geblieben; nun will ich ihnen auch die Krone des ewigen Lebens geben (Offenb. Joh. 2, 10.). — Und darauf wird er sich mit freundlichem Angesicht zu ihnen

nen wenden, und mit holdseligen Lippen sprechen:

3) Komm her! meine geliebte Braut! — Ich, dein Bräutigam, nach welchem du so lange verlanget, und wie ein einsames Turteltäublein gegirret hast, — ich will mich mit dir völlig vermählen in Ewigkeit! — Nun wird unser ewiger Hochzeittag anbrechen! — Kommet, meine geliebte Brüder! — ihr habt um meinetwillen alles verlaßen, und seyd mir, durch so manchen sauern Tritt und schweren Kampf nachgefolget in der Wiedergeburt (Matth. 19, 27. 28.); nun sollt ihr auch mit mir sitzen auf meinem Stuhl: — Ich lebe, und ihr sollt auch leben (Joh. 14, 19.). — **Kommet her ihr Gesegneten meines Vaters (Matth. 25.), ererbet das Königreich, das euch bereitet ist von Anbeginn der Welt! — Und darauf werden sie hingehen in das ewige Leben.**

11. Fr. Das wird ja wohl eine ungemeine Freude in den Herzen der Frommen an diesem Tage erwecken?

A. Ganz unaussprechlich! Wohl dem, der dann stehen wird vor des Menschen Sohn an dem Tage, um an solcher großen Seligkeit Theil zu haben! — Wie lieblich wird sich nicht bei der Auferstehung die selige Seele und der verklärte Leib bewillkommen, und sich auf ewig vereinigen! — Welchen Trost und unaussprechliche Freude wird es ihnen seyn, wann

wann sie ihren liebsten Heiland, König und Bräutigam, dem sie hier im Glauben gedienet, den sie geliebet und seinen Namen mit Wort und Wandel bekannt haben, und den glorificirten Leib, der für sie einst am Kreuze gehangen, verwundet und getödtet worden, — wann sie eben denselben mit ihren leiblichen Augen in solcher Glorie und Majestät werden sitzen sehen in den Wolken, und ihm dahin entgegen gerückt werden! — wann Er sie, und sie ihn werden bewillkommen! — wann sie sich zu seiner rechten Hand werden gestellet sehen; — wann sie hören werden, wie Er ihrer aller Namen vor seinem Vater und den heiligen Engeln nennen und bekennen, und auch ihnen darauf so freundlich zureden wird! — Worauf sie dann, unter dem triumphirenden Jubelgeschrei, Glückwünschung und Begleitung aller Engel und Seraphim, mit ihm in seine ewige Herrlichkeit eingehen, und bei ihm bleiben werden ewig und allezeit (1 Theß. 4, 17. 18.)! — O namenlose Freude! — O unbeschreibliche Herrlichkeit und überschwängliche Seligkeit! — Was wird das seyn, wann ich dich seh', und bald vor deinem Throne steh! —

12. Fr. Kannst du mir nicht noch mit Einem Worte berühren und vorstammeln, worin das ewige Leben bestehen werde?

A. Man kann nichts davon sagen, das es erreichen möge; denn es sind unaussprechliche, un-

unbegreifliche Dinge, welche unser Auge bis hierzu nicht gesehen, kein Ohr gehöret, und in keines Menschen Herz gekommen sind, welche aber GOtt bereitet hat denen, die ihn lieben. — Doch kann man überhaupt sagen: daß es werde ein Stand seyn 1) worin GOtt alle Thränen von den Augen der Seinigen abwischen wird (Offenb. Joh. 21, 4.), und wo kein Tod, noch Leidwesen, noch Geschrei, auch keine Mühe, keine Nacht, noch irgend einiger Fluch, Sünde oder Uebel mehr zu fürchten seyn wird (Offenb. Joh. 22, 3 — 5.). Dagegen aber 2) werden die Seligen GOtt auf die vollkommenste Weise dienen und ihn beschauen, ihn vollkommen lieben, und Sattheit der Freuden (Ps. 16, 10. 11.) und liebliches Wesen zu seiner Rechten genießen immer und ewiglich; und ihn, in der lieblichen Gesellschaft der heiligen Engel, ewiglich anbethen, loben und bewundern. Und dann 3) werden sie insbesonder den GOtt-Menschen JEsum, ihren Heiland, und seine Herrlichkeit sehen, Ihm ewig für seine große Liebe danken, und mit Ihm und dem Vater Eins seyn (Joh. 17, 22 — 24.) in alle Ewigkeit.

13. Fr. Wie muß nun derjenige sich verhalten, der einen Grund der Hoffnung haben will, an allen diesen großen Dingen Theil zu haben?

A. 1) Muß er sich mit denselben oft in der

Ein-

Einsamkeit, und in GOttes Gegenwart, mit Ernst und Andacht beschäfftiget halten. 2) Muß er sein Herz und Gedanken von allem Sichtbaren abziehen, welches alles so gar nichtig und eitel ist, und solches, nebst seinen eigenen Lüsten und Begierden, welche so bald ein Ende nehmen, verläugnen und absagen. Hingegen muß er 3) sich gänzlich GOtt und dem HErrn JEsu übergeben und aufopfern, damit der, durch seinen Heiligen Geist, sein Herz reinigen, besitzen und zubereiten möge, auf diesen großen Tag geschickt zu seyn, mit heiligem Wandel (2 Petr. 3, 11 — 14.) und gottseligem Wesen. Und dann muß er 4) in stäter Nüchternheit, Wachsamkeit und Gebeth zu leben trachten, daß er GOtt in allem gefallen (2 Cor. 5, 9. 10.), und Er ihn mit seinem Sohne JEsu Christo, mit deßen Gerechtigkeit und Heiligkeit überkleiden (Ebend. V. 1 — 5.) möge, damit dieser Tag ihn nicht plötzlich überfalle (Matth. 24, 42. ff. Kap. 25, 13. Marc. 13, 33. 35. Luc. 21, 34 — 36.), und er an demselben nicht bloß erfunden werde.

14. Fr. Laßet uns nun noch den Beschluß und die Hauptsumma aller Lehre hören?

A. Fürchte GOtt, und halte seine Gebote; denn das ist das ganze Werk eines Menschen. Denn GOtt wird alle Werke vor Gericht bringen, nebst allem, das verborgen ist, es sey gut oder böse. Pr. Sal. 12, 13.

Und nun, Kindlein, bleibet in ihm, auf daß, wenn er geoffenbaret seyn wird, wir Freimüthigkeit haben, und nicht zu Schanden werden mögen vor Ihm, in seiner Zukunft (1 Joh. 2, 28.).

Ende.

Ver-

Verzeichniß des Inhalts.

Erster Theil.

Zweiter Theil.

Verzeichniß aller Schriften
des sel. Gerh. Tersteegen,
welche
(ausgenommen diejenigen, so gegenwärtig ausverkauft und mit einem * bemerket stehen) bei den auf dem Titel gemeldeten Verlegern, so wie auch bei Pet. Dan. Schmitz in Solingen, und in Commißion bei Joh. Friedrich Hutmacher sel. Wittwe in Mülheim am Rheine, zu haben sind.

---

1) **Geistliches Blumengärtlein inniger Seelen;** oder kurze Schlußreimen, Betrachtungen und Lieder, über allerhand Wahrheiten des inwendigen Christenthums. Zehnte und vermehrte Auflage. 12.
2) **Der Frommen Lotterie;** bestehend in 381 kurzen Versen, so sich zwar auch hinten in bemeldtem Blumengärtlein befinden, hier aber nebst beigefügten Schriftörtern, besonders gedruckt sind. 16.
3) * **Handbüchlein der wahren Gottseligkeit;** durch G. T. St. aus dem Französischen übersetzt. 12.
4) **Thomä von Kempis drei Bücher von der Nachfolge Jesu Christi, nebst des gottseligen Gerlachs göttlichen Herzensgesprächen; oder: der erste und andere Kempis;** durch G. T. St. übersetzt. Fünfte und verbesserte Auflage. 12.
5) **Der kleine Kempis;** oder kurze Sprüche und Gebethlein, aus den meist unbekannten Werklein des Th. v. Kempis. Zehnte und verbesserte Auflage. 16.
6) **Auserlesene Lebensbeschreibungen heiliger Seelen;** in welchen nebst derselben äußern Lebenshistorie, die innere Führungen Gottes über sie, hauptsächlich angemerkt werden. Dritte Auflage. 3 Bände. 4.

7) Das

7) **Das verborgene Leben mit Christo in Gott**; als ein Auszug aller Schriften des erleuchteten Bernieres Louvigni, durch G. T. St. aus dem Französischen. Fünfte vermehrte und verbesserte Auflage. 8.

8) **Die heilige Liebe Gottes, und die unheilige Naturliebe**; bestehend in XLIV. anmuthigen **Sinnbildern**, und erbaulichen **Versen** von Mad. Guion: durch G. T. St. aus dem Franz. übersetzt, und mit ferneren **Betrachtungen** aus ihren sämmtlich biblischen Schriften erläutert. 8. mit Kupfern.

9) **Kleine Perlenschnur**; bestehend in einer Sammlung verschiedener geistlichen Traktätchen, aus mehrentheils **unbekannten** Schriften. Zweite Auflage. 16.

10) **Gottgeheiligtes Harfenspiel der Kinder Zion**; bestehend in einer starken Sammlung auserlesener geistreicher **Lieder**, als J. Neanderi und vieler andern alt- und neuen Autoren. Sechste und vermehrte Auflage. 8.

11) **Geistliche Brosamen**: Eine Sammlung verschiedener sehr erbaulichen **Erweckungsreden**, von dem sel. G. T. St. selbst gehalten. Dritte Auflage. 2 Bände. 8.

12) *Godvrugtige en stigtelyke Brieven* over verscheidene Materien des inwendigen Levens, (originaliter) in het Nederduitsch geschreven door wylen G. T. St. 1 Deel. 8.

13) **Geistliche und erbauliche Briefe** über das inwendige Leben und wahre Wesen des Christenthums; sammt der **Lebensbeschreibung** des sel. **Autors**. Zweite Auflage. 2 Bände. 8.

14) **Weg der Wahrheit**; bestehend in einer Sammlung, von 12 ehemals besonders gedruckten Tractätlein, nebst zwo Zugaben. Fünfte und vermehrte Auflage. 12.

CPSIA information can be obtained at www.ICGtesting.com
Printed in the USA
BVOW021426100613

322915BV00014B/407/A

9 781104 518837